나는 직업상담
공무원이다

나는 직업상담 공무원이다

25년 차 고용서비스 전문가가 전하는 생생한 실전 이야기

초 판 1쇄 2024년 11월 26일

지은이 채정오
펴낸이 류종렬

펴낸곳 미다스북스
본부장 임종익
편집장 이다경, 김가영
디자인 임인영, 윤가희
책임진행 김요섭, 이예나, 안채원, 김은진, 장민주

등록 2001년 3월 21일 제2001-000040호
주소 서울시 마포구 양화로 133 서교타워 711호
전화 02) 322-7802~3
팩스 02) 6007-1845
블로그 http://blog.naver.com/midasbooks
전자주소 midasbooks@hanmail.net
페이스북 https://www.facebook.com/midasbooks425
인스타그램 https://www.instagram.com/midasbooks

ISBN 979-11-6910-924-6 (03190)

값 22,000원

미다스북스는 다음세대에게 필요한 지혜와 교양을 생각합니다.

25년 차 고용서비스 전문가가 전하는 생생한 실전 이야기

나는 직업상담 공무원이다

채정오 지음

미다스북스

직업상담직 공무원을 알아보자 : 미래와 변화

직업상담직 공무원의 길 : 시작과 현장 이야기

Part 3

4가지 일머리를 체득하라 : 공감과 소통 이야기

성과로 증명하라 : 장관상 4회 수상의 비결

고용서비스 25년 차, 나의 성장

직업상담직 공무원으로서 25년간 헌신해 온 채정오 주무관의 이야기는 고용서비스 현장을 살아 움직이게 한 경험담 그 자체입니다. 작가의 깊은 헌신과 수많은 사람의 삶을 변화시킨 노력이 감동적으로 다가옵니다. 독자들은 이 책을 통해 현장의 진정한 가치와 고용서비스의 핵심을 배울 수 있을 것입니다.

권태성, 고용노동부 직업능력정책국 국장

자기가 직접 뛰고 경험하면서 만들어낸 스토리는 울림이 크다. 본 책자는 고용노동부 직업상담직 공무원으로서 25년간의 직업 생활을 생생하게 기록한 최초의 책이다. 직업적 가치와 사명감을 가진 한 공무원이 기울인 노력과 그 결실은 사랑과 감동의 메시지로 다가온다!!

장신철, 한국기술교육대학교 고용서비스정책학과 교수

취업지원을 통해 국민이 행복한 인생을 살 수 있도록 도와주는 직업상담사에 관해 상세하게 알려주는 길라잡이 책이다. 고용노동부에서 25년 동안 직업상담 업무를 담당하였고, 탁월한 업무능력으로 많은 상을 수상한 저자가 직업상담사에 관해 관심 있는 사람과 취업준비생을 위해 다양한 경험과 노하우를 제시하였다. 특히, 직업상담사가 누구이고, 어떤 경로를 통해 성장할 수 있으며, 고용서비스의 전문가로 거듭나기 위해 어떤 노력을 해야 하는지를 생생하게 이야기하고 있다. 이 책을 읽으면서 직업상담사가 개인의 경력만이 아니라 사회 전반에 긍정적인 영향을 미치고 있다는 것을 알게 되었다. 이 책을 통해, 직업상담사의 미래를 살펴보고, 직업으로 선택하기를 원하는 사람들이 더 많아질 것을 기대한다.

이영민, 숙명여자대학교 인적자원개발 대학원 교수

2018년 고용센터 학습조직 리더와 퍼실리테이터로 만난 채작가는 추진력과 통찰력이 돋보였고 이후 본부에서 교육담당자로 협업하며 고용서비스 종사자들의 역량개발에 대한 남다른 애정을 확인할 수 있었습니다. 25년간 현장에서 근무한 경험을 바탕으로 작성된 이 책은 이 분야에 관심을 갖고 있는 고용센터 및 직업상담사들에게는 A부터 Z까지 실질적인 도움을 줄 수 있는 지침서가 될 것입니다.

민경희, 한국고용노동교육원 교육본부 본부장

저자는 25년간의 긴 세월 동안 고용노동부 직업상담 공무원으로 고용서비스 현장에서 고용서비스 품질 향상을 위하여 사명감과 열정을 가지고 노력했습니다. 이 책은 저자의 실전 경험과 현장에 대한 깊이 있는 통찰을 통해 고용서비스와 직업상담 분야 이해에 실질적인 도움을 줄 것입니다. 따라서 직업상담사 준비를 하시는 분과 현장에서 공공과 민간 고용서비스를 제공하는 모든 이에게 필독서로 추천합니다.

김호원, 한국고용정보원 고용정책연구본부 고용서비스연구실 실장

선진국가의 핵심정책인 고용서비스 제도가 뿌리내리지 못했던 초기부터 오로지 우리나라에서 고용서비스제도가 제대로 자리매김하도록 헌신해오신 저자님께 경의를 표하며 이에 대한 제대로 된 정보가 매우 부족한 현실에서 이 책이 귀중한 마중물이 되어 선진국과 같은 제도의 정착을 앞당기는 데 기여할 것으로 기대합니다. 생생한 고용서비스 현장 경험이 배어 있는 귀중한 자산으로 함께하는 독자 여러분도 생애 경력개발에 이 책이 귀한 길잡이가 될 것입니다.

오성욱, 전국고용서비스협회 평생교육원 원장(전 한국고용정보원 선임연구위원)

직업상담 현장에 있다 보니 100세 인생을 살아가는 평생 직업시대 유망 직종으로 떠오른 직업상담사에게는 끊임없는 자기개발이 요구됨을 보게 된다. 그것은 취업의지가 간절한 청년들, 퇴직 후 재취업을 원하는 중장년, 계속 증가하는 정년 이후 일하고자 하는 고령인력들의 다양한 상담 요청이 지속 증가하고 있기 때문이다. 우문현답! 우리의 문제는 현장에 답이 있듯 이 실전에서의 살아 있는 경험과 성과를 겸비한 '25년차 고용서비스 고수 가 전하는 상담현장의 생생한 이야기'가 그 해답을 시원하게 찾게 해 줄 것 이다.

임경식, 한국직업상담협회 공동훈련센터장(전 한국산업인력공단 서울지역본부장)

채 주무관님은 현장에서 쌓아온 경험을 바탕으로 청년 일자리 문제를 깊 이 이해하고 적극적으로 문제를 해결하시는 전문가입니다. 이 책은 고용서 비스 지원에 대한 현장의 생생한 이야기로서 고용서비스 종사자들에게 실 무적 노하우를 제공하는 귀중한 자료가 될 것이며, 한 번쯤 업무에 대한 어 려움을 느낄 때 이 책이 문제 해결의 방향을 제시할 것입니다.

육효구, 전국대학일자리플러스센터 협의회 부회장, 세종대학교 대학일자리사업단 부장

HR 플랫폼의 중요성을 이해하고, 기업들이 직면하는 어려움을 해결하고자 열정을 다해 온 주무관님의 모습은 깊은 인상을 남겼습니다. 이 책은 주무관님의 오랜 경험과 인사이트를 바탕으로, 고용서비스 종사자들에게 실질적인 조언과 실무적 가이드를 제공하고 있으며, 모든 HR 관계자와 컨설턴트에게 큰 도움이 될 것입니다.

황재성, 한국직업정보협회 사무국장

프롤로그
: 고용서비스 고수가 전하는 현장이야기

"직업상담직 공무원? 신기하네요. 처음 들어봤어요."

"직업상담직 공무원이 되고 싶어요. 실제로 어떤 업무를 하게 되는지에 대한 정보가 많지 않네요. 업무가 엄청 빡세고, 일 잘하면 더 힘든 업무 한다는데."

"공무원을 준비하는 동안 '직업상담직렬'에 대한 정보를 찾는 것이 어려웠다. 이렇게 해당 직렬 현직 공무원 정보가 없을 줄이야."

우연히 공무원 카페에서 본 글들이다. 직업상담직 공무원에 대해 청년뿐만 아니라, 직시생(직장인+공시생), 맘시생(엄마+공시생), 퇴사자라고 하면서 다양한 사람이 질문하고 있었다.

'직업상담직렬에 대해서 궁금해하는 사람이 많구나.'라는 생각을 하면서 댓글을 읽어 내려갔다. '아니, 이럴 수가!' 일부 잘못된 정보가 진실처럼 댓글로 달려 있다. 직장인 앱 블라인드나 네이버 지식iN에도 "직업상담직 공무원 있나요?" 묻는 질문들이 있었다. 현직자라고 작성된 글조차 "상담을 하지 않는 직업상담직 공무원"이라고 버젓이 작성해 놓았으니 답답할 따름이다.

일반인들은 자신의 진로나 취업, 경력개발을 위해 직업상담을 받고 싶은데 어디서 어떻게 받아야 하는지 궁금해했다. 또한 직업상담사 카페에서도 '직업상담'과 관련된 질문이 자주 올라왔다.

"직업상담 업무도 AI에게 뺏길까요?, 미래 직업상담은 어떻게 바뀔까요?"
"직업상담 분야는 앞으로 비전이 있나요?"

한편에서는 고용서비스 민간위탁사업을 수행하는 위탁기관 상담사들 사이에서 공공연하게 통하는 말이 있단다.

'주무관 법'

그 순간 생각했다.

'사람들의 궁금증과 오해, 인터넷에 떠도는 잘못된 정보를 바로 알려줄 필요가 있겠구나. 누군가 말해 줬으면 좋을 이야기. 그것도 현직자가 직접 알려주는 이야기라면 더없이 좋겠지.'
현직 공무원과 직업상담사, 공시생, 고용서비스 분야의 일을 꿈꾸는 사람들에게 필요한 책을 써야겠다는 마음이 들었다.

토리 모리슨이 "당신이 읽고 싶은 책이 있는데 아직 그 책이 없다면, 바로 당신이 그 책을 써야 한다."라고 했다. 이 말은 내게 깊이 와닿았다. 25년 동안 고용노동부 현장에서 일하면서, 수많은 구직자와 기업, 직업상담사를 만났다. 이들을 통해 일과 사람을 연결하는 것이 얼마나 중요한지 실감했다. 구직자들이 자신의 길을 찾는 것에 많은 어려움을 겪고, 기업들이 필요한 인재 찾는 것을 고민할 때 그 사이에서 고용서비스 전문가들이 중요한 역할을 한다. 하지만 이러한 현장 속 현실을 담은 책이 없었다. 그래서 내가 직접 그 책을 쓰기로 결심했다.

현장에서 차곡차곡 쌓아온 값진 경험과 직접 겪은 사례로 구성된 책이라 읽는 재미도 쏠쏠하고 머리에 쏙쏙 들어온다. "뱃사람은 바다 이야기를 하고, 농부는 황소 이야기를 하며, 병사는 자신이 입은 상처를 이야기하고, 양치기는 그의 양에 대해 이야기한다."라고 말한 고대 로마시인 프로페르티우스처럼, 나는 고용서비스 현장 이야기를 하고자 한다.

나는 고용노동부 소속으로 고용서비스 분야에서 전문성을 키웠다. 처음에는 직업상담원으로 시작했다. 고용노동부는 1996년 전문적인 취업알선을 위해 인력은행을 설치하고 민간상담원을 채용하였다. 이후, 외환위기(IMF)로 고용인프라 중요성이 커짐에 따라 전국적으로 현 고용센터를 확충하면서 상담원 채용이 확대되었다. 2007년 직업상담 직렬이 신설되고 특별채용시험을 통해 직업상담직 공무원으로 임용되어 현재까지 근무 중이다. 고용노동부에 근무하면서 장관상을 네 번 받았고 직무능력우수 특별승진도 했다. '취업지원관 성공사례'로 대통령께 연두 업무보고를 하였으며, 전액 학비를 지원 받아 대학원도 다녔다. 본부와 지방관서를 오가며 일했고, 직업상담원과 직업상담직 공무원으로서 다양한 경험을 쌓았다. 현재는 인사교류 파견으로 서울특별시 노동정책과에서 근무 중이다. 고용과 노동 업무를 모두 다루면서, 폭넓은 경험과 업무 전반을 두루 접했다. 이 책은 단순한 이론서가 아니다. 25년 현장에서 경험한 실제 이야기와 노하우를 담은 고용서비스 지침서다. 일과 사람을 잇는 다리 역할을 어떻게 하고 연결해야 하는지에 대한 사례와 실질적인 조언도 담았다.

책을 쓴 이유는 명확하다. 일자리 문제는 개인 삶뿐만 아니라 사회 전반에 영향을 미친다. 사람과 일을 이어주는 고용서비스는 단순한 행정이 아니라 미래를 설계하는 일이다. 직업상담직 공무원으로서 일머리를 쌓아가는 과정까지 이 책에 녹아 있다. 고용서비스 분야에서 성공과 좌절, 그리고 거기서 배운 실전 경험들을 이 책에서 공유하려고 한다. 고용노동부 본부, 고용센터, 서울특별시의 생생한 현장 이야기들도 담겨 있다. 현장에서 일하는 사람들의 고민과 노력하는 모습까지, 그들의 진짜 이야기를 통해 고용서비스의 다양한 측면을 보여주고자 했다. 이곳에서 일하는 사람들이 어떤 업무를 하고, 무엇을 고민하고, 어떻게 노력하고 있는지를 느끼고 이해하는 좋은 기회가 되기를 바란다.

평생 현역을 꿈꾸는 사람이라면 반드시 읽어야 할 가이드북이다. 평생 현역은 단순히 직장에서 오래 머무는 것이 아니다. 변화하는 환경에 적응하고 자신의 능력을 발전시켜 일할 수 있는 상태를 유지하는 것을 의미한다. 언제 어디서나 가치 있는 인재로 남아야 한다. 자신만의 경쟁력을 유지하는 것은 많은 도전이 따른다. 이 책은 바로 도전과 지속적인 성장을 위해 필요한 것이 무엇인지 알려주는 길잡이가 될 것이다.

정부 일자리 사업을 추진할 때 정확한 사업관리과 함께 현장 애로사항을 수시로 듣고 개선하기 위해 늘 고민했다. 때로는 수행기관 관계자들을 상담하고 조언도 했다. 이들에게 가장 많이 들었던 말이 '주무관님은 직업상담사의 멘토'라는 것이다. 이 책에는 민간 업무 파트너들과 소통하고 협력하여 이루어 낸 성과들도 담았다. 열정적으로 일했던 추억과 함께, 업무 추진 과정에서 벤치마킹할 수 있는 사례들이 담겨 있다. 이 책은 단순히 한번 읽고 끝낼 책이 아니다. 언제나 곁에 두고 필요할 때마다 꺼내서 읽을 수 있는 실용적 지침서다. 변화하는 시대에 자신의 길을 찾고 더 나은 미래를 설계하고자 하는 이들에게 이 책은 꼭 소장하고 싶은 필독서가 될 것이다.

인생을 살아오면서 나에게 영향력을 가장 많이 준 존경하는 아빠 채남수님과 끝없는 사랑과 헌신으로 응원해 준 엄마 이숙자님, 나의 새로운 도전에 응원과 무한한 신뢰를 보내준 가족들 덕분에 어려운 순간을 이겨낼 수 있었고 큰 힘이 되었다. 마지막으로 나와 인연을 맺었던 모든 분께 고마운 마음을 전한다. 함께한 모든 순간이 나를 성장하게 했고, 그 덕분에 오늘의 내가 이 자리에 있을 수 있었다. 여러분 삶에도 따뜻한 행복이 있길 진심으로 바란다.

Part 1

직업상담직 공무원을 알아보자
: 미래와 변화

"직업상담직 공무원, 도대체 어떤 일을 할까 궁금하지 않나요? 이 직렬이 어떻게 시작되어 지금까지 왔는지 그 과정까지도 속속들이 파헤쳐본다. 실력을 쌓고 성과를 내면 어떤 특별한 혜택이 따라왔는지도 이야기한다. 이 직렬의 세계, 지금 바로 시작해보자!"

chapter 1.
직업상담직 공무원도 있나요?

고용부는 지난 13일 상담직 공무원 6급도 고용센터 소장을 맡을 수 있도록 규정을 바꿨다.

상담직 공무원들이 장기간 근무하면서 풍부한 현장 경험과 실무 능력이 쌓인 만큼, 이들이 관리자 역할을 맡으면 고용서비스 질을 올리는 데 도움이 된다고 본 것이다.

- "고용부, 행정직이 맡던 고용센터 소장에 상담직 첫 발탁", <조선일보>, 2022. 12. 27. -

직업상담직 공무원이란?

취업낭인, 자소설, 삼일절, 페이스펙, 입퇴양난, 돌취생
이런 말들은 취업난 관련 신조어다.

〈이코노믹리뷰〉 김성희 객원 편집위원도 '100년 전' 취업난에 대한 글을 썼다. 1920년대 후반부터 1930년대 세계대공황이 전 지구를 휩쓸던 시절, 수탈의 대상이었던 식민지에 '변변한 일자리'가 있을 리 만무하다. 경성대, 와세다대 등 명문고 졸업생도 진로를 고민해야 할 지경이었고, 구직자는 많고 일자리는 적으니 전임자가 죽어야 자리가 난다고 꼬집었다.[1] 취업난의 문제는 한 번도 쉬운 적이 없었다. 1927.5.5. 동아일보 2면에 '就業難(취업난)으로 自殺(자살)'이라는 기사가 실렸다. 취업난 문제가 일제강점기에도 심했다는 게 놀라웠다. 이처럼 일자리에 대한 문제는 매우 중요하고, '일자리'와 관련한 정책을 총괄하는 정부부처가 바로 고용노동부다. 고용노동부는 1996년 전문적인 취업알선을 위해 인력은행을 설치하고 민간상담원을 채용했다.

2007년 5월에는 공무원임용령이 일부 개정(2007.5.16.)되면서 직업상담 직렬이 신설되었다.

1. 개정이유

(전략)

고용지원서비스 선진화를 위한 직업상담 전문인력의 확보를 위하여 일
반직공무원 행정직군 내에 "직업상담직렬"을 신설하는 등 현행 제도의 운
영상 나타난 일부 미비사항을 개선 · 보완하려는 것임

2. 주요내용

(전략)

바. 직업상담직렬의 신설

1) 직업상담업무는 직업훈련, 직업안정, 실업대책, 고용보험 지원 등 조
   장 · 급부행정을 수행하는 업무로서 일반 행정직의 업무와는 차별화
   되므로, 이와 관련된 별도의 직렬을 신설할 필요가 있음

2) 행정직군에 직업상담직렬을 신설하고, 6급 이하에 대한 직급명칭을
   신설함

3) 취업지원 분야에 풍부한 경험과 지식을 소유하고 있는 전문인력을 공
   직에 유치할 수 있고, 기존 행정직과 차별화된 직렬 신설을 통하여 변
   화하는 행정수요에 적절히 대응할 수 있을 것으로 기대됨

<공무원임용령 [별표1] 일반직 공무원 직급표 중 행정직군>

직렬	교정	보호	검찰	마약수사	출입국관리	철도경찰	행정	직업상담	세무	관세	사회복지	통계	사서	감사	방호
직류	교정	보호	검찰	마약수사	출입국관리	철도경찰	일반행정, 회계, 재경, 법무행정, 인사조직, 국제통상, 고용노동, 문화홍보, 교육행정	직업상담	세무	관세	사회복지	통계	사서	감사	방호

직렬 신설 이후 직업상담원들은 특별채용 방식을 적용하여 1,448명이 공무원으로 전환됐다. 2014년에는 전일제 근무가 곤란한 우수인재를 채용하기 위해 정부가 최초로 도입한 '시간선택제 국가공무원 경력경쟁채용시험'을 통해 직업상담직 9급 20명을 상반기에 공고하여 채용했다. 또한 고용노동행정의 전문성 강화를 위해 2018년도 공개경쟁채용 인력부터 고용노동직류와 직업상담직렬 시험을 통해 선발[2]하였다. 최근 5년간 직업상담직 공무원 일반 모집인원을 보면 2020년 36명, 2021년 180명, 2022년 125명, 2023년 22명, 2024년 14명이다. 2021년 한국형 실업부조인 국민취업지원제도가 시작되면서 대규모 채용이 있었다. 하지만 2022년 정부 기조가 작은 정부를 지향하면서 공무원 정원 감축을 단행했다. 국가직 공무원 채용인원은 정부 방침에 따라 달라진다. 공공데이터 포털에 따르면 2024년 국가직 공무원 9급 채용인원은 총 4,749명으로 2022년 5,672명, 2023

년 5,326명으로 2024년 전체적으로 보았을 때 9급 공무원 신규채용 규모가 감소했다. 2022년에는 9급 공무원 시험과목이 개편되면서 직렬에 따른 전문과목이 필수화되었다. 직업상담직은 노동법개론과 직업상담/심리학개론 과목이 필수다. 직업상담사 자격증을 가지고 있으면 가산점을 받을 수 있어 유리하다.

[SOS초시생-⑭직업상담]
서울관악고용센터 김가연·강현우 주무관에게 듣는다[3] (중략)

- 직업상담 직류를 선택한 이유는

김가연(이하 김): 대학교에서 심리학과 법학을 공부하다 직업상담 분야에 관심이 생겼다.

강현우(이하 강): 대학에서 상담학을 전공했다. 그래서인지 공무원시험을 준비할 때 직업상담직렬이 가장 먼저 눈에 띄었다. 해당 직렬에 대한 정확한 정보는 없었지만 이 분야에서 일하면 전문성도 키우고 능력을 한껏 활용할 수 있을 것 같았다.

- 현재 업무는

김: 기업지원팀에서 일하고 있다. 유연근무제, 청년 정규직 채용 등으로 고용 환경을 개선한 중소기업 사업주들에게 장려금을 지급하는 업무를 하고 있다. 사업장에 지원금 관련 안내도 하고 직접 사업장을 방문해 약속한 대로 고용환경 개선이 잘 이뤄지고 있는지 점검도 한다.

강: 고용복지플러스센터에서 일하고 있다. 실업급여팀 조기재취업수당 처

리 업무를 하고 있다. (중략)

- 어떤 이들이 직업상담직렬에 어울릴까

김: 센터를 찾는 이들 대부분이 일자리가 없다. 잘 공감하고 열린 마음으로
사람을 대해야 상담도 잘할 수 있다. 민원 응대뿐만 아니라 지원 관련
서류를 많이 보기 때문에 꼼꼼해야 한다. 법 해석에 능하면 직업상담직
렬에 더 잘 맞을 것 같다.

강: 민원인이 얘기하는 것을 잘 들어 필요한 부분을 빨리 파악하고, 대화를
거리낌 없이 할 수 있는 이들이 직업상담직렬에 적합하다.

- 합격 전 생각했던 업무와 실제 업무에 차이가 있나

김: 합격 전에는 주로 구인·구직 지원, 상담이 업무의 중심일 것이라고 생각
했다. 하지만 실제로 일해 보니 분야가 다양하더라. 민원 응대만 하는
게 아니라 실업급여, 취업 지원, 취업성공 패키지, 직업능력 개발, 기업
지원 등 다양한 일을 할 수 있다.

강: 직업상담직렬은 단순히 구직 지원 업무만 하는 줄 알았다. 실업자, 근로
자, 사업주, 청년, 취약계층 등을 대상으로 고용·노동 관련 서비스를 제
공하는 등 업무가 다양해 배울 게 많다.

(후략)

직업상담직 공무원들은 주로 고용노동부 소속으로 국민 일자리와 관련
된 업무를 담당한다. 구직자에게는 적합한 일자리를, 고용주에게는 필요한
인재를 연결한다. 아울러 실업급여, 직업지도, 직업능력개발, 기업지원 등

종합적인 고용서비스를 해 주는 중요한 역할도 수행한다.

고용노동부 외에 직업상담직 공무원들이 근무하는 곳은 국립 대학교다. 강원대학교, 공주대학교, 충북대학교, 제주대학교, 안동대학교, 군산대학교, 강릉원주대학교 등에서 경력경쟁채용 시험이나 전입을 통해 모집했다. 담당업무는 주로 취업프로그램 기획 및 운영, 채용정보 제공 및 취업알선, 진로지도, 취업상담 및 취업 컨설팅, 기타 취·창업지원팀 지정 업무 등이 있다. 응시 자격요건은 대부분 직업상담사 자격증과 관련 분야 경력을 충족해야 하며, 시험방법은 서류전형 후 면접시험 방식으로 진행된다.

나는 두 번이나 국립대학교에 지원했던 경험이 있다. 2011년에는 강원대학교 일반직공무원(직업상담주사보) 제한경쟁 특별채용에 지원해 서류전형을 통과하고 최종 면접까지 갔다. 면접 대기실에서 춘천고용센터 동료를 우연히 만나기도 했다. 그러나 결과는 그 대학의 현직자가 선발되었고 나는 아쉽게도 기회를 놓쳤다. 2018년, 강릉원주대 직업상담 7급 전입 희망자 모집 공고를 보고 다시 지원서를 냈지만, 면접 예정일에 갑자기 행사가 겹치는 바람에 또다시 대학 근무는 멀어지고 말았다. 아쉬움이 있었지만, 나는 이렇게 생각했다. '고용노동부가 나랑 인연을 계속 이어가고 싶은 가봐. 운명인가?'

지방자치단체에서도 지방 임기제공무원으로 직업상담사를 채용한다. 주요 직무 내용은 임용 직급에 따라 다를 수 있다. 예를 들어, 2018년 세종특별자치시의 임기제 채용에서 '라'급 직업상담사는 일자리지원센터 운영, 고용복지+센터 연계 업무, 일자리 발굴 및 지원, 찾아가는 구인·구직 상담, 사회공헌활동 지원사업 등을 담당한다고 게시되었다. 임기제 공무원은 사업 기간과 근무 실적 평가에 따라 5년 범위 내 연장이 가능하다. 지역별로 자격요건과 월급이 다를 수 있으니 각 공고문을 꼼꼼히 확인해야 한다. 서울특별시 홈페이지 일자리 소식에 따르면, 2018년 15개 자치구 일자리센터에서 근무하는 직업상담사 39명을 시간선택제 임기제 공무원(9급)에서 정년이 보장되는 공무직(무기계약직)으로 전환한다고 발표되었다.

얼마 전 예전 함께 근무했던 영숙이를 만났을 때 직업상담사 길을 걷게 된 이야기를 들을 수 있었다.

"결혼하고 자녀를 양육하면서 경력이 단절되었어. 우연한 기회에 새일센터 취업준비 프로그램에 참여했다가 직업상담사라는 직업이 있다는 것을 알게 되었지. 그래서 열심히 공부해서 자격증을 취득했고, 이후 직업상담사로서의 길을 걷게 된 거야."
"차근차근 단계를 밟아왔네."
"처음에는 여성인력개발센터에서 간단한 업무를 하다가 자치구에도 직업상담사가 있다는 것을 알게 되어, 경험을 쌓은 후 자치구로 이직했어. 자치구 업무는 서울시와 많이 연계되어 운영되기 때문에 서울시 일자리사업 업무에도 관심을 가졌고, 최종적으로는 지자체 공무원으로까지 일하게 되었어. 내가 직업상담 분야에서 이렇게 다양하게 일하게 될 줄 어떻게 알았겠니."
"영숙이 네가 진심을 다해 일하고 잘해 내니까 좋은 기회가 왔던 거야."
"일단 일을 하고자 마음 먹고 여성인력개발센터에 발을 디디게 된 게 시발

점이었지. 자신이 멈추지만 않고 계속 길을 가다 보면 새로운 길이 생기는 것 같아. 내가 맡은 일들을 열심히 하니까 능력이 쌓이면서 할 수 있는 일도 많아졌어."

영숙이와 대화를 나눈 후 애플 창업자인 스티브 잡스가 한 말이 생각났다. "지금 여러분은 미래의 점들을 연결할 수 없습니다. 단지 현재와 과거만을 연관 지어 볼 수 있을 뿐이죠. 그러므로 여러분은, 현재와 미래가 어떻게든 연결된다는 걸 믿어야 합니다."

스티브 잡스가 말한 'connecting the dots'이다. 우리가 경험하는 것들은 하나의 점들이다. 오늘도 삶의 점을 찍으면서 살아간다. 내가 경험한 것들이 미래 언젠가 의미 있는 선으로 연결되고 인생의 변화를 만들 것이다. 이처럼 여러가지 경험을 적극적으로 해 보라. 당신에게 좋은 기회가 올 것이다.

공무원 채용제도

1. 공무원 구분(국가공무원법 제2조)

   1) 국가공무원은 경력직공무원과 특수경력직공무원으로 구분

   2) "경력직공무원"이란 실적과 자격에 따라 임용되고 그 신분이 보장되며 평생 동안(근무기간을 정하여 임용하는 공무원의 경우에는 그 기간 동안) 공무원으로 근무할 것이 예정되는 공무원을 말하며, 일반직 공무원과 특정직공무원으로 구분
     - 일반직: 기술·연구 또는 행정일반에 대한 업무를 담당
     - 특정직: 법관, 검사, 외무공무원, 경찰공무원, 소방공무원, 교육공무원, 군인, 군무원, 헌법재판소 헌법연구관, 국가정보원의 직원, 경호공무원과 특수 분야의 업무를 담당하는 공무원으로서 다른 법률에서 특정직 공무원으로 지정하는 공무원

   3) "특수경력직공무원"이란 경력직공무원 외의 공무원을 말하며, 정무직공무원, 별정직공무원으로 구분

※ 임기제공무원(국가공무원법 제26조의5): 전문지식 · 기술이 요구되거나 임용관리에 특수성이 요구되는 업무를 담당하게 하기 위하여 경력직 공무원을 임용할 때에 일정기간을 정하여 근무하는 공무원을 임용할 수 있음

2. 공무원 채용 中 공개경쟁채용시험

1) 채용절차(7·9급 공채)
   - 시험공고 → 응시원서 접수 → 시험실시 → 합격자 발표 → 채용 후보
     자 등록 → 임용 추천·배치 → 임용

2) 고용노동부 9급 시험과목
   - 직업상담직(직업상담): 국어, 영어, 한국사, 노동법개론, 직업상담·심리
     학 개론
   - 행정직(고용노동): 국어, 영어, 한국사, 노동법개론, 행정법총론

3) 가산점 적용: 직렬의 응시자가 직렬별 해당 자격증을 소지하고 있을 경
   우, 과목별 만점의 40% 이상 득점한 자에 한하여 과목별 득점에 과목별
   만점의 5%에 해당하는 점수를 가산
   - 직업상담직 및 행정직(고용노동) 가산대상 자격증: 변호사, 공인노무
     사, 직업상담사 1급, 직업상담사 2급(단, 7급은 3% 가산)

업무와 근무여건

직업상담직 공무원의 주요 무대는 고용노동부다. 고용과 노동 관련 정책을 총괄하며, 우리나라 일자리의 중심을 책임지는 고용노동부는 본부와 64개 소속기관이 있다.

고용노동부 : 8,198명[4] (2024.1.1. 기준)

본부(652명)	소속기관 64개소(7,546명)		
3실·1본부· 1대변인 2국 12관 51과 7팀	지방고용노동관서 (48개소, 7,060명) 청6, 지청40, 출장소2	위원회(15개, 427명) - 노동위원회 13 - 최저임금위원회 - 산업재해보상보험재심사위원회	고객 상담 센터 (59명)

본부에 근무하는 많은 직원들은 객지 생활을 하며 주말마다 각자 본가로 돌아간다. 각자의 업무는 독립적이면서도 책임감이 막중하다. 업무를 진행하다 보면 부서 간 협조가 필수적이고, 다양한 이해 관계자들이 얽혀 있다. 그렇기에 누가 어떤 업무를 담당하는지 아는 것이 업무의 시작이다. 또한 업무 조율과 긴밀한 소통이 중요하다. 본부는 지방청과는 다른 법률, 예산 등의 업무를 하고 있으며 주로 국회와 언론, 기획재정부 등 타 부처를 상대하는 일이 주를 이룬다. 이들이 요구하는 자료 제출이 빈번하고 대응 과정에서 갈등 상황도 있다. 본부에서는 주 실무자가 사무관이다. 주무관은 사무관이 하는 업무를 잘 지원하기 위해 수시로 소통하고 필요시 업

무 조율 등을 한다. 사무관과 주무관의 호흡이 잘 맞아야 하고, 갈등이 있을 경우 그야말로 최악의 본부 생활이 될 수 있다. 본부에 근무하는 직업상담직은 대부분은 고용정책실에서 일하며 그 외 감사관실, 교육계 등에서도 근무한다.

〈고용노동부 본부 조직도〉

나는 본부 생활을 하면서 담당 사무관이 4번 바뀌었다. 2명은 행정고시 출신이었고, 2명은 사무관 승진 후 본부 의무 복무자였다. 나름 장점이 있었고, 다양한 것을 배울 수 있는 좋은 기회였다. 행정고시 사무관들은 주로 정책과 기획, 법령 개정 파트 핵심 브레인 역할을 하면서 조직에서 성장한다. 설령 윗분들이 두서없이 말을 했어도, 의미와 맥락을 즉각 파악해서 바로 보고서로 만들어낸다. 그것들을 보면서 '똑소리나게 일을 참 잘한다'고 느꼈다. 과거 고용센터 근무 시절, 보고서 작성은 그야말로 스트레스였다. 머리를 쥐어뜯으며 고민에 고민을 거듭해가며 보고서를 완성하는 과정은 쉽지 않았다. 그러나 행정고시 사무관들은 척하면 척 알아듣는 능숙함을 보여주었다. 옆에서 그들을 지원하며 배움의 깊이를 더할 수 있었던 경험은 큰 행운이었다. 비고시 출신 사무관들은 현장을 누구보다 깊이 이해하며, 주무관의 마음도 세심히 헤아려 준다. 지방에서 직접 업무를 해 보고 다양한 경험과 노하우가 축적되어서인지, 현장 경력이 풍부해 순발력과 업무 대응 능력이 탁월하다. 게다가 상대를 효과적으로 이해시키는 능력도 수준급이다. 본부에서 능력 있고 스마트한 사무관들과 함께 일할 수 있어 나 역시 많이 성장하고 다양한 인사이트를 얻었다.

본부 주무관의 주요 업무는 관련 현황 및 자료조사, 현장 의견수렴과 취합, 초안 작성, 그리고 사업운영 등으로 이루어진다. 본부 근무할 당시 통계자료, 법령 정보, 연구 보고서, 해외사례 등을 수도 없이 검토했다. 또한 현황과 문제점을 파악하기 위해 실태조사도 여러 차례 실시했다. 민원은 전국구이며, 일반 민원인부터 내부 직원들까지 전국 각지에서 전화가 온다. 특히 실업급여나 사업부서쪽에서 일하는 직원들은 근무시간 중에는 민원 전화로 시달리다가 자신의 업무는 저녁에 한다면서 씁쓸한 표정을 짓기도 했다. 본부에 근무하며 장시간 의자에 앉아 컴퓨터, 업무지침서와 씨름하다 보니 병원 갈 일이 잦아졌다. 눈에 실핏줄이 터져 안과를 찾은 적이 여러 번이고, 감기와 비염은 늘 달고 살았다. 그나마 유연근무제가 활성화되어 있어 병원 다니는 데 자유로웠던 것이 다행이었다.

고용노동부는 본부를 넘어 전국 곳곳으로 뻗어 있다. 소속기관 중 하나인 지방고용노동관서는 6개의 지방청, 40개의 지청, 그리고 2개의 출장소가 각 지역의 고용과 노동 현안을 철저히 관리하는 역할을 한다.

<고용노동부 6개 지방청 및 40개 지청, 2개 출장소>

서울지역	경기·인천·강원지역	부산·경남지역
서울지방고용노동청	**중부지방고용노동청**	**부산지방고용노동청**
서울강남, 서울동부, 서울서부, 서울남부, 서울북부, 서울관악	인천북부, 부천, 의정부, 고양, 경기, 성남, 안양, 안산, 평택, 강원, 강릉, 원주, 태백, 영월출장소	부산동부, 부산북부, 창원, 울산, 양산, 진주, 통영

대구·경북지역	광주·전라지역	대전·충청지역
대구지방고용노동청	**광주지방고용노동청**	**대전지방고용노동청**
대구서부, 포항, 구미, 영주, 안동	전주, 익산, 군산, 목포, 여수, 제주근로개선지도센터(제주도 관할)	청주, 천안, 충주, 보령, 서산출장소

'고용노동부와 그 소속기관 위임전결규정(훈령)'에는 각 과 단위와 세부 업무가 명확히 나와 있다. 또한 고용센터 및 고용 관련 부서 운영 규정(훈령)에서 "고용센터 및 관련 부서는 취업지원, 실업급여 지급, 직업진로지

도, 직업능력개발, 기업지원 등 종합적인 고용서비스를 제공함으로써 원활한 인력수급 및 인적자원개발 촉진에 기여하는 것이 그 책무"라고 설명하고 있다. 제19조에는 부서별 업무가 구체적으로 나열되어 있다.

고용센터 및 고용 관련 부서 (Ⅰ유형), (Ⅱ유형) 수행 업무

취업지원총괄과(Ⅰ), 취업지원총괄팀(Ⅱ)
- 자체 고용대책 수립 · 시행
- 구인발굴 등 일자리 개척에 관한 사항
- 구인 · 구직 상담, 취업알선 등 취업지원
- 청년, 고령자, 여성 등 취약계층 취업지원 사업
  (국민취업지원제도 참여자 제외)
- 채용대행서비스 및 구인 · 구직만남의날 시행, 상설채용관 운영
- 직업진로지도 및 집단상담, 청년 일경험 프로그램 운영 등
- 대학 · 전문계고 취업지원확충사업, 민간위탁 등 공모사업 수행
- 그 밖에 고용센터 내 다른 과에 속하지 않는 업무

실업급여과(Ⅰ), 실업급여팀(Ⅱ)
- 실업급여 수급자격 인정에 관한 사항
- 실업인정 및 실업급여 지급에 관한 사항
- 실업급여 수급자 취업지원 프로그램 제공 및 취업알선

국민취업지원과(Ⅰ), 국민취업지원팀(Ⅱ)

– 국민취업지원제도 수급자격 조사 및 결정

– 국민취업지원제도 지원 대상자별 취업활동 계획수립 등 취업지원서비스 관련 업무

– 국민취업지원제도 참여자 사후관리 및 부정수급 의심자 모니터링

– 국민취업지원제도 연계·협업기관 관리 및 평가

기업지원과(Ⅰ), 기업지원팀(Ⅱ)

– 고용촉진 및 안정에 관한 사업 집행 및 관리

– 시간선택제 창출, 전환, 개선 등에 관한 사항

– 모성 보호 사업 집행

– 고용안정·촉진을 위한 경제단체와의 협력에 관한 사항

직업능력개발과(Ⅰ), 직업능력개발팀(Ⅱ)

– 직업훈련 과정 및 시설 인정·지정, 관리감독

– 재직자·실업자 등 각종 직업훈련 지원

– 직업능력개발계좌제 상담 및 발급

– 국가직무능력표준(NCS) 및 일학습병행제 확산·지원
(일학습병행 지역단위 운영협의회 운영 등 유관기관 협력, 학습근로자 기업연계 및 보호 등 관리)

지역협력과(Ⅰ유형), (Ⅱ유형)

지역협력팀(Ⅰ), (Ⅱ)

— 지방자치단체, 산하단체 및 유관기관 협력사업 총괄

— 지역고용심의회 및 실무위원회의 운영지원

— 사회적기업 및 지역맞춤형 일자리 창출 사업 시행

— 지역·산업 주도 인력 양성 지원

— 고령자 고용·정년제도 운영 현황 조사 및 중견전문인력 고용센터 관리

— 장애인 의무고용제 실시 지도

— 일자리창출 유공 포상 및 일자리 으뜸기업 선정

노동시장분석팀(Ⅰ), (Ⅱ)

— 관할 권역의 고용동향분석 및 노동시장 조사·분석, 통계

외국인력팀 (Ⅰ), (Ⅱ)

— 고용허가제 운영

고용관리과(운영지원팀)

— 인사·예산·평가·교육·홍보·보안·시설관리·업무개선 등

— 직업안정법, 채용절차 공정화에 관한 법률 운영

— 고용보험 피보험자격 확인청구·심사청구, 과태료 부과 등

부정수급조사과(Ⅰ)

*Ⅱ유형은 고용관리과에 부정수급조사팀으로 포함

— 부정수급에 관한 예방·점검계획의 수립 및 실시(소속지청 및 출장소 포함)

－ 실업급여 · 고용안정사업 · 모성보호사업 · 직업능력개발사업 관련
　　　부정수급 조사 및 처리
　　－ 둘 이상의 지청 및 출장소에 걸치는 부정수급에 관한 조사(Ⅰ유형)
　　－ 지방고용노동청장이 사회적 파급효과 등을 감안하여 부정수급에 관하
　　　여 지시한 사항의 처리(소속지청 및 출장소 포함)(Ⅰ유형)

　고용센터 및 고용 관련 부서 Ⅱ유형은, Ⅰ유형 고용센터의 '과'가 '팀'으로
바뀌고 부정수급조사과가 고용관리과 내에 부정수급조사팀으로 통합되어
운영된다.

　고용센터는 업무가 매우 다양하고 행정직 공무원, 직업상담직 공무원,
직업상담원 등 여러 직렬들이 함께 근무한다. 각 고용센터는 업무 특성에
따라 직렬을 배치하거나, 때로는 직렬에 구애받지 않고 업무를 분장하기도
한다. Ⅰ유형의 청 소속 고용센터는 '취업지원총괄과' 등 과 단위로 바로 발
령이 나며, 각 부서에는 과장이 배치된다. 직원들이 부서를 옮길 때는 인사
발령이 이루어지며, 서울청에서는 현 부서 3년 이상 근무한 자가 전보 대
상이다. 다만 승진 등 불가피한 사유가 있을 경우 최소 근무 기간 내에도
전보가 가능하다.

　Ⅱ유형 고용센터는 팀 단위로 업무가 구분되어 있다. 고용센터 소장이
업무분장 결재권자이다. 특히 고용센터는 업무량 대비 팀원이 절대적으로
부족하다. 예고 없이 내려오는 신규 업무, 과도한 업무량, 특이민원도 많
아 응대 과정에서 직원들이 많은 스트레스를 받는다. 병원 진료를 받는 직
원과 질병자도 계속 늘어나는 추세에 따라, 시간제 근무를 하는 직원들도
점점 증가하고 있다. 이로 인해 업무 분장이 자주 변경되며, 수시로 조정이

이루어지다 보니 때때로 직원 간 갈등이 발생하기도 한다. 갑작스럽게 병가나 시간제 근무로 인한 인력 공백이 생기면, 다른 팀에서 인원을 빼서 부족한 팀을 지원해야 하는 상황이 잦다. 신규 사업이 생기면 또다시 업무 분장이 재조정된다.

고용센터에서 선호하는 업무와 기피하는 업무는 상황에 따라 다를 수 있다. 많은 직원들이 민원 업무를 선호하지 않을 거라고 생각하지만, 임 주무관은 고용센터에서 민원 업무를 할 때가 가장 즐거웠다고 한다. 실업급여든 취업지원이든 실업자를 위해 무언가를 해 줄 수 있다는 점에서 큰 행복을 느꼈다는 것이다. 한편 서울센터에서 함께 근무했던 직원은 실업인정 업무만 계속했으면 좋겠다고 털어놓았다. 실업인정은 요건만 충족하면 지급이 이루어지고, 당일 업무 처리가 끝나면 퇴근할 때 마음이 편하다는 이유에서다. 반면 취업 알선처럼 실적을 내야 하거나 사업 아이디어를 내고 추진해야 하는 일은 본인에게 큰 스트레스를 준다고도 했다.

고용노동부는 일·생활 균형을 위한 유연근무를 기업에서 적극 활용하도록 지원한다. 해당 업무 담당 주무부처라 그런지 고용노동부 직원들은 유연근무를 적극적으로 활용하는 편이다. 나 또한 업무시간을 자유롭게 조정해서 삶의 질과 업무 효율성을 높였다. 내가 주로 활용했던 탄력근무제는 시차 출퇴근형과 근무시간 선택형이었다. 1일 8시간 근무체제를 유지하면서 출퇴근 시간을 자율로 조정하는 시차 출퇴근제를 주로 이용했다. 새벽 5시에 하루를 시작하는 종달새형이라 출근을 앞당기고 8시간 근무가 끝나면 나머지 시간은 초과근무를 하기도 한다. 세종 본부에 근무할 때는 주

5일 근무를 준수하면서 월요일에서 목요일까지는 9시간 일하고, 금요일은 4시간 근무 후 본가에 가거나 병원 진료 등을 받았다. 가족 돌봄과 건강상 이유로 통상적 근무시간인 주 40시간을 20시간 시간선택제로 전환하여 일한 적도 있다. 이럴 경우, 유연근무로 행정 및 취업지원 서비스가 소홀해지지 않도록 하는 게 필요하다. 업무 성격이나 부서 기능을 고려하여 기관 특성에 맞춰 유연근무를 사용하면 된다.

유연근무제도

출처: 인사혁신처

1. 유연근무제란

1) 개인·업무·기관별 특성에 맞는 유연한 근무형태를 공무원이 선택하여 활용할 수 있는 제도

2) 대국민 행정서비스에 차질이 없는 범위 내에서 신청 기간과 근무유형을 정해 부서장에게 승인 신청하여 승인을 받음

2. 유연근무제 유형

1) 탄력근무제: 주 40시간 근무하되, 출퇴근 시각 · 근무시간 · 근무일을 자율 조정

- 시차출퇴근형: 1일 8시간 근무체제 유지, 출퇴근 시간 자율조정
- 근무시간선택형: 일 8시간에 구애받지 않음(일 4~12시간 근무), 주 5일 근무 준수
- 집약근무형: 일 8시간에 구애받지 않음(일 4~12시간 근무), 주 3.5~4일 근무

2) 재량근무제: 근무시간, 근무장소 등에 구애받지 않고 구체적인 업무성과를 토대로 근무한 것으로 간주하는 근무형태

- 출퇴근 의무 없이 프로젝트 수행으로 주 40시간 인정
- 고도의 전문적 지식과 기술이 필요해 업무 수행 방법이나 시간 배분을 담당자의 재량에 맡길 필요가 있는 분야

3) 원격근무제: 특정한 근무장소를 정하지 않고 정보통신망을 이용하여 근무

- 재택근무형: 사무실이 아닌 자택에서 근무, 1일 근무시간은 4~8시간으로 변동 불가
- 스마트워크 근무형: 자택 인근 스마트워크센터 등 별도 사무실에서 근무, 1일 근무시간은 4~8시간으로 변동 불가

일자리와 친근한 직렬의 매력

"사회에 첫발을 내딛는 순간이나, 새로운 도전을 위해 이직을 고민하는 순간, 앞으로 진로에 대해 많은 고민이 있을 것입니다. 인생 중 가장 중요한 선택의 갈림길에서 과연 어떤 기준으로 직업을 선택해야 할지 막막하기도 하겠죠. 혹시, 아직 그 선택의 고민이 이어지고 있고 자신의 인생에서 가치 있는 삶을 원하신다면 당신의 선택지에 공무원을 추가해 주십시오." 공직 채용 전문 온라인 홈페이지인 '공무원 채용시험 봄'에 나온 말이다.

나는 여기에 더해 '직업상담직 공무원'을 추천한다. 많은 직렬 중에 일자리와 관련된 공무원이며, 일자리는 개인 삶에서 매우 중요한 역할을 한다. 노동시장은 빠르게 변화하고 평생직장이 평생직업으로 바뀌었다. 인공지능 기술이 발전함에 따라 직업도 변화하고 저출산과 고령화가 빠르게 진행되고 있다. 이런 상황 속에서 정부는 고용서비스를 직업상담직 공무원 등을 통해 개인의 평생 직업생활과 기업 경영활동 등을 지원한다. 공무원 응시연령 상한이 폐지되어, 최근에는 늦깎이 지원자들도 많다.

내가 고용센터에 근무할 때, 은행에서 퇴직한 중년 남성분이 9급 공무원으로 입사했었다. 이전에 실업급여와 취업상담을 받아 본 경험이 있어서인지, 다른 동기들보다 고용센터에 빠르게 적응을 했다. 과거 직장생활 경험과 노하우를 고용센터 업무에 접목시켜 성과를 보이기도 했다. 연배가 있는 분들은 사회경험이 많아서 나이 어린 동료들과도 잘 지내고 신규 청년 공무원에게 인생 멘토로서 역할을 하기도 했다. 직시생과 맘시생도 평생 직장인 공무원 갈아타기를 하는 경우도 많다. 직업상담직 공무원으로 들어온 후배들 얘기를 들어보면 "퇴직 후에도 현직 경험을 살릴 수 있을 것 같다." 라고 이야기한다. 평생 현역을 꿈꿀 수 있는 가장 좋은 직렬이다.

역사는 반복된다는 말이 있다. 1997년 IMF 외환위기 당시 유례없는 대량실업으로 고용센터는 실업급여 지급과 고용보험 피보험자 관리 등 행정 업무에 치중하게 되었다. 동시에 구조조정이 상시화되고 노동시장 양극화도 심해졌다. 고용노동부는 2005년 고용서비스 선진화*를 발표하였고, 직업상담 전문인력이 현장에서 많은 역할을 해 왔다.

* 국가 경쟁력을 강화하기 위해 통합고용정보시스템 구축, 개인별 원스톱 취업지원제 도입, 인력부족 기업 등 구인고객에 대한 서비스 강화를 위해 기업전담 상담창구 등 활성화, 진로지도 및 취업지원 기능 강화 등 추진

코로나19로 인해 외환위기와 유사한 상황이 벌어졌다. 고용센터는 위기에 대응하기 위해 급여 지원에 집중할 수밖에 없었다. 긴급고용안정지원금, 고용유지지원금, 폭증하는 실업급여 수급자, 그야말로 일 폭탄이다. 모든 직원이 근무 시간에는 민원 상담하기 바빴고, 일과 후에는 지원금 처리하느라 쉴 틈이 없었다. 그 와중에 새로운 지원금이 생기기도 하고, 요건도 바뀌면서 지속적으로 교육받고 공부했다. 지금 생각해 보면 어떻게 그 시간들을 보냈는지 대견하기도 하고 놀랍다. 어려운 시기를 버티고 극복하려

고 노력하는 국민에게 도움이 되고자 하는 마음이 직원들에게도 있었기에 함께 힘든 순간을 이겨낼 수 있었는지도 모른다.

2023년 1월 고용노동부는 급여 위주의 소극적 지원에서 서비스 중심으로 패러다임을 전환하는 '고용서비스 고도화 방안'을 발표하였다. 고용센터 본연의 취업·채용 서비스의 적극적 역할이 강조되고 고용서비스 전문가 역할이 그만큼 중요해졌다. 고용센터에는 직업상담원들도 근무하며, 수행업무는 직업안정법, 고용보험법과 직업상담원 운영규정(훈령)에 나와 있다.

<직업안정법>
제4조의4(민간직업상담원) ① 고용노동부장관은 직업안정기관에 직업소개, 직업지도 및 고용정보 제공 등의 업무를 담당하는 공무원이 아닌 직업상담원(이하 "민간직업상담원"이라 한다)을 배치할 수 있다.

<고용보험법>
제33조(고용정보의 제공 및 고용 지원 기반의 구축 등) ①고용노동부장관은 사업주 및 피보험자등에 대한 구인·구직·훈련 등 고용정보의 제공, 직업·훈련 상담 등 직업지도, 직업소개, 고용안정·직업능력개발에 관한 기반의 구축 및 그에 필요한 전문 인력의 배치 등의 사업을 할 수 있다. ②고용노동부장관은 필요하다고 인정하면 제1항에 따른 업무의 일부를 「직업안정법」 제4조의4에 따른 민간직업상담원에게 수행하도록 할 수 있다.

<직업상담원 운영규정>

제4조(직업상담원의 직무)

① 직업상담원은 직업안정법 제4조의4 등 고용관계 법령에 따라 시행
되는 다음 각 호의 업무를 수행한다.

1. 직업소개, 직업지도 및 고용정보 제공 등의 업무

2. 직업능력개발훈련 상담, 직업능력개발훈련기관에의 알선 등 직업
능력개발에 관한 업무

3. 고용보험 피보험자 및 구직자의 생활안정과 취업을 촉진하기 위한
사업 지원

4. 구인자의 원활한 인력 채용에 필요한 사업 지원

5. 그 밖의 직업안정기관의 장이 지역노동시장의 안정을 위해 긴급하
게 지원이 필요하다고 판단한 업무

② 지방고용노동관서장과 소속부서의 장은 직업상담원의 직무 전문
성 등 향상을 위해 제1항에 따른 고용서비스 업무를 다양하게 경험
하고 경력을 개발할 수 있도록 직업상담원을 적재적소에 배치한다.

내가 고용노동부에 입사하여 처음 직업상담원으로 시작했을 때, 모든 것
이 낯설고 서툴렀다. 경험이 부족하고 고용서비스 전반에 대한 이해도 완
벽하지 않아, 교육을 통해 이론적 지식을 배우고 다른 사람들의 경험을 공
유하며 조언도 많이 받았다. 틈틈이 공부하고, 현장에서 직접 부딪히고 시
행착오를 겪어가며 내공을 쌓아나갔다. 요즘은 여러 직종의 현장 경험과
전문적 이론까지 겸비한 역량 있는 직업상담원도 많다. 다양한 산업과 직

업에서의 이직과 전직을 통해 직업상담원으로 채용되는 경우도 있다. 직업상담 분야에서 일하며 경력을 쌓아가다 보면 많은 사례와 경험이 축적되면서 전문적 조언을 더 많이 제공할 수 있다. 공무원들은 다양한 행정 업무를 경험하고 지원할 기회를 자주 얻는다. 정책을 수립하는 일에도 참여하며, 운이 좋으면 타 부처나 지자체에서 근무할 기회도 생긴다. 그 행운의 주인공이 바로 나다. 서울지역에서는 본청, 서울북부, 서울서부, 객지 근무로 의정부와 고양센터에서 근무했다. 고용센터에서도 취업지원, 진로지도, 기업지원, 실업급여, 직업훈련 등 여러 분야의 업무를 두루 섭렵하며 경험을 쌓았다. 고용관리과, 지역협력과 같은 부서에서 근무하며 경험의 폭을 넓혔고 팀장과 파트장, 팀원 등 다양한 역할을 수행하면서 책임감과 리더십을 키웠다. 직업상담원에서 직업상담직 공무원으로 전환되면서 업무 수행 범위도 한층 넓어졌다. 세종 본부에서 고용정책, 법령, 예산과 결산 등을 다루며 업무를 익히는 과정에서, 큰 틀의 정책 방향성과 전체적인 맥락을 파악하며 일할 수 있었다.

직업상담직 공무원 매력은 바로 직업상담원과 공무원 역할을 모두 경험하기에 보다 균형 잡힌 경력을 쌓을 수 있다. 사람들의 직업선택과 경력개발을 돕는 직업상담원의 전문성과 안정적인 환경에서 정책 수립과 집행업무 등 폭넓은 행정 경험을 모두 할 수 있다는 건 엄청난 행운이다.

"나는 배고파서 연기했는데 남들은 극찬하더라." 윤여정은 생계를 위해 단역 등을 가리지 않고 일한 결과가 자신의 연기 스펙트럼을 넓힌 결과가 되었다고 말했다. 자신이 하고 싶은 것만을 하는 게 아니라, 이것저것 다 하다 보면 경험이 쌓이면서 내공이 만들어진다. 아울러 시야도 넓어지고 역량도 커진다.

"2021년 기준으로 직업상담직 공무원 약 1,250명의 평균 연령이 49세이고, 40~50대가 전체 인력의 82%에 달한다. 이로 인해 현재 고용센터의 주축이 되는 인력들이 앞으로 10여 년 후면 모두 퇴직하게 되므로 고용센터의 중추적인 역할을 하는 직업상담직 6~7급이 일정 비율 이상을 차지할 수 있도록 7급 직업상담직 공무원을 신규 충원해 나갈 시점이 되었다고 본다. 특히, 고용서비스 업무 중 상대적으로 노동시장에 대한 정책 기획 및 행정관리 업무가 많은 고용노동부 고용센터의 경우 직업상담직렬 7급에 대한 수요는 높다고 할 수 있다."[5]

향후 직업상담직 공무원 채용 티오가 증가할 가능성을 예측할 수 있고, 지금부터 대비하는 사람들에게는 절호의 기회가 될 수 있다. 직업상담직렬은 다른 직군에 비해 비교적 전문성과 경력을 인정받을 수 있는 분야이기 때문에 지금부터라도 준비한다면 언젠가 찾아올 기회에 자신 있게 도전할 수 있을 것이다. 직업상담직 공무원은 일과 사람을 연결하고 기업을 지원하는 등의 실질적인 도움을 주는 보람이 있는 직업이다. 동시에 직업의 안정성과 전문성을 바탕으로 평생 현역으로 활동할 수 있는 탄탄한 커리어를 쌓아나갈 수 있다. 미래를 대비하고 싶다면 지금부터 차근차근 준비하는 것이 중요하다. 이 책을 통해 직업상담직 공무원의 역할에 대해 더 깊이 이해하고 미래 언젠가 다가올 인력 교체 시점에서 필요한 역량과 지식을 갖춘 인재로 성장할 동기를 얻길 바란다.

직업상담사 자격증

출처: 큐넷

1. 개요

직업상담원이 수행하는 업무는 상담업무, 직업소개업무, 직업관련 검사실시 및 해석업무, 직업지도 프로그램 개발과 운영업무, 직업상담행정업무 등으로 구별 지을 수 있다. 주요 상담업무에는 근로기준법을 비롯한 노동관계법규 등 노동시장에서 발생되는 직업과 관련된 법적인 일반적인 사항에 대한 일반상담 실시와 구인·구직상담, 창업상담, 경력 개발상담, 직업 적응상담, 직업전환상담, 은퇴 후 상담 등의 각종 직업상담이 있다. (중략)

직업상담원은 구직자들에게 가장 적합한 직업이 무엇인지를 찾는데 도와주며 적성, 흥미검사 등을 실시하여 구직자의 적성과 흥미에 알맞은 직업정보를 제공하고 청소년, 여성, 중·고령자, 실업자 등을 위한 직업지도 프로그램 개발과 운영을 한다. 그리고 취업이 곤란한 구직자(장애자, 고령자)에게 더 많은 취업 기회를 제공하고 구인난을 겪고 있는 기업에게 다양한 인력을 소개하기 위하여 구인처 및 구직자를 개척하기도 한다.

2. 검정현황

구분	필기			실기		
	응시	합격	합격률	응시	합격	합격률
직업상담사 1급 (2003~2023년)	5,439	3,241	59.6%	3,933	1,759	44.7%
직업상담사 2급 (2000~2023년)	358,847	172,543	48.1%	231,123	79,759	34.5%

3. 취득방법

1) 직업상담사 2급

- **응시자격**: 제한없음
- **시험과목**: ① 필기: 직업상담학, 직업심리학, 직업정보론, 노동시장론, 노동관계법규 ② 실기: 직업상담실무
- **검정방법**: ① 필기: 객관식 4지 택일형 과목당 20문항(2시간 30분) ② 실기: 필답형(2시간 30분, 100점)
- **합격기준**: ① 필기: 100점을 만점으로 하여 과목당 40점 이상, 전과목 평균 60점 이상 ② 실기: 100점을 만점으로 하여 60점 이상

2) 직업상담사 1급

- **응시자격**: 직업상담사 2급 자격을 취득한 후 직업상담 직무로 2년 이상 근무한 경력 또는 별도의 자격 없이 직업상담 직무로 3년 이상 근무한 경력
- **시험과목**: 국가기술자격법령 개정에 따라 2025년부터 변경 (2024.11.11. 큐넷 공지사항)

* NCS기반 자격개편에 따라 직업상담사1급 등 64개종목 시험과목 변경 <2022. 10.27.개정>

- **검정방법**: ① 필기: 객관식 4지 택일형 과목당 20문항(2시간 30분) ② 실기: 작업형(3시간 정도, 100점)

<과목 개편: 국가기술자격법령 개정에 따라 2025년부터 변경>

시험구분	변경 전(2024.12.31.까지)	변경 후(2025.1.1.부터)
필기	1. 고급직업상담학 2. 고급직업심리학 3. 고급직업정보론 4. 노동시장론 5. 노동관계 법규	1. 직업심리 및 전직지원 2. 심층직업상담 및 슈퍼비전 3. 직업정보가공 4. 노동시장분석 5. 고용노동관계 법규(Ⅱ)
실기	직업상담 실무(작업형)	직업상담 및 전직지원 실무(필답형)

- **합격기준**: ① 필기: 100점을 만점으로 하여 과목당 40점 이상, 전과목 평균 60점 이상 ② 실기: 100점을 만점으로 하여 60점 이상

chapter 2.
변화하는 직업상담의 미래

[직업 혁명 (43)] "생성형 인공지능을 직업상담 분야에 활용하면 부족한 상담 인력을 보완하고, 상담의 질을 높일 수 있다. (중략) 인공지능의 활용이 직업상담사의 일자리를 대체한다는 의미는 아니다. 인공지능을 활용하면 직업상담사의 업무를 고도화하는 데 도움을 줄 수 있다."

- "생성형 AI가 직업상담사 역할 수행…인간 일자리 대체할까?" <뉴스투데이>, 2024.7.25. -

AI 시대, 직업상담은?

"직업 세계가 빠르게 변화하고 있다. (중략) 직업 세계 변화 등 영역 간의 융복합 및 디지털 기술의 접목이 가속화됨에 따라 융복합 관련 분야의 이해와 소통 능력, 그리고 기술 활용 능력이 중요해질 것으로 전망된다. 이를 위한 다각적인 대응전략이 필요하다. 정부는 디지털 역량 강화를 위한 교육훈련을 확대하고 직업 특성과 개인 특성에 맞는 고용서비스 프로그램을 개발·보급할 필요가 있다. 특히 직업 세계 변화에 따라 맞춤형 고용서비스 전략이 필요하다. 전문 상담인력은 대상별로 맞춤형 상담을 제공하여, 청년층에게는 디지털 트윈 엔지니어, 클라우드 컴퓨팅 엔지니어, 화학 정보학자 등 고도의 전문지식과 디지털 기술이 결합한 직업에 도전할 수 있도록 독려하고, 중장년과 일 경험이 필요한 대상에게는 CCTV 관제, 식물공장 재배, 인공지능 훈련, 콘텐츠 개발 등 디지털 접근이 비교적 쉬운 직업을 안내할 필요가 있다."[6]

"AI 시대, 직업상담사의 전망과 미래 역량(중략) AI 기술발전이 직업상담사 일자리를 위협할 것이라는 우려도 있지만, 오히려 새로운 기회가 될 수 있음을 강조했습니다. AI가 단순하고 반복적인 업무를 대신하게 되면, 직업상담사는 보다 고차원적이고 인간적인 상담에 집중할 수 있다는 내용입니다. 이를 위해 직업상담사는 디지털 리터러시와 데이터 분석 역량을 키워야 하며, 지속적인 자기개발이 필요하다고 언급했습니다."[7]

인공지능 등장으로 많은 직업들이 자동화되고 있고, 이는 직업상담 세계에도 영향을 미칠 수 있다. 직업상담은 대면 접촉이 많다. 상담사는 단순히 정보를 제공하는 것이 아니라 개인 적성과 특성을 파악하여 직업선택에 도움을 줄 수 있도록 인간적 감정과 공감을 바탕으로 전달한다. 이런 점에서 직업상담은 단순한 데이터 분석을 넘어 인간적 요소가 필수적이다. AI가 자동화 할 수 있는 직무들과는 달리 직업상담은 여전히 인공지능이 대체하기 어려운 부분이 많다. 미래 직업상담은 기술과 인간적 요소를 통해 더욱 발전할 가능성이 크다. 인공지능이 데이터를 분석해주면, 상담사는 이를 바탕으로 더 깊이 조언을 해 줄 수 있다. AI 일자리 매칭 또한 딥러닝 기술과 행동·직무기반 알고리즘을 통해 맞춤형 일자리를 추천하는 서비스로 프랑스, 벨기에 등 대다수 OECD 국가에서도 서비스 중이다.

구직자 온라인 행동데이터와 직무역량 분석을 기반으로 맞춤형 일자리를 추천해 주는 'AI 일자리 매칭'은 2020년 7월 서비스 개시 이후 연간 1,300만 건이 넘는 맞춤형 일자리를 추천하고 지난 4년간 20만 명이 넘는 구직자에게 일자리를 찾아줬다고 고용노동부는 2024.6.4. 보도자료를 통해 발표했다.

지금까지는 개인 노하우와 역량에 따라 알선취업의 질과 적중률에 상당한 차이가 있었다. 하지만 미래로 갈수록 이러한 차이를 균일화하는 것은 기술의 역할이 될 것이다. 내담자 입장에서는 어느 상담사를 만나더라도 일관되고 유사한 서비스를 받기를 기대할 것이기 때문이다. 2020년 고양고용센터에서 취업지원 업무를 담당할 때다. AI 일자리매칭 서비스가 개시되어 적극 활용하라고 워크넷에 공지되었다. 기대를 가지고 사용해 보니 추천되는 지역 범주가 전국 단위이고, 높은 매칭 순위로 추천되는 기업도 구직자에게 적절하지 않았다. 초기 부정적 경험을 한 뒤로 취업알선 시 AI 일자리매칭을 잘 활용하지 않았다. 돌이켜보면, 추천 결과가 제대로 나오기 어려운 상황이었다. 왜냐하면 작성된 구직표의 내용이 부실했고, 학습 데이터가 부족해 매칭 결과의 정확도가 떨어졌기 때문이다.

사용자 개념은 고객이 제품이나 서비스를 사용하면서 겪는 경험이라 할 수 있다. 사용자가 좋은 경험을 할수록 만족도가 높아지고 다시 그 제품이나 서비스를 찾을 가능성이 높아진다. 긍정적 감정을 강화하고 사용 빈도를 높이기 위해서는 사용하기 쉬워야 한다. 2020년 AI 일자리매칭 도입 이후 현장 의견을 반영해 대부분 개선이 되었고 기술적으로 계속해서 고도화하고 있다. 이와 함께 정확한 빅데이터가 점점 더 축적되면서 인공지능 기반 매칭시스템 적중률은 높아질 것이다.

"AI가 일자리를 추천해 주면 이제 상담사는 뭐하는 거야?"

인터넷에 이런 말들이 올라와 있다. 고용노동부가 AI 일자리추천서비스를 제공하는 것처럼, 사람인이나 잡코리아도 AI 일자리매칭을 한다. 처음 AI 추천서비스를 접했던 사람들은 이렇게 얘기했다.

"AI가 내 이력서를 보고 나에게 맞는 일자리를 추천해 준다니 신기하지 않아?", "그렇긴 한데, 믿을만한 정보일까? 내가 직접 찾아보는 게 더 낫지 않을까?"

하지만 AI는 방대한 데이터를 빠르게 분석한다. 구직자의 과거 행동 경험과 직무역량을 분석해서 일치하는 구인정보를 빠른 속도로 찾아준다. 구직자들은 더 빠르게 자신에게 맞는 일자리를 찾아 간다.

"내가 이력서를 입력하고 기다리면 AI가 알아서 추천해 주니 얼마나 편리해."

"나랑 맞는 일자리 조건은 잘 찾아주는데, 내 성향이나 내가 원하는 직장 분위기까지는 완벽히 파악해서 추천하지는 못하잖아. 그래서 좀 아쉬워."

AI가 일자리를 추천해 주는 시대에 직업상담의 역할은 어떻게 변해야 할까? 이제는 단순하게 일자리를 알선하는 것이 아닌 내담자와의 상담이 중요해졌다. 직업상담사의 역할은 좀 더 깊이가 있어야 한다. 내담자와 기업 요구를 끌어낼 수 있는 역할로 변화되어야 한다. 직업상담을 통해 심층적 요구와 욕구들을 이끌어 내고 그것을 데이터화 시키는 작업이 필요하다.

"AI가 일자리를 추천해 주지만, 전문가와 심도 있는 대화를 나눠보고 싶어."

"맞아, AI가 내 감정을 읽을 수는 없잖아. 상담사와 대화를 하면 더 나은 결정을 내릴 수 있을 것 같아."

직업상담사는 내담자와 대화를 통해 그들이 스스로를 더 잘 이해하고 올바른 선택을 할 수 있도록 도와야 한다. 심층상담을 통한 빅데이터 축적이 직업상담사 역할이라 할 수 있다.

"선생님, 제가 이 일을 할 수 있을까요?", "당연하죠. 그동안 경험과 강점을 잘 살린다면 무난히 잘 해낼 수 있을 거예요. "

상담사는 내담자에게 자신감을 심어주고, 이들이 자신의 직업선택에 확신을 가질 수 있도록 돕는 중요한 역할을 한다. 매칭은 AI가 하고, 상담사는 내담자 감정과 표면으로 드러나지 않는 문제들을 끌어내고, 조력하는 형태로 변화될 것이다.

시스템을 구축하고 지속적으로 개선하며, 데이터를 축적하는 일들은 시간이 필요하다. 온라인 고용서비스 통합포털인 고용24는 단순한 사이트가 아닌 일자리 단일 창구로서 그 역할을 확대해 나가고 있다. 그 이면에는 인공지능이라는 신기술이 뒷받침한다. AI가 점점 더 많은 역할을 대신하면서 직업상담사에게는 새로운 도전과 기회가 주어지고 있다. 신기술에 대한 이해와 적응, 이것들을 기반으로 한 상담 도구들도 잘 활용해야 한다. 인공지능이 많이 발전했지만 여전히 사람 감정과 상황을 이해하고 그에 맞는 상담을 하는 건 인간만이 할 수 있는 중요한 역할이다. AI가 제공하는 데이터와 상담사의 인간적인 접근이 조화를 이루면 내담자들은 더욱 만족스런 직업선택을 할 수 있게 된다. 인공지능 발전은 상담사 역할을 대체하는 것이 아니라 오히려 더욱 중요한 역할을 부여한다. 직업상담사들은 새로운 기술에 적응하고 이를 활용할 수 있는 역량을 키워야 한다. AI를 활용한 상담 기법이나 새로운 도구를 익히고 이를 실무에 적용하는 것이 필요하다. AI 기술 발전에 맞춰 끊임없이 배우고 성장해야 한다. AI와 함께 변화하는 새로운 시대, 상담사로서 역할을 재정립하고 더 많은 사람들에게 도움을 줄 수 있는 방법을 모색해야 한다. 내담자에게 좋은 질문을 많이 던지고, 스스로 답을 찾아갈 수 있도록 도와야 한다. 이와 함께 심리적 지지와 전문적 상담을 제공해야 한다. 인공지능과 상담사가 서로 강점을 보완하며 협력하는 방식이 미래 직업상담의 중요한 모습이 될 것이다.

고용노동부는 2024. 6. 12. 보도자료를 통해 한국고용정보원과 함께 구인·구직 등 국민 체감효과가 높은 서비스(Killer Service)를 중심으로 인공지능(AI) 기반의 디지털 고용서비스("고용AI") 7대 시범과제를 선정해 개발한다고 밝혔다.

회사가 필요한 인재를 찾고, 사람들이 일자리를 찾는 과정은 쉽지 않다. 회사는 구인 공고를 올리고 수많은 이력서를 읽어야 한다. 구직자도 일자리를 찾기 위해 여러 군데 지원서를 보내야 한다. 이런 과정은 번거롭고 어려움도 많다. 이것들을 더 쉽고 빠르게 해 주는 서비스가 킬러서비스다. 구인·구직자에게 큰 도움이 되고 고용서비스를 편리하게 해 주는 서비스다. 사용자에게 강력한 영향력을 발휘하고 높은 만족도를 주는 서비스를 주기 위해 고용노동부는 7대 시범과제를 추진한다. 쉽지 않은 과정일 수 있다. 과제가 잘 추진되어 국민들이 더 효율적이고 편리한 고용서비스를 받을 수 있기를 바란다.

고용AI 시범과제를 추진하는 TF팀은 현장 간담회에서 구인자들의 주요 요구와 애로사항을 들었는데 그중 3가지 대표적인 의견은 다음과 같다.
"구직자가 진짜 취업 의사가 있는지 알려 달라.", "구직자 서류를 일일이 검토하기 힘들다.", "구인 공고를 작성하기 어렵다."

담당 사무관은 현장 간담회에서 나온 이야기들과 고용AI 운영 방향성을 고용센터 직원을 대상으로 한 디지털 고용서비스 강의에서 다음과 같이 공유했다.

"구인기업을 만나면 첫 번째로 요구하는 사항이 '구직자가 진짜 취업 의사가 있는지 알려달라.'는 것이다. 민간 취업포털에서는 조그마한 아이콘으로 취업 의사를 상·중·하로 나타내 주고 있다. 우리도 기술적으로 할 수 있지만, 현실적으로 어려움이 있다. 실업급여는 적극적 구직활동을 전제조건으로 받는다. 상당수 실업급여 수급자들은 겉으로는 취업 의지가 있다고 하는데, 실제 알선하거나 입사 의뢰를 하면 그렇지 않은 경우도 적지 않다.

구인 담당자가 또 어려움을 겪는 부분은 많은 구직자 서류를 검토하는 것이다. 그래서 이력서나 자기소개서를 몇 줄로 요약해 주는 서비스를 제공하는 방안을 검토하고 있다.

구인 공고 작성하는 것도 부담을 느낀다. 인사담당자가 모든 부서 업무를 잘 알면 구인 공고를 세부적으로 잘 작성할 수 있겠지만 자기 전문분야가 아니면 구체적으로 공고문을 작성하기가 쉽지 않다. 예를 들면 기업 IT 부서에서 개발 전문가가 필요하다고 했다. 인사담당자는 개발자 수준과 직무에 대해 잘 모르니까 대충 개발 전문가 몇 명 이런 식으로 공고를 낸다. 그러면 구직자는 자신이 지원해도 되는지 판단이 안 될 수 있다. 인사담당자가 구인 공고 필수사항만 입력하면 생성형 AI가 구인 공고를 자동으로 생성할 수 있도록 지원하는 것과, 회사가 채용 공고를 올리면 그것을 분석해서 구직자 입사지원 조건 분석 등을 통해 구인기업 채용 확률을 예측하려고도 한다. 구인 공고에 위법 사항이 없는지 AI로 확인하는 기능도 검토한다."

고용-AI 7대 시범 과제들이 2024년 말까지 개념 검증 완료 후 시범 적용되어 2025년 하반기부터 본격적인 대국민 서비스가 가능해질 수 있다니 기대가 크다.

데이터 기반 직업상담

"진로탐색·경력개발·취업까지 한 번에! 잡케어로 해결해 보세요."

고용24(홈페이지 work24.go.kr, 모바일 고용24앱) 로그인 후 잡케어 메뉴를 선택해 이용할 수 있다.

직업상담지원서비스(Jobcare)는 고용노동부와 한국고용정보원이 개발한 프로그램이다. 2020.3월 일부 개정(2020.10.1.시행)된 근로자직업능력개발법에서는 직업능력개발훈련 신청인에 대한 직업능력개발 진단 및 상담을 실시하도록 하였다. 이러한 제도 운영으로 취업지원, 직업훈련상담 등 통합정보 제공에 대한 수요가 증가하였다. 상담사들은 모든 직종에 대한 정보를 숙지하여 상담을 하는 데 어려움이 많았다. 헬스케어 같은 커리어 관리 서비스가 필요한 상황이었다. 이에 따라 방대한 고용과 노동 데이터를 활용하여 전 생애에 걸친 경력단계에서 직업선택과 취업준비, 경력개발을 지원해 줄 수 있는 잡케어를 구축하게 되었다.

잡케어는 2021년 9월, 6개 고용센터에서 시범 운영되었다. 그해 12월에는 전국 고용센터가 사용하였다. 2022년 5월에는 대학일자리센터, 여성새로일하기센터 등 취업지원기관에서 직업상담을 하는 직원들로 이용 대상이 확대되었다.

2023년 3월, 구직자 스스로 진로탐색과 개인별 취업활동 계획 등을 수립할 수 있도록 대국민 서비스를 오픈했다. 대국민용 잡케어는 나의정보를 입력하면 나만의 보고서를 만들어준다. '간편입력'과 '상세입력' 두 가지가 있다.

간편입력은 관심 키워드 검색으로 손쉽게 직종탐색을 할 수 있다. 상세입력은 프로필을 작성하면 AI가 개인 직무역량을 분석하여 상세한 보고서를 만들어준다. 보고서를 통해 취업시장 정보를 파악할 수 있고, 자격증과 직업훈련이 필요한지 알 수 있다. 분석결과를 가지고 고용센터 상담원과 심층상담을 받을 수 있다. 잡케어를 한 번도 이용해 보지 않았다면, 꼭 이용해 보길 추천한다.

2023년 3월부터 2024년 2월까지 27만 명이 방문하여 5만 4천(상세 3.5만, 간편 1.9만)건의 보고서를 생성했다. 10~20대 청년층이 80% 이상으로 주 이용자다. 잡케어 서비스 보고서 생성 상위는 응용 SW 개발자, 미디어 콘텐츠 디자이너, 전자공학자 및 연구원, 사회복지사, 상담 전문가 순이었다.

출처: 고용노동부 잡케어 현장 교육 교재 2024.7.

상담용 잡케어는 고용센터, 국민취업지원 수행기관, 대학일자리센터 순으로 활용도가 높았다. 상담과정에서 점차 잡케어 활용이 늘어나면서 현장교육에 대한 직원들의 수요가 많았다. 본부 고용서비스기반과에서는 교육계와 빠른 협의를 거쳐 2024년 6월 '잡케어 활용을 통한 취업지원 역량강화 교육'을 개설했다.

1교시는 본부 담당 과장과 사무관이 '디지털고용서비스 정책방향과 추진사항'에 대해 설명했다. 2교시는 시스템 개발과 관리를 하는 한국고용정보원 담당자가 직접 시연을 하고 질의 응답하는 시간을 가졌다. 250명 이상의 직업상담원들이 참여했고 현장 분위기는 뜨거웠다. 특히 3교시 '잡케어·생성형 AI 활용 상담사례' 강의는 인기 폭발이었다. 전국 4개 권역을 나누어 고용노동부 내부강사로 활약하고 있는 상담원들의 실전사례를 공유하였다.

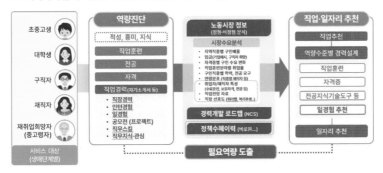

전 생애에 걸친 경력단계에서 직업선택 및 취업준비 지원을 위한
AI•빅데이터 분석 기반의 「맞춤형 직업상담지원 서비스」

출처: 고용노동부 잡케어 현장 교육 교재 2024.7.

서울권역 유경수 상담원과 충청 · 전라권역 이정란 상담원은 잡케어에 대한 깊은 이해를 바탕으로 개별 사례에 맞는 창의적 접근을 통해 실전에서 경험한 사례를 소개했다. 실제 상담사례와 이론을 결합해 교육생의 몰입도를 높였다.

〈잡케어를 활용한 직업상담 프로세스〉

1. 산업분류와 직업분류 설명: 추상적인 부분을 구체화한다.

2. 자기 이해: 직업심리검사를 통해 자신을 파악한다.

3. 관심 직종 및 이력서 분석: 연관 직종, 보유 자격증 관련 구인 직종을 비교 분석한다.

4. 경력개발 계획 수립: 필요한 역량을 확인하고 훈련과정을 탐색해 경력개발 계획을 세운다.

5. 추천정보, 채용정보, 노동시장 정보를 탐색한다. 이후 구인 요구능력

과 구인조건을 확인하여 직업훈련연계 등으로 직무역량강화 또는 취업알선을 한다.

경기권역 이정희 상담원은 연령별 주요 호소 문제를 중심으로 경력 준비, 전환, 유지 사례를 설명했다. 부산권역 강청아 상담원은 청년과 고령자에 대한 잡케어 활용사례를 소개하며, 챗GPT4.0을 상담에 적용한 경험을 공유했다. 자비로 챗GPT4.0 이용료를 내며 업무에 활용하고 있는데, 본부의 지원이 필요하다는 바람도 전했다. 또 PPT 제작을 쉽게 할 수 있는 '감마' 사용법도 알려주며, 현장에서 다양한 AI 도구를 활용해 업무 효율을 높이고 있었다.

AI는 자주 접하면서 친숙해져야 할 도구다. 나도 김덕진 작가의 『AI 2024 : 트렌드&활용백과』를 통해 다양한 AI 툴을 익혀왔다. 광주 교육을 마지막으로 네 번의 교육이 모두 종료되었고, 이후 교육 총평과 피드백을 통해 개선점을 논의했다.

"내년에는 정규 과정으로 편성하고, 강사 풀을 확대해야겠어요."

"맞아요. 능력 있는 강사도 더 발굴하고 멘토링과 워크숍도 필요할 것 같아요."

내년에는 더 심도 있고 다양한 교육이 기대된다.

한 번에 쉽고 편리한 나만의 고용서비스

해외 주요국은 코로나19 상황과 인공지능 등 4차 산업 대표 기술들이 맞물리면서 비대면 · 디지털 방식의 공공고용서비스 전환이 가속화되었다. 프랑스 · 호주 등은 빅데이터를 분석하고 인공지능 기술을 활용하는 디지털 고용서비스로의 전환에 역량을 집중했다. 호주는 AI기반 구직자 프로파일링 모델을 구축하고 장기실업 확률 예측을 통해 맞춤형 고용서비스를 제공하고, 프랑스는 구인기업의 빈 일자리에 대한 구직자 매칭을 지원하기 위해 채용확률모델을 개발한다고 하였다.

고용노동부는 2018년부터 고용보험 등 개별 전산망에서 관리하던 개인과 기업 등에 관한 정보를 통합 · 표준화 하는 국가일자리정보플랫폼(Master DB) 구축을 추진해왔다. 아울러 인공지능의 발달에 발맞춰 국가일자리정보 플랫폼을 활용하여 AI일자리매칭서비스와 데이터 분석 기반의 맞춤형 직업상담지원서비스인 잡케어 서비스를 도입했다. 한편 국민들에게 취업지원, 실업급여 등 고용서비스를 제공하기 위해 운영하던 다양한 정보망은 분절적이고 복잡해 불편을 초래하는 경우가 많았다. 이러한 문제를 해결하고자, 국가일자리정보 플랫폼에서 제공하는 통합정보와 인공지능, 자동화 기술 등을 활용하여 한번 접속으로 모든 고용서비스를 제공받는 온라인 원스톱 고용센터인 고용24를 구축하였다.

<디지털 고용서비스 추진경과>

1단계: 국가일자리정보 플랫폼 MDB 등 추진(2018년~)

2단계: AI일자리 매칭, 잡케어 서비스 구축 등(2020년~)

3단계: 고용24 구축 및 시범운영(2022년~)

4단계: 인공지능 기반 디지털 고용서비스 고도화(2024년~)

디지털 고용서비스 **구축 개념도**

출처: 고용노동부 잡케어 현장 교육 교재 2024.7.

　기존의 오프라인 중심 고용서비스를 디지털로 전환하기 위해서는 별도 TF 구성을 하였다. 전산 개발을 담당할 직원을 보강하고, 고용센터에서 전산망을 사용하여 업무를 처리하는 직원들의 참여를 검토했다. 어느 날 과장님은 나를 불러, 취업지원 업무와 고용보험 등에 경험이 풍부한 상담직 공무원을 추천해 달라고 하였고 선발된 직원들은 2022년부터 TF팀에 합류하여 근무하기 시작했다. 상담직들은 기업지원금, 실업급여와 외국인, 워크넷과 국민취업지원제도, 직업능력개발, 이렇게 네 파트로 나누어 각자

업무를 전담하면서 시스템을 관리했다.

고용24 TF팀 서인옥 주무관을 만났다.

"고용24에서 어떤 업무를 하고 있는 거야?"

"고용24팀에서 상담직의 역할은 시스템 사용자와 전산 개발자의 중간 다리 역할을 해요. 전산 개발자는 단순히 전산 개발만 하거든요. 저희는 이용자가 시스템에서 사용하는 모든 메뉴를 직접 그려요. 그리고 그 메뉴와 각각의 탭들이 어떻게 연동되는지, 탭이나 메뉴들을 통해 무엇을 검색하려고 하는지에 대해 전산 개발자에게 자세하게 설명해 줘요."

서 주무관은 이어서 말했다.

"모든 메뉴는 고용센터 업무 담당자와 수시로 소통하고 회의를 진행하면서 시스템 하나하나 클릭하여 사용 여부를 다 물어봤어요. 그중에 누구라도 없애면 안 된다고 할 경우 모두 살려놨죠. 없애는 것은 쉬운데, 다시 만들기는 어렵다고 하더라고요. 새롭게 만들어진 화면도 수차례 현장 의견을 듣고 피드백을 반영했어요. 그런 식으로 디테일하게 체크하고 확인하면서 이용자들이 사용하기 편리하게 전산을 만들고 있어요."

처음에 고용24는 가칭이었다. TF팀에서는 브랜드를 무엇으로 할지 고민했다. 내부 직원 의견을 취합해 최종 3개 후보(고용24, 국민일자리포털, 일자리 365+)를 정해, 2023년 8월 국민을 대상으로 투표한 결과 '고용24'로 선정되었다. 정부24처럼 사람들에게는 '고용24'가 더 직관적으로 느껴진 것 같았다.

'한 번에 쉽고 편리한 나만의 고용서비스를 받는다'는 '고용24'가 시작되었다! 2024년 3월부터 본격적으로 시범운영에 들어간 고용24는 PC는 물론 모바일을 통해서도 이용할 수 있다. 그간 워크넷(취업지원), 고용보험(실업급여, 고용장려금), 직업훈련포털(내일배움카드), 취업이룸(국민취업지원제도) 등 분절적으로 운영하던 온라인 고용서비스를 고용24 한곳에서 편리하게 신청·신고·조회할 수 있다. 앱에서는 지문인식 등 생체정보 기반으로 더 안전하고 편리하게 이용할 수 있고, 위치기반 서비스로 내 주변 채용정보도 쉽게 알 수 있다. 또한 푸시 서비스를 신청하면 매번 로그인하지 않고도 맞춤 안내를 받을 수 있게 된다.

출처: 고용노동부 잡케어 현장 교육 교재 2024.7.

"이제 AI가 내 취업 파트너가 되어준다고? '고용24 AI 일자리추천서비스'는 단순한 채용정보 제공을 넘어, 구직자 직무역량, 자격증, 경력 등을 종합적으로 분석해 최적화된 일자리를 추천합니다. 또한, 유사한 패턴을 보이는 다른 구직자들이 지원한 일자리를 분석해 인기도가 높은 일자리를 제안하며, 나와 비슷한 훈련을 받은 사용자들의 훈련정보까지 분석해 인기도가 높은 훈련프로그램을 추천해 줍니다. 나의 자격증과 연관성이 높은 자격증 추천도 이 서비스의 장점입니다. 이제 '고용24 AI 일자리추천서비스'를 통해 빠르고 편리하게 나만의 맞춤형 일자리를 찾아보세요."[8]

2024.7.18. 오전 9시 15분경부터 고용24, 고용보험, HRD-Net, 워크넷, EPS, 취업이룸 홈페이지 및 앱, 업무처리 시스템 접속이 불가한 상황이 발생했다. 업무를 담당하는 우리 부서는 비상사태였다. 고용센터 직원들의 전화, 내부 메신저 문의뿐 아니라 민원인들의 거친 항의도 빗발쳤다. 내부 업무시스템 소통방에도 직원들의 성토가 쏟아졌다. 과 분위기는 위축되었고, 불안과 초조함으로 피가 마르는 것 같은 정신적 스트레스를 받았고, 깊은 긴장감은 말할 수 없었다. 언론에서도 고용24 '먹통'이라며 비난 수위도 높아졌다. 전산망 장애 원인 파악과 함께 민원인 불편을 최소화하기 위해 빠른 대응방안을 마련하며 모두가 분주하게 움직였다. 장애가 발생한 원인은 고용24에서 사용 중인 데이터베이스 2대 중 1대가 멈춤 현상이 발생한 것으로 파악되었고, 멈추지 않은 나머지 1대를 사용하여 서비스를 이용할 수 있도록 긴급 조치했다. 11:57분부터 모든 시스템이 정상 운영이 되었다. "실업급여와 관련하여 고용센터 방문 민원인에 대해서는 수기로 접수하여 전산 복구 후 처리하고, 필요한 경우 실업인정일을 하루 연기하도록 안내했다."[9]

국민들에게 직접 영향을 미칠 수 있는 전산 시스템이기에 시범 기간을 거쳐 철저히 검토하고 신중을 기해서 준비했다. 그럼에도 불구하고 현장에서 예상하지 못했던 다양한 문제가 발생할 수 있다. 지금처럼 시스템이 갑자기 멈추기도 하고, 예상치 못한 에러가 발생해서 국민들에게 불편을 끼치게 될 때 담당부서 책임감은 이루 말할 수 없다. 정부에서 정책을 만들때도 현장 의견을 듣고, 관계자와 전문가들의 논의 과정을 거치는 등 모든 변수를 고려한다. 하지만 실제 현장에서 실행하는 중에 예상치 못했던 새로운 문제들이 드러나곤 한다. 담당자에게는 큰 부담일 수 있고, 이로 인한 중압감도 상당하다. 정책이 성공적으로 자리 잡기까지 여러 가지 시행착오가 따르기 마련이다. 전산시스템이든 정책이든 시행되는 과정에서 발생하는 문제들을 감안해 주고, 담당자들의 애로사항을 역지사지의 마음으로 봐주기를 바란다. 국민 편익을 최우선으로 생각하며 노력한다는 점을 알아줬으면 하는 마음이다. 불가피하게 발생하는 문제들에 대한 해결 과정을 이해해주고, 함께 협력하고 인내하는 마음이 필요한 것 같다.

고용24는 모든 온라인 고용서비스를 한곳에서 신청하고, 결과를 확인할 수 있는 통합포털이다. 개인은 일자리 검색, 구직신청(이력서 등록), 실업급여 신청, 출산휴가급여 신청, 국민내일배움카드 신청을 한다. 기업은 구인신청, 인재 검색, 고용장려금 신청, 근로자 훈련 신청, 이직확인서, 출산휴가확인서 작성 등을 할 수 있다. 홈페이지에 들어가면 일자리, 교육훈련, 자격증을 추천받고 놓치고 있는 혜택이 있는지 확인해 볼 수 있다. 초보자들도 쉽게 이용할 수 있도록 '초보자 이용가이드'도 안내되어 있다. 처음 고용24를 알게 되었으면 꼭 클릭해서 들어가 보자. 여러분에게 도움 되는 내용들이 가득할 것이다.

chapter 3.
일을 잘 할수록 손해일까?

"노력하면 운이 더 따라와요."

- 백종원 -

멀티플 리워드

일의 성과를 내었을 때 가장 먼저 따라오는 보상 중 하나가 표창이다. 조직 내에서 내 노력을 공식적으로 인정받았다고 볼 수 있어 개인적 만족뿐 아니라 동기부여와 자부심을 높이는 데 큰 역할을 한다. 자신의 커리어를 풍부하게 만들고 성장의 기회를 얻을 수 있다.

'올해의 고용서비스상'은 고용센터 직원들이 가장 받고 싶어 하는 표창이다. 하나의 프로젝트 성과에 세 가지 보상이 따라온다. 장관표창과 포상금, 선진화 사례 연구를 위한 해외연수까지 다녀올 수 있어, 일명 일타 쓰리피 상이라고 한다. 나는 이 상을 받고 처음으로 해외를 나갔고, 여행의 참맛을 알게 되는 계기가 되었다. 평소 집 떠나면 고생이라는 생각에 여행을 선호하지 않았다. 하지만 선진국 고용서비스를 습득할 수 있는 해외연수는 전문성을 향상시킬 수 있는 소중한 기회였다.

2013년 방문한 국가는 덴마크와 네덜란드였다. 1박2일간 고용노동연수원에서 연수 개요, 방문국 주의사항, 고용서비스 정책 이해 등을 포함한 사전교육을 받고 6박 8일 연수 일정이 진행되었다.

고용서비스 전달체계가 자치단체로 이관된 덴마크 지방분권화 성과와 문제점 등을 조사하기 위해 고용부와 지방정부통합고용센터를 방문하였다. 덴마크 핵심적 노동정책은 '유연안정성'이다. 덴마크 고용노동부 상임 고문관 국제협력담당자가 브리핑한 '덴마크 유연안정성 개념과 모델'에 대한 내용이다.

"덴마크 노동자들은 해고와 고용이 쉬운 것을 반긴다. 덴마크는 대기업은 거의 없고 중소기업들로 노동시장이 꽉 차 있고 이들 간에 밀접하기 때문에 노동자들이 여기에서 일하다가 이동해서 저기서도 일할 수 있는 상황이 된다. 외부적으로는 유연한 노동시장을 갖고 있어 해고와 고용이 쉽고, 수입이 보장되는 이런 부분들을 조합해서 유연안정성이라고 부른다. 이런 것들이 바로 세계가 덴마크에서 배우고 싶어 하는 부분이다. 덴마크에서는 고용과 해고가 쉽다고 했는데 그렇게 해도 문제가 되지 않는 것은 일단 해고를 당하고 다시 일자리를 구하지 못하면 실업한 그 다음 날부터 실업급여가 나온다. 이런 부분들이 안정성을 형성하는 것이다. 실업급여에 의해서 1차적으로 수입이 보장 된다. 그런데 만약에 실업보험기금에 가입되어 있지 않다면 그다음에는 잡센터를 방문할 수 있다. 잡센터를 방문하여 사회보장제도를 받을 수 있는데 이것은 실업보험기금보다는 보장되는 수준이 낮고 까다롭다. 이런 부분들이 모여서 유연성이라는 부분의 안정성을 형성하는 것이다. 수입보장은 해고된 상태에서도 이루어지기 때문에 노동자들이 해고를 두려워하지 않는다. 하지만 사람들은 수입 지원을 받는다고 해도 실업자인 것보다는 취업하고 싶어 한다. 덴마크에서는 실업을 하면 수입보장 이외에 적극적 조치들이 이루어진다. 잡센터에 방문하게 되면 고용될 수 있는 가능성을 측정해 준다. 이런 활성화 프로그램에 구직활동과 직업훈련이 다 포함되어 있어 도움을 받을 수 있다. 잡센터들은 2009년 고용서비스 전달체계가 개편되고 통합고용센터 업무가 지자체로 완전 이전함에 따라, 국가에 의해 운영되지 않고 지자체별로 운영된다. 잡센터들이 구직자들이나 실직자들에게 금전적 지원을 주는 것은 아니고 오로지 구직과 직업활동에 대한 이야기만 하고 돈에 대해서는 절대 이야기하지 않는다. 만약에 어떤 수입보조를 받기를 원한다면 실업보험에 가입해야 한다."

덴마크 날씨는 오락가락 예측이 잘 안되고 그야말로 변화무쌍이다. 비가 왔다가 맑았다가, 비바람이 몰아치는가 하면 언제 그랬냐는 듯 평화로웠다. 사람들 옷차림도 반팔, 파카 등 천차만별이다. 덴마크에서 기억에 남는 말 중에 하나가 "자전거 조심하세요."였다. 덴마크는 평지가 많아 자전거 타기에 좋고 자전거 신호등도 따로 있다. 가이드 설명에 따르면 덴마크인의 자전거 사랑은 태어나면서부터 시작되는데, 걷기 시작하면 자전거를 선물로 받을 정도란다.

틈틈이 돌아본 덴마크 관광지도 참 좋았다. 덴마크 사람들의 자랑인 안데르센 동상 옆에서 사진도 찍었다. 안데르센은 130여 편 동화를 쓴 유럽을 대표하는 동화작가다. 독신으로 생을 마감한 안데르센은 수많은 인연을 만났지만 외롭고 고독한 삶을 살았다고 한다. 사는 동안 인기가 없었던 그가, 죽은 후에는 세계 전 사람들의 사랑을 듬뿍 받고 있다. 덴마크의 큰 자랑거리인 안데르센 삶에 대한 궁금증과 호기심이 생겼다. 어린 시절 읽었던 동화책을 다시 어른 감성으로 읽어보고 싶다는 생각이 들었다. 일과가 끝난 저녁 시간에는 전국에서 모인 동료들과 함께 즐거운 수다모임도 가졌다. 스웨덴이 인근에 있어 지하철로 30분 이내에 갈 수 있다. 북유럽은 국가 간 이동이 쉽고 자유롭게 다닐 수 있어 좋겠다고 생각했다. 잠을 자려고 누우니 키에르케고르 철학자, 인어공주 동상, 장미궁전, 게피온 분수, 시청사, 아마리엔보그성 등 덴마크 곳곳의 지역과 풍경들이 머리를 스쳐간다.

두 번째 방문국가는 네덜란드였다. 풍차와 나막신이 떠오른다. 거리에서 본 사람들 키가 상당히 크다고 느꼈는데, 가이드 설명을 들으니 이해가 갔다. "네덜란드 사람들 평균키는 세계 1위로 남성 183cm, 여성 173cm라고 해요. 키가 큰 이유는 유가공품을 많이 먹는 식습관과 자전거를 많이 타서 성장판을 자극한 원인이라는 얘기가 있어요. 여담으로 네덜란드가 홍수가 많이 나서 키 큰 사람만 살아남았다는 썰도 있고요. 지리적 특성상 국토가 해수면보다 낮아 항상 홍수 위험이 있어서인지, 모든 국민이 수영을 잘해요. 더치페이 다 아시죠? 더치가 네덜란드 사람이라는 뜻이고, 개인주의가 강한 네덜란드 계산방식에서 유래된 말이에요." 가이드가 해 주는 이야기를 듣는 동안 버스는 맨파워그룹에 도착했다.

맨파워그룹은 미국에 본사를 두고 전 세계 80개가 넘는 국가에 지사를 가진 세계적인 인재파견 기업이다. 그룹 전략부서장인 제프리의 브리핑이 있었다.

"현재 7천여 개 일자리가 있으나 비어 있어 미스매치를 해소하는 것이 과제입니다. 미스매치는 서로 다른 세대가 일자리를 구하는 상황에서 생기기도 하고 기술 발전이 많은 것들을 개혁시키고 있습니다. 근로자가 회사를 그만두거나 권고사직 할 때도 2개월 전에 국가에 신고를 하면 그 자료를 데이터베이스화하여 '스피드 미팅시스템'이라는 곳에 공유합니다. 이 정보는 맨파워 그룹같은 민간 인재파견 회사에서도 볼 수 있습니다. 네덜란드는 처음부터 정규직으로 고용하는 경우가 적고 1~3년 정도 계약기간을 거친 후 정직원으로 고용되는 편으로, 고용주와 근로자 모두에게 유연성과 평가기간을 제공합니다. 고용주는 필요한 시점에 적절한 인재를 채용하고, 직원은 다양한 경험을 쌓을 수 있는 것입니다. 네덜란드 노동법은 직원 권리를 보호하는 데 중점을 두고 있고, 시간제도 전일제 근로자와 유사한 권리와 대우가 보장되며, 노사합의를 통해 근로시간을 자유롭게 조절할 수 있습니다. 회사는 근로시간을 탄력적으로 운영함으로써 임금부담을 줄이고, 노동자는 가사나 자기계발을 위해 근무시간을 조정할 수 있습니다. 유연하고 안정적인 시간제 일자리는 고용주와 노동자가 서로 자발적으로 이루어져 상호 윈윈할 수 있는 것으로 평가하고 있습니다."

네덜란드가 전일제 근로자와 모든 면에서 동일한 권리와 대우가 보장되는 시간제 일자리가 활성화되어 있음을 알게 되었다.

덴마크 안데르센 동상 앞 　　　　　덴마크 고용노동부 브리핑

첫 해외여행이 선진국 정책 사례를 알 수 있는 기회로 시작되어 너무나도 감사했다. 해외여행이야 언제든 원하면 갈 수 있지만, 이렇게 선진국 정책부서와 우수 민간 기업을 방문해서 직접 설명을 듣고 질의응답을 할 수 있는 시간을 가질 수 있다는 건 행운이었다. 덴마크와 네덜란드가 일자리 유연성과 안정성을 동시에 추구하는 나라라는 것을 새롭게 알게 되었고, 각 나라별 특색과 자잘한 에피소드도 쏠쏠한 재미가 있다. 연수가 끝난 후에 두 나라에 대한 궁금한 점이 많아 연수를 마치고 돌아온 후에도 설렘 속 공부는 계속되었다. 다음에도 일의 성과를 내서 이처럼 선진국 사례를 접할 수 있는 기회를 가져야겠다는 동기부여가 충분히 되었다. 고용센터에 근무한다면 '올해의 고용서비스 상'은 꼭 받아야 할 표창이라고 생각한다. 2023년 12월에 올해의 고용서비스 상 수여자들은 독일(오펜바흐 고용사무소, 하이델베르크 테크노파크, 프랑크푸르트 고용 잡센터 등)을 방문했다. 일 잘하는 직원들이 해외 선진 사례들을 벤치마킹하여 문제해결과 글로벌 역량을 육성할 수 있는 좋은 기회를 갖길 바란다.

직무능력우수 특별승진

국가공무원법 제40조4에서는 우수 공무원 등에 대한 특별승진이 나열되어 있다. 다른 공무원의 귀감이 되는 자, 직무수행 능력이 탁월하여 행정발전에 큰 공헌을 한 자, 명예퇴직할 때 등이다. 고용노동부에서는 우수한 인재를 조기에 발굴하고 핵심 인재로 육성하기 위해 7급 이하 공무원에 대한 특별승진을 단행한 적이 있었다. 직업상담직 공무원에 대한 특별승진은 이때가 처음이자 마지막인 것으로 알고 있다. 이때 9급인 나는 심사 절차를 거쳐, 직무능력우수로 특별승진을 했다. 공무원으로 입사한 후 처음으로 역량평가를 받았는데, 내 역량을 객관적으로 평가받을 수 있고 부족한 역량을 키울 수 있는 좋은 계기가 된 것 같다.

특별승진 대상자 선발은 객관성과 공정성을 확보하기 위해 다단계 추천 방식과 다양한 평가 방법을 활용했다. 우선 소속기관에서 추천한 대상자를 지방노동청 단위에서 심사하여 본부에 추천한다. 본부는 다면평가, 감사관실 자질 검증, 업무추진 실적심사를 통해 2~3배수로 1차 선발하며, 실적심사는 블라인드 방식으로 이루어졌다. 2차는 창의성과 응용능력 등 실무자에게 필요한 역량을 발표·토론·면접 등을 통해 각각 평가를 했다. 토론 면접 주제는 '공공고용서비스의 민간위탁'이었다. 사회자와 찬반을 나누어 진행하였다. 나는 찬성 입장에서 공공서비스 효율성 제고를 위해 민간기관을 적극 활용하는 것이 필요하고, 공공과 민간 역할을 어떻게 재정립할 것인가에 대해서 발표했다. 일대다 면접은 '생계가 어려운 구직자가 부정수급을 했는데, 어떻게 할 것인가'에 대한 PPT자료를 만들어서 발표면접을 했다. 상당한 압박면접을 겪었던 기억이 떠오른다. 여러분이라면 어떻게 답변하겠는가?

이후 7급으로 특별승진을 할 기회가 있었다. 고용노동부 후보로 추천되었지만, 최종적으로 수상하지 못한 나에게는 아쉬움이 많은 '민원봉사대상'이다. 1997년 이후 안전행정부, SBS는 대민봉사 실적이 탁월하여 국민편익 증진에 기여한 공무원 등에 대해 매년 '민원봉사대상'을 시상한다. 2011년부터는 중앙부처 공무원까지 대상이 확대되어 국세청 4명이 수상했다. 고용노동부는 대표적인 대민 업무 수행 부처다. 일자리 현장지원 활동, 취약계층 취업지원, 체불근로자 권리구제 등을 통해 국민 애로사항 해소에 기여한 공무원을 발굴하여 2013년 17회 때 처음으로 고용노동부도 후보자 3명을 추천하였다. 그중 한 명이 나왔다. 시상내용은 엄청 탐나는 것이었다. 상패 및 상금(대상 1,000만 원, 본상·특별상 500만 원), 특별승진(자격부여), 해외연수(부부동반), 수상자 자녀 서울시립대 특별전형 추천이다. 그야말로 가족 모두가 행복한 상이다. 이 상을 정말 받고 싶었다. 여러 번 검증을 거쳐 최종(전국 중앙 및 지방공무원 31명)까지 올라갔지만 안타깝게도 탈락했다. 고용노동부는 다음 해인 2014년 18회 때 부천지청 감독관이 민원봉사대상 본상을 수상했다. 2023년에는 전주지청 직업상담직 이경래 팀장이 '민원봉사대상' 본상을 수상하는 영광을 얻었다. 5년 동안 4만 2,600명에게 일자리를 제공하는 등 헌신적인 민원봉사로 국민 편익 증진에 기여한 공로를 인정받았다. 진심으로 축하를 전한다. 많이 부러웠고 자랑스러웠다. 지금은 민원봉사대상 시상내용이 예전보다 많이 축소된 것 같아 아쉬움도 있다. 8급을 2010.9.1.자로 특별승진 하였으나 7급은 근속기간 7년을 채우고 3일이 지난 후 2017.9.4.자로 승진했다. 행정직과 승진일정 조정으로 4일이 늦어진 것이다. 나비효과라는 말이 있다. 이때 4일이라는 기간이 미래 예상하지 못한 곳에서 막대한 손해를 가져왔는데, 본부 전입할 수 있는 자격 탈락요건이 된 것이다.

민원봉사대상 이외도 사회적 가치 실현, 일자리 창출 등 경제 활성화, 국민안전 개선, 인재양성, 적극행정 분야의 '대한민국 공무원상'에서도 승진임용, 특별승급 등 우대조치가 있다. 나는 이 중에서 적극행정 분야에서 입선하여 포상휴가를 받았지만, 더 우수한 성과와 국민 편익증진 등에 기여한 공무원은 더 많은 혜택과 우대를 받았다. 인사혁신처 적극행정on 홈페이지에 '적극행정 플랫폼'의 현황판에는 '2022년 12월말 기준 적극행정 우수공무원 선발 및 우대현황'이 게시되어 있다. 총 1,025명이 파격적 인센티브 부여를 받았고, 이를 항목별로 보면 특별승진 85명, 특별승급 130명, 성과급S 343명, 국외훈련 20명, 자율선정 447명이다.

국가공무원 사기를 진작시키고 공직 사회 활력을 높이기 위해 공무원 임용령이 2024.6.27. 일부 개정되었다. 임용권자가 매년 6급 공무원으로 근속승진 임용할 수 있는 공무원의 범위를 해당 기관의 근속승진 후보자의 100분의 40에서 100분의 50으로 확대하고, 6급 공무원 근속승진 임용을 위한 심사 횟수 제한을 폐지하였다. 아울러 자기개발휴직 요건도 완화하였다.

승진 소요 최저연수*	9→8급	8→7급	7→6급	6→5급	5→4급	4→3급
	1년	1년	1년	2년	3년	3년
근속	5년 6개월	7년	11년**	-	-	-

* 승진 소요 최저연수 계산에서 제외되는 기간: 휴직기간, 직위해제 기간, 징계처분 기간 및 임용령 제32조에 따른 승진임용 제한기간

** 6급 근속승진은 7급 11년 이상 재직자 중 매년 성과우수자 50%를 근속승진

일과 학업, 두 마리 토끼를 잡다

"직장생활도 바쁜데, 대학원을 다니겠다고?"

"이 주무관도 해냈잖아. 그러니까 나도 할 수 있을 거야."

"너는 눈이 취약하잖아. 회사에서 일한다고 늘 컴퓨터 보고, 공부하면서 매일 책보면 눈이 버티겠어? 그리고 어지럼증으로 쓰러져서 응급실을 2번이나 갔다 왔잖아. 뇌신경센터 다녀오면서 이젠 일보다 건강을 챙길 거라고 말한 게 얼마 되지 않았고 또 소화기능이 약한데, 계속 앉아 있으면 건강도 문제될 수 있어."

"지금은 다 나은 것 같아. 사람은 정신력으로 다 할 수 있어. 무료로 대학원을 다닐 수 있는데 안 다니는 게 더 이상하지. 내가 훈련 과제부터 계획서까지 작성하느라 얼마나 고생을 했는데, 많은 경쟁을 뚫고 업무 성과까지 평가받아 선정 된 거야."

남편 만류에도 내 고집을 꺾을 수는 없었다. 남편이 그렇게 말하는 데는 이유가 있다.

2013년 연말에 아킬레스건이 파열되어 병원에 입원해 재활치료를 받았다. 점차 회복되면서 깁스를 하고 다니면서 통원치료를 받았다. 두 발로 잘 걸을 수 있다는 감사함, 건강의 소중함을 느꼈던 시간이었다. 대중교통 이용은 쉽지 않았고, 택시 잡는 것도 어려웠다. 지금처럼 카카오택시가 있지 않았던 시기였다. 인터넷을 검색해 보니, 카카오택시가 2015년 3월 31일에 서비스를 시작했다고 나온다. 2014년, 갑작스러운 어지럼증으로 두 차례나 응급실에 실려 갔다. 원인을 찾기 위해 이 분야의 명의를 찾아 예약을 했지만 진료까지 한 달을 기다려야 했다. 그 사이 어지럼증 전문 이비인후과를 찾아 다녔지만, 이것저것 시도해도 병명을 찾지 못했다. 당시 나는 언제 또 갑자기 쓰러질지 모른다는 두려움 속에서 살았다. 그렇게 불안한 마음을 안고 지낼 수는 없었기에, 몰입할 무언가가 필요했다. 평소 업무에 대한 전문성을 키워야겠다는 생각과 공부에 대한 갈증이 나를 사로잡았다. 그래서 결심이 흔들리지 않도록 스스로를 다잡으며 그야말로 '패기만만'한 마음으로 임했다. 그러한 열정과 패기가 결국 지금의 나를 만들어낸 원동력이 되었다.

　직업상담 분야는 끊임없이 배워야 한다. 사람들의 직업선택과 경력개발을 돕는 중요한 역할을 하기 때문이다. 구직자가 자신의 잠재력을 최대한 발휘할 수 있도록 조력자가 되어야 한다. 상담을 하다보면 여러 분야 사람을 만나게 되는데 직무를 잘 모르면 적절한 조언을 제공하기 어렵다. 이러한 일들을 제대로 수행하기 위해서는 직무와 노동시장에 대한 깊이 있는 이해가 필수다. 새로운 직업 트렌드와 기술변화를 알아야 한다. 동시에 직업심리검사나 상담 도구를 능숙하게 다룰 줄 알아야 한다. 그래서 인적자원개발(HRD) 전공을 선택했고 다양한 직무에 대해 심도 있게 배울 수 있었다. 직원 역량개발과 조직 내 인적자원 관리에 대한 이론과 실습을 통해 더 효과적인 상담과 컨설팅을 할 수 있는 기반도 마련할 수 있었다.

대학에서 사회복지를 공부하면서 관심을 가졌던 상담심리 관련 과목들도 직업상담에 기초적인 바탕이 된 것 같다. 2015년 정부 주도로 '직무능력 중심의 채용'이 확산되기 시작했다. 직무와 관계없는 스펙은 뒤로 하고, 직무에 적합한 능력을 평가한다는 것이다. 그래서 훈련과제로 NCS 직무능력 채용을 선택했다.

2015년 3월 대학원 개강을 했다. 대부분은 나처럼 직장생활을 하며 학업을 병행하는 사람들이었다. 비슷한 연배 언니들이 2명이나 있어 서로 의지하고 잘 챙겨주면서 적응해 나갔다. 셋이서 가끔 만나 시간을 보냈다.

"정오야, 너도 직장 다니면서 공부하느라 쉽지 않지?"

"네, 언니. 그저 대학원생이 아니라, 앞에 고용노동부라는 소속이 붙는 직장인이라는 것이 교수님이랑 동기들 기대가 높을 거라는 생각이 늘 있어요. 다른 사람들보다 더 잘해야 한다는 부담감이 때로는 열심히 하게 된 원동력이 되기도 했지만, 압박감에 좀 힘들더라고요."

"맞아, 나도 그래. 직장 타이틀이 있으니 대충 할 수가 없더라. 회사 일도 쌓이고 학교 과제도 밀리면 도저히 못하겠다고 생각하다가도, 안 돼 지금 포기하면 끝이야, 나와의 싸움을 계속 하고 있지. 오늘도 못 나올 분위기인데 머리가 너무 아파서 그냥 나왔어. 월요일부터 계속 10시까지 야근했어. 나이 들었는지 손까지 떨리네. 자료 내라는데 미칠 지경이다. 비바람 치니까 더 서글프다."

"저번에 교수님이 '많이 힘드시죠? 그래도 잘 해내고 계시네요.' 그렇게 말하는데 내 노력을 인정받는 것 같아 위로가 되더라."

이렇게 치열하게 대학원 생활을 이어가면서 남들의 인정이 부담이 되는 동시에 동기부여가 된다는 것을 깨달았다. 자신과의 싸움에서 성장하는 진정한 학습자가 되어감을 느꼈다.

대학원에서 제일 힘들었던 과목은 통계였다. 통계수업이 끝나고 나면 동기들끼리 모여 머리를 맞대고 많은 시간을 함께 보냈다. 통계는 들어도 잘 이해가 가지 않았다. 그나마 다행인 건 나만 그런 게 아니었다. 서로가 같이 모르니까 위안을 삼다가도 불안했다. 대학원을 졸업하기 위해선 반드시 통계를 패스해야 한다. 통계시험이 끝난 후 동기들끼리 모여서 했던 말들을 생각하면 지금도 웃음이 난다.

"통계시험 패스 못할까 봐 걱정되어 악몽만 꿨어.", "통계 재수강 각오하고 있었는데, 통과되어서 눈물 날 것 같아." 그날 통계 교수님 귀가 엄청 가려웠을 것이다. 대학원에서 만난 동기들은 내 인생에 중요한 인연이 되었다. 서로의 삶에서 배운 것을 나누고 새로운 도전을 응원하며 평생 가는 인연이 되었다.

일과 학업을 병행하면서 좋았던 점은 이론을 바로 현장에 적용할 수 있다는 거다. 인적자원개발 개념을 배우면 직장에서 실제 어떻게 적용할 수 있을지 고민했다. 그런 고민들은 실무능력을 향상시키는데 도움을 줬다. "일 끝나고 공부하느라 늘 잠이 부족해. 그래도 여기서 얻는 게 많아서 버틸 만해. 회사에서 바로 쓸 수 있는 지식들을 배워서 좋아. 역시 사람은 평생 배우며 살아야 해."

동기 언니와 대화에서, 나 혼자만의 고생이 아니라는 생각에 위로를 받았다.

그렇게 2년 몇 개월을 보내다 보니 어느덧 졸업이 다가왔다. 마지막 관문, 졸업논문이다. 4월 중순에 중간 발표하고 5월 중순에 최종 발표한다. 나는 처음부터 연구논문 주제가 정해 있어서 동기들보다는 좀 수월했던 것 같다. 연구논문 주제로 다들 골머리를 앓았다. 교수님은 전공과 주요분야 연구 대상자들 배경을 잘 연구하라고 말했다. "연구 목적이나 필요성은 '기존 연구가 부족해서' 또는 '해보고 싶어서'가 아닌 '제언을 할 수 있는' 연구여야 합니다. 석사논문은 많이 나와 있는 연구에 틈새를 공략해보는 것도 좋을 것 같습니다." 이영민 지도교수님은 고용 관련 심의회와 각종 위원회 활동 및 다수 고용창출 연구활동을 하고 있어 얼굴 뵐 기회가 종종 있다. 논문지도 받으면서 날카로움과 깐깐함에 때론 힘들었지만, 미래를 보는 안목과 세심한 지도 덕분에 많이 성장했다. 대학원 공부를 하면서 이영민 교수님을 만날 수 있었던 것은 큰 행운이었다.

　1년에 두 번, 강도는 다르지만 박사병이 도진다. 한차례 열병처럼 접수기간 내에는 이리저리 알아보고 고민해 보다가 '아니다.' 생각하고 반복적인 시간을 보내는 것 같다. 박사과정을 하고 싶었던 이유는 3가지 정도다. 첫 번째 이유는 현재 업무에 대한 심화 학습이다. 고용정책, 직업, 일자리에 대한 공부는 나의 지속적인 관심사로, 깊이 있는 학습을 통해 전문성을 쌓고 새로운 통찰을 얻는 과정에서 지적 호기심을 충족시킬 수 있다. 두 번째 이유는 박사 학위가 은퇴 후 제2의 직업적 활동에 도움이 되기 때문이다. 프리랜서로서 자문, 평가, 심사위원 활동은 물론, 강의나 연구 활동을 할 수 있는 기회를 가질 수 있다. 세 번째 이유는 직장에서의 별명 덕분이다. 동료들이 나를 '채 박사'라고 부르는데, 이는 업무 중 질문에 척척 대답하고 설명을 잘해줘서 생긴 별명이다. 진짜 박사 학위를 취득해야 할 것 같다는 부담감이 동료들의 호칭으로부터 생겼다.

그러나 고민이 없는 것은 아니다. 가장 큰 이유는 건강과 스트레스다. 석사과정을 직장생활과 병행할 때도 만만치 않았다. 성격상 대충할 수 없고, 뭐든 잘해야 한다는 압박감에 시달렸다. 특히 고용노동부 소속으로 공부했기에 발표 자료 준비와 학습에 더 신경을 쓸 수밖에 없었다. 박사 과정은 더 많은 노력과 에너지를 쏟아야 한다는 생각이 들어 쉽게 결정을 내리지 못하는 이유가 여기에 있다. 그럼에도 불구하고 박사 학위 취득은 어렵지만 해볼 만한 도전이라는 생각이 남아 있어 이 고민은 당분간 계속될 것 같다.

부캐로 확장된 일의 즐거움

〈놀면 뭐하니?〉란 프로그램에서 메인 등장인물이었던 유재석은 가수, 요리사 등 다양한 '부캐'로 등장하여 주목을 받았다. 공무원들도 유튜브 채널 운영, 작가, 강사 등 다양한 활동을 한다. 공무원 유튜버 '충주시 홍보맨' 김선태 주무관을 모르는 사람이 없을 정도다. 수만 구독자를 사로잡았다는 소방 유튜버 이야기도 있다. '최근 구글 유튜브는 그간 왕좌를 꾸준히 지켜온 카카오톡을 밀어내고 국내 앱 이용자 수 1위를 차지하는 등 우리 일상과 밀접하게 자리하고 있다. 이제 홍보의 개념은 읽는 게 아닌 보고 듣는 거로 변화하고 있다. 소방에서도 홍보 플랫폼을 유튜브로 옮기는 추세다. 수많은 관공서에서 유튜브 채널을 운영한다.'[10]

"채 주무관, 센터 홍보에 같이 참여해 봐요." 소장님이 갑작스럽게 새로운 미션을 줬다. "저도요?"라는 말이 나도 모르게 튀어나왔다. 오래 전 싸이월드가 한참 인기있던 시절이 있었다. 미니홈피 공간에서 나만의 세상을 만들던 때가 떠오른다. 도토리를 모아 배경음악을 사고, 프로필을 바꿨다. 평소에도 집 꾸미기를 좋아했던 나는 홈피 작은 미니룸을 꾸미며 행복하곤 했었다. 미니룸 속 벽지, 소품 하나하나에 내 취향과 감정들을 담았다. 홈피 노래가 내 기분을 대변했다. 나의 일상을 짧은 글로 공유하며 댓글로 친구들과 소통했다. '오늘 많이 힘들었지만, 괜찮아.'라고 스스로에 대한 위로를 할 때, 응원 댓글을 달아주는 친구들. 그 시절을 생각하면 미소가 지어진다.

홍보가 전문영역은 아니지만 일단은 시작해 보기로 했다. 지금이라면 아마도 유튜브를 했을 것이다. 그때는 페이스북이었다. 우리 팀은 처음 페이스북을 운영하기 시작했다. 어떤 방향으로 나아가야 할지 잘 몰랐다. 고용센터에서 하고 있는 소식을 전하는 정도로 시작했다. 하지만 조회수도 적고 반응이 없어 새로운 접근이 필요했다. '무엇이 문제일까, 어떻게 하면 홍보를 잘할까?' 고민했다. 아이디어를 얻기 위해 네이버에 검색을 해 봤다. 나처럼 홍보 잘하는 법에 대해 궁금해 하는 사람들이 많았다. 다른 기관 홈페이지를 살펴보고 벤치마킹을 시작했다. 어떤 기관은 호기심을 가질 수 있도록 짧고 강렬한 네이밍을 많이 활용했다. 또 인포그래픽으로 정보를 쉽게 전달하고 다양한 이벤트를 운영하고 있었다. 유용한 정보를 얻은 후 새로운 방식으로 홍보를 시작했다. 먼저 사람들이 쉽게 이해하고 공감할 수 있도록 사례 형식을 취했다. 시각적으로 매력적인 인포그래픽도 제작해서 활용했다.

좋은 네이밍을 정하기 위해 직원들 대상으로 공모를 했다. 사람들 참여를 유도하기 위해 이벤트도 진행했다.

"요즘 취업 고민은? 댓글로 남겨주세요. 추첨을 통해 선물과 상담기회를 드립니다." 또한 현장 사진이나 생생한 인터뷰 장면도 활용했다. '오늘의 퀴즈'라는 코너를 만들어 상품도 제공했다. 좋은 글과 책 소개를 하기도 했다. 설문을 통해 사람들이 궁금해 하는 내용을 조사해서 다루기도 했다. 지속적으로 업데이트를 하여 정보를 현행화했다. 단순한 정보를 제공하는 것이 아니라, 커뮤니티를 형성해서 사람들과 긴밀히 소통하는 장으로 만들었다. 나의 계정도 추가로 만들었다. 내 페이스북에는 기관 홍보 내용과 함께 일상생활 이야기도 게시했다. 페이스북 방문자 수도 늘어나고 활성화되기 시작했다. 생각보다 반응이 적었던 콘텐츠도 있었고 때로는 게시할 자료가 부족할 때도 있었다. 꾸준히 업데이트를 하는 과정에서 어려움과 스트레스도 많았지만 홍보활동을 통해 새로운 가능성을 발견하고 성장하였다. 이후 다른 업무를 하면서 페이스북은 잊고 있었다.

"엄마, 페이스북 대문 사진이 이상해. 빨리 확인해봐. 아무래도 해킹당한 것 같아." 다연이한테 연락이 왔다. 머릿속이 하얘졌다. 순간적으로 심장이 덜컥 내려앉았다. 서둘러 휴대폰을 켜고 페이스북에 접속했다. 믿을 수 없는 장면이었다. '이게 뭐지?' 손이 떨렸다. 프로필은 나의 모습이 아니었다. 그동안 활동사항이 다 남아 있는 상태에서 이상한 사진들로 변질되고 낯선 남자들의 메시지가 난무했다.

"너 정말 매력적이다.", "더 많은 사진을 보여줘."

외국인들도 많았다. 두려움에 떨었다. '혹시나 내가 아는 사람들도 이것을 봤으면 어떡하지?' 보통은 평범한 직장인으로 활동하면서 온라인에서는 이상한 활동을 하는 여자로 오해할까 두려웠다. 2년 가까이 운영하지 않던 페이스북이 나를 위협했다. 순간적으로 공포와 후회가 밀려왔다. 마음이 너무 급해졌다. 머릿속이 복잡했다. '일단 탈퇴를 해야겠어.' 그러나 탈퇴 과정이 생각처럼 쉽지 않았다. 계정을 삭제하는 과정은 복잡했고, 바로 탈퇴가 되지 않았다. 하늘이 무너져 내렸다. 다연이가 연락을 했다. "엄마 괜찮아?" 울음이 나오려고 했다.

"탈퇴 신청했어. 지금이라도 알게 되어서 천만다행이야. 너는 어떻게 알게 되었어?"

"인터넷 보다가 페이스북 들어가 봤는데 엄마 계정이 이상해서 나도 놀랐어. 해킹 당했다고 생각하고 엄마한테 바로 연락한 거야."

계정이 완전히 삭제되었다는 메일을 받기까지 하루하루가 너무 고통스럽고 힘들었다. 그 순간 소중한 교훈을 얻었다. 소셜 미디어를 어떻게 관리해야 하는지 다시 한번 깊게 생각해 봤다. 지금 아쉬운 점은 내가 개인적으로 기록한 정보들이 계정 삭제와 함께 모두 다 사라졌다. 계정을 비활성화할 수도 있었는데 그때는 그럴 정신이 없었다. 그 당시 열심히 했던 내 기록들이 사라져 많이 안타깝다. 지금은 블로그를 하고 있지만 비공개다. 페이스북 해킹사건 트라우마가 남아 있어, 공개 전환하기에는 두려움이 완전히 사라지지 않았지만 이제는 조금씩 공개로 전환해 나가면서 함께 소통하고자 한다. 또 다른 홍보활동으로 블로그 서포터즈를 했다. 매월 한 편씩 글을 올렸다. 우수 활동자로 선정되어 몇 차례 포상을 받았다. 홍보 활동 덕분에 많은 사람들을 만났다. 더 넓은 시각도 가지게 되었다. 글쓰기는 내 일상의 중요한 부분이 되었다. 사람들과 소통도 전보다 훨씬 능숙해졌다. 서포터즈 활동은 또 다른 길을 열어 주었다. 글을 쓰고, 사람들과 소통하고, 이들의 따뜻한 이야기를 전하는 멋진 활동이다.

책 쓰기도 이제는 전문적 작가 영역으로 생각하는 시대는 아니다. 나 또한 그동안 메모와 블로그에 써 놓은 글을 바탕으로 일부 편집을 하면서 책쓰기를 한다. 평소 메모를 잘한 게 이처럼 글쓰기 기초가 될 줄은 몰랐다.

업무를 하면서 언론 기고문이나 학보사에 글을 게재할 기회도 가졌다. 글을 쓴다는 게 쉽지는 않았다. 너무 잘 쓰려고 하지 않고 그냥 솔직하게 써 나갔다. 부족한 글이지만 누군가에게는 나의 진심이 닿을 수도 있다.

강원국 작가가 글쓰기 요령과 팁에 대해 말한 적이 있다. "글쓰기 강연을 찾아오시는 분들은 특별한 비법이나 노하우를 얻으려는 것이 아니라 자신감, 이를테면 '나도 글 쓸 수 있네, 글쓰기가 별 것 아니네.' 이런 것을 듣고자 한다."며 "글쓰기에 대한 두려움에서 벗어나 그냥 쓰는 게 중요하다."라고 강조했다. 이어 "테크닉과 요령은 쓰면서 다듬을 수 있고 자신의 노하우도 찾을 수 있다."라고 덧붙였다.[11]

오늘도 나는 블로그에 글을 남긴다. 책 쓰기도 한다. 직장에서 쌓은 경험과 지식들을 체계적으로 정리하면서 성찰할 기회를 갖는다. 또한 이를 공유함으로 다른 사람들에게 영감을 주고 용기와 동기부여를 제공한다. 기록을 통해 내가 걸어온 길을 되돌아보면서 뿌듯함과 성취감을 느낀다. 요즘 사람들을 만나면 꼭 책을 쓰라고 권한다. '나도 한번 책을 써 봐야지.' 이렇게 생각만 하는 것과 책 쓰기를 하는 것은 천지 차이다.

책을 쓰기 전까지는 얼마나 힘든 여정이 될지 미처 몰랐다. 책 쓰는 과정은 나 자신과 끊임없이 마주하는 시간이다. 때로는 '누가 내 글을 읽어줄까? 내 책이 도움이 될 수 있을까?' 두려움도 있다. '누군가에게는 꼭 필요한 책이 될 수도 있어.', '강의할 때 책으로 내 달라고 하는 교육생들도 많았잖아.' 나에게 용기를 주면서 새벽 5시에 일어나 2시간씩 컴퓨터 앞에 앉아 글을 썼다. 새벽시간은 글이 술술 써지는 황금의 시간이기도 하지만 많은 좌절의 시간을 주기도 했다. 책을 쓰는 과정은 자신을 돌아보고 성장시키는 특별한 경험이다. 책을 써본 사람만이 알 수 있다. 책을 쓰면서 모든 저자들을 진심으로 존경하게 되었다. 힘든 과정을 이겨내고 세상에 자신들의 이야기를 내놓는다. 한 권의 책으로 사람들에게 선물을 준 것이다. '글쓰기는 나를 위한 것이기도 하지만, 누군가를 위한 것일 수도 있다.'는 그 믿음이 계속해서 글을 쓰게 하는 힘이다.

사내전문강사는 어떤 사람들이 할까? 고용노동부는 사내전문강사 공모·추천을 통해 전문강사를 육성한다. 나는 전문 사내강사는 아니다. 하지만 업무와 관련하여 강의할 기회가 많다. 고용센터에 근무할때는 청년사업, 취업지원, 진로지도 강의를 주로 했다. 본부에 근무할 때 주요 강의는 민간고용서비스 정책, 품질관리였다. 강의를 준비하면서 담당하는 업무에 대한 정리와 좀 더 심도 있는 고민의 과정을 가졌다. 강의를 맡게 되면 교육담당자에게 늦어도 1주일 전에는 교육대상자를 받아 현황을 파악한다. 고용센터 참석자라면 담당자 직급과 현 업무 등을 확인하여 정리한다. 민간위탁기관 종사자 대상 강의라면, 회사 홈페이지 등을 통해 참여하고 있는 정부사업, 주된 홍보내용과 핵심서비스를 확인하여 정리한다. 소규모 강의일 때는 참여자 소개를 업무와 관련지어 내가 직접 해 주기도 한다. 교육생들은 강사가 직접 사전정보를 파악하고 자신들이 자랑하고 싶어 하는 것을 찾아내 홍보해 주는 방식을 엄청 좋아했다. 감동이라는 말도 전했다. 예를 들면 우석대학교 일자리본부 컨설턴트가 강의에 참석한 적이 있었다. 그러면 관련 정보들을 검색한다. '우석대학교는 연차성과평가 3년 연속 최고 등급을 받았구나. 최근에 취·창업 토크 콘서트를 개최했네. 맥시머스와 국민취업지원제도 업무협약도 체결하고. 이번 교육에 맥시머스 종사자도 참여하던데 같이 연결해서 질문해 봐야겠다.' 이런 식으로 잘하고 있는 것들을 찾아내서 공유하고, 좋은 사례들은 교육생이 직접 설명할 수 있도록 시간도 마련해준다. 이게 나만의 강의방식이다. 지식과 정보 전달 목적만이 아니기 때문에, 강의 준비 시간이 부족할 때 스트레스를 받기도 했다. 사람들에게 설명하고 질의 응답과 함께 소통하며 새로운 관점이나 개선점도 발견할 수 있었다. 강의를 통해 내가 더 많이 배우고 그 과정에서 새로운 아이디어를 얻기도 했다. 강의가 끝났을 때는 운영진에게 만족도 조사 결과를 받아 강의 품질을 개선해 나갔다.

외부강의를 수행할 때 자주 발생하는 주요 위반사항은 다음과 같다. 첫째 미신고다. 내부 직원 대상 강의 등 사례금을 받는 외부강의는 모두 신고 대상이다. 둘째 지연신고다. 사례금 지급 여부를 몰라 신고하지 않았다가 추후 입금 확인 후 지연 신고한 경우다. 사례금 여부와 관계없이 사전 신고 후 사례금을 받은 날로부터 5일 이내 변경 신고해야 한다. 셋째, 사전 출장 미신청이다. 같은 지역이나 건물이라도 근무지를 벗어난 외부강의는 사전 출장 신청과 승인이 필요하다. 넷째 출장여비 중복 수령 방지다. 출장으로 신청할 경우, 여비 미체크 및 외부강의 명칭 명시가 필수다. 다섯째 별건 처리다. 과목 · 시간이 분리된 강의는 반드시 구분하여 신고해야 한다.

인기강사의 경우 외부 강의를 빈번하게 수행하는 경우가 많다. 이때 본연의 직무수행에 지장을 초래하고 있는 경우 문제가 된다. 자신이 업무처리를 아무리 잘하고 있더라도, 외부 강의로 자리를 비운 그 시간은 여러분의 동료가 그 자리를 지키고 있다. 소속기관 장이 공정한 직무수행을 저해한다고 판단하여 제한할 수도 있지만 그전에 본인 스스로 잘 판단해서 무리가 되지 않는 범위 내에서 행동하는 것이 필요하다.

본업에 충실하니 업무와 연관된 다양한 기회가 자연스럽게 찾아왔다. SNS 우수활동자로 선정되어 포상도 받았고, 기고문과 원고를 작성할 때마다 전문성을 인정받아 비용까지 지급받았다. 덕분에 강사와 작가로 활동할 수 있는 기회도 열렸다. '업무 노하우' 게시물을 많이 등록하면 '지식달인'으로 선정되어 포상금을 받을 수도 있다. 자신의 분야에서 경험과 전문성을 쌓아가면 좋은 기회들이 넘쳐난다. 그 과정에서 부캐로 활동을 확장하며 일의 즐거움도 누릴 수 있다.

chapter 4.
악성 민원 꼼짝 마!

"공무원을 괴롭히는 악성 민원은 이제 그만!

 (중략) 공무원과 민원인이 서로 존중하고 배려하는 마음으로

 건강한 민원문화가 조성되길 바랍니다."

- <국민권익위원회 권익비전 유튜브> 2024.9.30. -

악성 민원은 이제 그만!

"민원 내용에 욕설이나 협박, 모욕, 성희롱 등이 포함된 경우 담당자가 민원을 종결할 수 있는 법적 근거가 마련된다. 행정안전부는 이런 내용이 담긴 민원 처리에 관한 법률과 시행령 개정안이 2024.10.22. 국무회의를 통과했다고 밝혔다. 지난 5월 발표한 '악성 민원 방지 및 민원공무원 보호 강화 대책'에 따른 것으로, 행안부는 개정안을 25일 국회에 제출할 예정이다. 민원처리법 개정안은 민원 내용에 욕설, 협박, 모욕, 성희롱 등이 포함된 경우 담당자가 종결 처리할 수 있는 근거를 담았다(생략)."[12]

둘째 딸 다해가 지방직 공무원에 합격했다. 이후 임용까지 1년 넘게 기다릴 줄은 상상도 못했다. 우리 가족은 각자 직장 때문에 전국에 떨어져 산다. 그렇기에 카톡방을 통해서 서로 안부를 묻고 일상을 공유하며 마음을 나눈다. 온라인 카톡방은 단순히 소통 공간을 넘어, 서로 존재를 확인하고 응원하는 중요한 통로다. 다해 출근 첫날 카톡방은 불났다. "공무원 첫 출근 축하해.", "첫날이라고 긴장하지 말고."

다해가 맡게 된 업무는 전입신고, 확정일자, 등 · 초본, 인감이라고 카톡에 올렸다. 그러자 시청에서 근무하고 있는 언니가 공직 선배답게 조언을 했다.

"노인분들은 인감 도장 찍을 때 지문이 잘 안 나오는 경우가 많아. 특히 치매 걸리신 분들에게는 인감을 발급해주면 절대 안 돼. 자식들이 재산 문제 때문에 부모님을 모시고 오는 경우가 많아서, 반드시 인지 능력이 있는지 꼼꼼히 확인해야 해. 아무튼 네가 알아두면 좋은 것들 많이 알려줄게."

다해는 다음날 퇴근 무렵 화장실을 다녀온 사이 전화가 7통이나 와 있었다며, 톡방에 울먹이는 이모티콘과 함께 글을 남겼다.

"나 무서워, 내일 찾아올 것 같아. 어떡해."

다연이가 위로의 답변을 남겼다.

"나도 처음 민원창구에서 일할 때 엄청 긴장했어. 하지만 괜찮아. 직원들이 옆에서 도와줄 거야. 나도 별별 일을 다 겪었거든. 종이로 얼굴 맞고, 부모 없냐는 소리도 들었어. 민원인이 감사실에 찔러서 경위서도 써 봤어. 너무 잘하려고 애쓰지 말고, 네가 할 수 있는 것만 딱 해주면 돼."

두 딸의 카톡 대화를 읽고 눈물이 났다. 다연이는 직장에서 힘들었을 텐데, 단 한 번도 나에게 털어놓지 않았다. 그 힘든 순간들을 묵묵히 이겨냈구나. 기특하면서도 미안한 마음이 들었다.

"왜 엄마한테 힘든 얘기 안 했어?" 내가 물었다.

"엄마가 늘 바쁘고 힘들잖아. 걱정할까 봐. 이제 괜찮아."

다연이는 나를 늘 배려해왔다. 그날 밤 "엄마를 생각해줘서 고맙고, 함께 못해 미안하다."라는 내 말에, 다연이는 "엄마 아프지 말고, 다해는 내가 잘 챙길게."라며 걱정하지 말라 했다. 눈물이 멈추질 않았다.

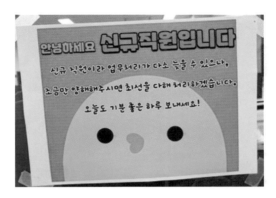

"안녕하세요. 신규직원입니다~"라는 문구가 적힌 노란 병아리 메시지 표지

새내기 공무원 자리

다해 근무 자리에는 귀여운 노란 병아리 표지가 붙어 있었다. 사무실 직원들의 센스가 돋보이는 환영 장식이었다. '나도 나중에 신규 직원이 오면 이렇게 환영해줘야지.' 하고 생각했다.

다연이가 톡 방에 "속보, 다해 첫 악성 민원인한테 4시간 30분 시달림"이라는 소식을 전했다. 민원인이 다해에게 삿대질하며 "네가 신규라 뭘 아나?"라며 소리치고 불가능한 요구와 협박까지 했는데, 팀장과 직원들이 돌아가며 대응했지만 모두 지칠 정도였다고 했다. 민원인을 보낸 후, 팀장이 아이스크림을 사주며 다해를 위로했다고 전했다. 퇴근 후 저녁에 다해와 통화했을 때, 한결 밝아진 목소리였다. 팀장의 위로와 언니와 통화를 하며 마음을 추스른 듯했다. "엄마 나 씩씩하다니까. 너무 걱정 마."라는 다해의 말에 나는 안도하면서도 "그래도 마음고생 좀 했을 텐데 괜찮니?" 하고 물었다.

다해는 오히려 웃으며 농담을 던졌다

"엄마나 잘하슈! 내가 다 알아서 해."

다해 자리의 노란 병아리 표지를 떼어냈단다. 신규를 알아보고 집중 공략하는 민원인 때문에 어쩔 수 없었다는 것이다. 어려운 순간을 잘 버텨내고 다시 힘을 내는 다해의 모습이 대견했다. 악성 민원에도 불구하고 다해가 주변의 응원 속에서 회복하며 조금씩 적응해 나가는 모습이 대견했다.

우리는 업무를 하면서 별별 민원을 만난다. 대부분 민원은 공정하고 신속하게 처리한다. 하지만 가끔씩 '특이민원(악성, 강성민원)'을 만나게 된다. 특이민원은 해가 갈수록 증가하고 있다. 공무원들은 한정된 시간과 자원 속에서 많은 민원을 처리한다. 이런 상황에서 특이민원에게 과도한 시간을 할애하게 되면 다른 민원인들이 피해를 입을 수 있다. 또한 반복적으로 불합리한 요구를 지속적으로 받는 공무원들은 스트레스와 감정적 소진을 겪기도 한다. 민원 응대를 하다 보면 공감하기 힘들 때가 있다. "아니, 왜 내 문제를 해결하지 못해요? 무능한 거 아니에요?" 무조건 해 달라고 억지 부리는 사람, 같은 요구를 수십 번 반복하는 사람, 문제를 해결해줘도 또 와서 새로운 문제를 만들어내는 사람, 담당자를 만능 해결사로 아는 사람, 자기 말만하는 사람, 논리적으로 따지기만 하는 사람. 여기에 폭언, 욕설, 협박, 모욕, 성희롱을 하는 민원을 만나면 정말 감당하기 어렵다. 이런 상황에서 민원인 말을 경청하고 민원인 입장에서 생각하고 이성적 해결을 하기는 쉽지 않다. 특이민원은 언제나 예고 없이 찾아온다. 중요한 것은 민원인 입장을 이해하면서도 담당자로서 한계를 명확히 하고, 스스로를 지키는 법을 알아야 한다.

사람은 누구나 존중받고 싶어 한다. 우리도 감정을 가진 사람이고, 잘못된 민원 요구에 무작정 휘둘릴 필요는 없다. 감정적으로 대응하는 걸 피하고, 정확한 정보전달과 차분한 대처를 하면 된다. 우리가 할 수 있는 것과 할 수 없는 것을 구분해 명확하게 설명하고 민원인 기대를 현실적으로 조정해 준다. 감당하기 힘든 특이민원인이라면 혼자 대응하지 말고 동료와 협력하거나 상급자에게 도움을 요청하는 게 필요하다. 민원업무는 정신적으로 많은 에너지를 요구한다. 자기관리가 중요하다. 몸과 마음을 풀어주는 휴식이 반드시 필요하다. 동료와 경험을 나누면서 감정을 해소하는 게 좋다. 글쓰기 등을 통해 감정을 표출하는 것도 방법이다. 스트레스로 누적된 감정은 억누르기보다, 그 감정을 있는 그대로 인정하고 자연스럽게 흘려 보내는 게 더 건강한 방법이다.

악성 민원을 대응하고 나면 나만의 해소법이 있다. 매운 짬뽕이나 떡볶이를 먹는 것이 그 첫 번째다. 매운 걸 먹으며 땀과 눈물을 쏟아내는 동안, 악성 민원으로 쌓인 스트레스도 함께 흘러나가는 기분이다. 쌓였던 응어리를 다 털어내고 나면, 마음이 한결 후련해진다. 그리고 나서는 내가 좋아하는 '아몬드 봉봉'이나 '상하목장' 아이스크림을 먹는다. 매운 맛의 자극 뒤에 찾아오는 달달함이 주는 위로는, 그날의 악성 민원을 완전히 잊어버리게 해준다. 때로는 다른 방법을 쓰기도 한다. 하루 연가를 내어 도서관에 가서 메모해 둔 책들을 찾아 읽는다. 아니면 책을 대여해서 카페에 가서 치즈빵과 커피를 곁들여 책을 읽는 시간을 가진다. 그런 여유로운 시간 속에서 마음이 다시 정리된다. 또 하나, 사우나에 가서 세신을 하며 몸과 마음의 피로를 씻어내는 방법도 있다. 따뜻한 물에 몸을 담그고, 하루의 피로를 흘려보내는 그 시간이야말로, 나를 위한 작은 보상이다. 악성 민원을 잘 처리한 나 자신에게 주는 작은 위로, 그 덕분에 나는 다시 씩씩하게 일어선다. 몸과 마음을 잘 돌보고 다시 힘을 얻을 시간을 갖는 것이다.

우리는 2023년 새내기 근로감독관을 잃었다. 임용된 지 석 달 만이다. 악의적이고 반복적인 민원으로 우리 동료가 떠났다.[13] 그가 떠난 후 우리 모두는 마음 깊이 큰 상처를 입었다. 우리는 그의 삶을 기억하며, 우리가 서로를 지키고 보호할 수 있는 길을 찾고자 했다. 그가 떠난 이유를 되새기며, 남은 사람들을 지키기 위한 노력을 이어가야 할 것이다.

한편, 민원인들은 무엇 때문에 화가 날까? 소홀한 대응과 회피하는 태도, 기계적 응대, 발뺌과 업무 떠넘기기, 충고, 규정만 내세우기 등은 민원인들을 화나게 할 수 있다. 나도 그 상황이면 화가 날 것 같다. 내가 근무하고 있는 서울시 사무실 출입구에 '서울시 공무원 행동강령' 포스터가 붙어 있다. 공정한 직무수행에서 기본자세가 나열되어 있다. 공정, 존중, 신속, 친절 등이다. 이것만 잘 해도 보통의 민원은 잘 처리될 수 있다고 본다.

〈나, 다니엘 블레이크〉라는 영화는 묵직한 감동과 많은 생각거리를 주었다. 영화 줄거리다. "다니엘 블레이크는 뉴캐슬에서 40년 동안 일한 목수다. 치매에 걸린 부인은 세상을 떠났고 다니엘은 심장병이 악화되어 더 이상 일을 하기 어렵게 되었다. 그는 실업급여를 신청하려 하지만, 복잡한 온라인 행정 절차 등에 막혀 좌절을 겪는다. 익숙하지 않은 디지털 시스템과 관료주의에 힘겨워하면서도, 다니엘은 최소한의 인간적인 삶을 유지하기 위해 포기하지 않고 끝까지 싸우며 고군분투한다."

(직원)　　인터넷으로 신청하세요.

(다니엘) 난 컴퓨터 근처에도 안 가봤소.

(직원)　　디지털 시대잖아요.

(다니엘) 또 그 소리! 전화에서도 디지털 타령이더니, 난 연필 시대 사람이
　　　　　오. 그런 사람을 배려는 안 하나? (중략)

(직원)　　인터넷에 나와요. 예약 없이 오셨으면 이만 가 주세요.

(다니엘) 환장할 노릇이군. (생략)

"나는 의뢰인도 고객도 사용자도 아닙니다. 나는 게으름뱅이도 사기꾼도 거지도 도둑도 아닙니다. 나는 보험 번호 숫자도 화면 속 점도 아닙니다. 난 묵묵히 책임을 다해 떳떳하게 살았습니다. 난 굽신거리지 않았고 이웃이 어려울 때는 내가 할 수 있는 한 그들을 도왔습니다. 자선을 구걸하거나 기대지도 않았습니다. 나는 다니엘 블레이크, 개가 아니라 인간입니다. 이에 나는 내 권리를 요구합니다. 인간적 존중을 요구합니다. 나, 다니엘 블레이크는 한 사람의 시민 그 이상도 그 이하도 아닙니다. 감사합니다."

- 다니엘 블레이크가 항고 때 읽으려고 적어둔 글

"이 씨는 물류센터 단기 아르바이트라도 해보려 올해 3월 취업사이트 가입을 시도했다. 이씨는 '이름과 전화번호까지는 무사히 넘어갔는데 주소를 정확히 쓰라 하고 문자 암호를 보이는 대로 적으라고 했다. 그때부터는 손도

못 댔다.'(중략) 전문가들은 디지털 취약계층인 고령자를 위해 온·오프라인 구직지원 확대에 더불어 정부·지자체의 적극행정을 요구했다."(생략)[14]

그동안 업무를 하면서 많은 취약계층들을 만났다. 제도와 절차 허점 속에서 진짜 도움이 필요한 사람들이 혜택을 받지 못하게 된건 아닌지 그간 일들을 돌아보았다. 너무 엄격하게 제도를 적용한 건 아닌지, 시스템 복잡성 등으로 절실한 누군가가 소외되지는 않았는지, 구직자에 대한 배려가 부족했던 것은 아닌지. '당신이 어떤 상황인지 이해하고 있어.'라는 메시지가 중요하다고 생각한다. 사람은 기본적으로 자기 감정이 인정받는다고 느끼면 마음이 풀리게 되어 있다. "오늘, 당신을 만나 참 행복합니다." 이렇게 서로 말해주면 좋겠다.

Part 2

직업상담직 공무원의 길
: 시작과 현장 이야기

"어쩌다 시작된 여정, 직업상담 공무원의 진짜 이야기를 만나다. 본부의 긴장감 속에서, 고용센터의 민원 전쟁 속에서, 서울특별시 인사교류 파견근무의 새로운 도전 속에서 나는 계속 성장했다. 다양하고 생생한 경험들이 모여 만들어진 흥미진진한 이야기가 펼쳐진다. 빨리 다음 장으로 넘겨서 이 여정을 함께 즐겨보자. 준비됐나요? 고고!"

chapter 1.
어쩌다 직업상담사, 평생의 길이 되다

"나는 세상에서 가장 신나는 직업을 갖고 있다.

매일 일하러 오는 것이 그렇게 즐거울 수가 없다.

거기엔 항상 새로운 도전과 기회와 배울 것들이 기다리고 있다."

- 마이크로소프트 회장 빌 게이츠 -

어쩌다 직업상담사

　고용노동부를 처음 접한 것은 사회복지시설을 퇴사하고 난 뒤였다. 인터넷을 보다가 병가로 인한 퇴사도 실업급여를 받을 수 있다는 기사를 읽었다. 고용센터로 문의하니, 병가 퇴사는 고려할 사항이 많다고 하면서 먼저 필요한 서류를 안내 받았다. 고용노동부에 입사해서 실업급여 수급자격 업무를 해 보니 병가로 퇴사한 경우 제출해야 할 서류가 한두 개가 아니었다. 고용센터 수급자격 담당자는 이직사유가 질병인 경우, 질병으로 주어진 업무를 수행하기 곤란하고, 회사 사정상 업무 전환이나 휴직이 허용되지 않은 경우였는지 확인한다. 진단서, 퇴사 후 치료내역, 질병 사유 해소 여부를 확인할 수 있는 소견서, 사업주 확인서 등도 검토한다. 수급자격을 신청할 때는 질병 사유가 해결되어 구직활동이 가능해야 한다. 이렇다보니 질병으로 인한 퇴사는 서류 제출 과정에서 많은 민원이 발생하기도 한다.

　첫 직장은 사회복지시설이었다. 많은 의욕과 열정이 넘치던 시절이었고, 이를 인정을 받아 중요한 역할을 맡았다. 잘해내야 한다는 부담감과 기대에 부응하고 싶어 쉴 새 없이 무리하게 일을 했다. 하지만 내 뜻과는 다르게 오랜 기간 근무했던 사람들은 나를 인정하지 않았다. 그로 인한 스트레스는 갈수록 심해졌고, 건강도 나빠졌다. 결국 결단을 내렸다. 퇴사를 하고 부모님이 계시는 익산으로 이사했고 그곳에서 병원 치료를 받으며 몸과 마음을 추스렸다. 몸을 회복하고 나니, 다시 일을 해야겠다는 마음이 생겼다. 익산고용센터에서 인턴을 모집했는데 이때 고용노동부와 인연이 시작된 것이다. 인턴으로 일을 하면서 직업상담사에 대해 알게 되었다. '사람들에게 직업상담과 취업알선까지 해 준다니 참 멋진 직업'이라고 생각했다. 그러던 중 '직업상담원'을 모집한다는 채용공고가 있었다. 사회복지사 1급 자격증과 사회복지시설 근무 경력, 평생교육사 등 관련 자격과 경력들에 대한 가점을 받아 무난히 합격했다. 첫 근무지는 군산 고용센터였다. 취업상담을 하는 것은 쉬운 게 아니었다. 대학에서 전공 선택으로 상담심리학을 공부한 적은 있지만 현장에서 적용하기엔 턱없이 부족함을 느꼈다. 일단 내부 교육과정으로 직업상담, 집단상담, 심리검사, 진로지도 등 과정을 이수했다. 관련된 책도 읽고, 세미나도 참석했다. 다양한 심리검사 도구를 활용하기 위해 스트롱, MBTI 교육도 참여했다. 초급, 보수, 중급, MMTIC 과정까지 연결해서 계속 과정을 수료했다. 교육 과정마다 서울을 오가느라 몸과 마음이 지칠 때도 있었고 제출 과제도 만만치 않았다. 그럼에도 불구하고 적극적으로 참여하고 성실히 과정을 이수하여 얻게 된 수료증을 보면 그동안 힘든 것도 다 잊고 뿌듯했다. 효율적인 자료 관리를 위해 엑셀을 좀 더 익힐 필요성을 느껴 정보화 과정 교육을 신청해서 퇴근하고 야간 학습을 했다. 좀 더 범위를 넓혀 공부하다 보니 '정보처리기사' 자격증까지 취득했다.

직업상담을 하면서 관련 자격증이 필요하다는 생각과 이론 공부를도 해 보자는 마음이 생겼다. 궁금한 내용들은 꼬리에 꼬리를 물고 계속 공부해 나갔다. 집에서 매일 혼잣말을 하고 있는 나를 보면서 남편이 말했다. "남들이 보면 이상한 사람이라고 생각할 거야. 주문을 외우고 있는 사람처럼 중얼거리는 너의 표정에 웃음이 나와. 자격증 공부를 하려면 공인중개사나 노무사처럼 개업 가능한 것을 따야지."

"직업상담사도 직업소개소 차릴 수 있거든. 두고 봐 1차에 합격해서 내 이마에 자격증 붙여놓고 당신이 매일 볼 수 있도록 할 거야."

현장에서 경험을 쌓아가면서 이론을 더하니 내가 조금씩 성장하고 있는 것 같았다. 성취프로그램 진행자로 선발되어 한 달간 교육도 받았다. 이론과 실제를 충분히 배울 수 있도록 참관 학습을 하고, 진행자 교육을 받은 후 OJT(On the Job Training)까지 3단계 과정을 거쳤다. 교육 동기생들은 너무 스파르타식으로 혹독하게 교육하는 것이 아니냐는 볼멘소리도 했다. 그 시절은 성취프로그램 진행자라는 자부심이 뿜뿜하던 시절이었다. 옛말에 "말은 나면 제주도로 보내고, 사람은 나면 서울로 보내라"는 말이 있다. 남편에게 이 말을 하면서 기회의 땅 서울로 가야겠다고 했다. 애들이 초등학교 다닐 때가 무리 없이 옮길 수 있는 시기라고 강조했다. 남편은 소도시를 좋아했다. 이웃 간에 정도 나누고 서로 친밀하게 지내면서 여유 있는 삶 자체를 즐기고 싶어 했다. 하지만 나는 그런 환경이 좋지만은 않았다. 지루함도 있었고, 사람들과의 관계가 지나치게 가까워지면 사적인 것이 드러나 불편함도 느꼈다. 역동적인 환경을 선호하고 사람들의 생생한 기운들이 넘치는 곳이 좋다. 서울로 가야겠다는 마음을 먹고 발령을 신청했다.

2004년 서울청으로 인사가 났다. '반갑다. 서울아, 얼마 만이니.' 당시 지방에서 서울로 올라온 사람들은 모두 강남고용센터로 발령이 났는데, 나만 서울고용센터로 발령이 난 것이다. 한동안 나를 바라보는 직원들 시선이 차가웠다. 한참 시간이 지나 동료들과 친해지면서 그 이유를 알았다.

"쌤, 처음 발령받아 서울센터로 왔을 때, 큰 빽이 있다는 소문이 돌았어. 혼자만 서울센터로 발령 났잖아. 진짜 빽 있어?"

"큰 백(bag)을 하나 사 가지고 다녀야겠네. 왜 BMW 타고 다닌다고 말은 안 해?" "외제차까지 타고 다녀?", "쌤도 BMW 아냐?", "엥?"

"Bus, Metro, Walking", "하하하."

고용노동부 주요 직업심리검사
출처: 고용24 > 취업지원 > 취업가이드 > 직업심리검사

1. 직업선호도검사 L형(18세 이상, 소요시간 60분)

- 좋아하는 활동, 관심 있는 직업, 선호하는 분야, 성격, 생활사 특성을 탐색하여 직업흥미유형에 적합한 직업들을 제공

2. 성인용 직업적성검사(18세 이상, 소요시간 90분)

- 직업선택 시 중요한 능력과 적성을 토대로 적합한 직업을 선택할 수 있도록 도와주기 위한 검사

3. 직업가치관검사(18세 이상, 소요시간 20분)

- 직업선택 시 중요하게 생각하는 직업가치관을 측정하여 자신의 직업가치를 확인하고 그에 적합한 직업분야를 안내

4. 대학생 진로준비도검사(대학생, 소요시간 20분)

- 진로발달수준과 취업준비 행동수준에 대한 객관적인 정보를 바탕으로 효과적인 진로 및 취업선택을 지원

5. 구직준비도검사(18세 이상, 소요시간 20분)

- 구직을 희망하는 사람들이 성공적인 구직을 할 준비가 되어 있는가를 알아보고, 이를 토대로 적합한 취업지원 서비스를 선택할 수 있도록 해주는 검사

6. 창업 적성검사(18세 이상, 소요시간 20분)

- 창업을 희망하는 개인에게 창업소질이 있는지를 진단해 주고, 가장 적합한 업종이 무엇인지 추천

7. 중장년 직업역량검사(45세 이상, 소요시간 25분)

- 중·장년 근로자의 직업역량을 진단하여, 후기 경력개발과 관련된 의사결정을 돕기 위한 검사

직업상담사, 오늘도 출근

서울에 와서 처음 맡은 업무는 청소년 직장체험프로그램이었다. 청년 일경험을 지원하는 직장체험프로그램은 취업지원제와 연수지원제로 운영되었다. 취업지원제는 미취업 청년들에게 산업현장 연수 기회를 제공하여 직업능력 강화와 정규직 채용 기회를 제공하는 취업 연계형이다. 연수지원제는 청년들에게 다양한 직장체험 기회를 제공하여 직업선택과 진로설계, 경력형성에 도움을 줄 수 있도록 지원하는 체험형 프로그램이다. 나는 연수지원제 사업을 담당했다. 연수지원제에 참여하는 기관들은 기업, 국가 등 행정기관과 그 부속기관, 정부투자·출자·출연기관, 사회단체, 언론사 등 다양했다. 담당업무를 하면서 지원대상 기업 모두를 방문했다. 기업에 지원금을 주거나 감독하는 업무는 실제 기업을 알 수 있는 좋은 기회다. 기업 업무 환경이나 문화는 현장에서만 느낄 수 있는 것들이 많았고, 담당자와 대화를 통해 유용한 정보들도 얻었다.

이런 현장 경험과 직접 들은 이야기들은 나에게 큰 자산이 되었다. 구직자들에게 취업 컨설팅을 제공할 때, 현장에서 얻은 정보들을 바탕으로 실제적인 조언을 해 주었다. 예를 들어, 대기업 인사 담당자가 구체적으로 어떤 유형의 구직자를 선호하는지, 특정 직무에서 필요한 역량은 무엇인지 구체적으로 설명했다. 학생들은 이런 실질적인 조언을 듣고 큰 만족감을 표현했다. 그들은 "단순한 이론이나 추상적인 정보가 아니라, 실제 기업 현장 이야기를 들을 수 있어서 좋아요."라고 말했다.

현장정보를 통해 기업을 알고, 그러한 정보를 바탕으로 구직자에게 맞춤형 컨설팅을 제공할 수 있는 과정까지 내공을 쌓았다. 구직자들이 나를 신뢰하고 기업에 대해 궁금한 것들을 물어볼 때 언제든 자신 있게 그들의 질문에 답할 수 있었다. 이렇게 기업에 대한 정보와 경험이 쌓이다 보니, 나는 기업정보를 많이 아는 직원 중 한명이 되었다. 이러한 성과 덕분에 나중에 '기업전담지원제' 활성화를 위한 팀을 구성할 때 자연스럽게 합류했다.

한편, 직장체험 연수지원제는 주로 대학생들이 참여하였는데, 참여자 선발을 위한 상담을 하면서 얻게 된 정보들은 이후 새로운 취업 프로그램을 기획하고 운영할 때 큰 도움이 되었다. '내일을 JOB아라' 프로젝트다. 이 프로젝트 이름에는 두 가지 의미가 담겨 있다. '내일'은 나의 일과 미래인 내일을 동시에 의미하며, 예비 구직자 취업능력 향상에 중점을 두었다. 관학 취업지원 협약 체결 후, 대학과 고용센터가 협력하여 프로그램을 운영했다. 1:1로 개별 지도하는 '단계별 구직기술향상프로그램(Step by Step)'은 학교를 직접 방문해서 진행했고, 학생들에게 큰 인기를 끌었다.

〈단계별 구직기술향상프로그램(Step by Step)〉

1단계: 직업심리검사 실시 및 프로그램 운영 안내(2시간)
1) 집중상담을 위한 기초자료 활용을 위해 직업심리검사 실시

2단계: 직업심리적 특성과 내게 맞는 직업찾기
1) 단체특강(1시간), 개별상담(3시간: 1인 30분) 순으로 진행
2) 참여자 전체를 대상으로 심리검사 결과에 대한 단체해석을 실시, 특
   강 형식으로 운영
3) 단체해석이 끝난 후 개별상담을 원하는 참여자 대상, 1:1 개인별로 집
   중 직업상담을 실시하여 직업을 선택하는 데 도움

3단계: 서류전형 통과하기(개별 상담방식)
1) 이력서·자기소개서 개별클리닉(1인 30분)
   - 지정일(1주일 이내)에 1:1로 개별 집중 클리닉을 실시하고, 서류전
     형 통과를 위한 맞춤지도 실시
   - 유형별(기업별·직무별) 자기소개서 작성요령 등 참여자 개별 특성
     에 맞추어 서류 클리닉

4단계: 모의면접체험을 통한 자신감 키우기
1) 모의면접 체험: 다대다 방식(공개면접도 가능)
   - 진행방식: 1조 4명(면접관 2~3명), 조별 1시간 소요(30분: 진행, 20
     분: 피드백, 10분: 문답)

– 면접 장소는 학교 측과 협의를 통해 학교 또는 고용센터에서 진행하며, 정장 차림 원칙

지속단계: 사후관리를 통한 지속적인 취업지원서비스
1) 사후 설문, 만족도를 조사 · 분석하고 맞춤 지원 방향 설정
2) 프로그램에 참여한 학생들을 상대로 취업 여부 확인 등을 통한 지속적인 피드백 실시 및 취업지원 연계 프로그램 운영
3) 취업동아리 구성, 단계별 참여자에 대해 취업캠프에 우선적으로 참여하게 하여 심화과정으로 연계한 업그레이드 완성

아울러 취업경쟁력 강화를 위해 '성공적인 삶과 직업, 직업세계와 유망직종, 내 전공에 적합한 직업선택'이라는 주제로 학점 인정 진로(취업) 교과목도 개설하고 강의를 진행했다. 고용센터 직원들이 직접 대학에 나가 강의하는 '취업교과목'은 만점에 가까운 만족도를 받았다. 매주 수요일에는 대학 취업지원센터 내 '집중 취업상담 창구'를 운영했다. 취업캠프는 대학 간 서로 정보교류를 할 수 있도록 연합팀으로 구성해 추진했다. 취업캠프 참여자를 중심으로 직무 · 업종별 취업동아리를 구성하여 전담 멘토가 되어 1:1 밀착 취업지원도 했다.

취업 1승 [내일을 JOB아라!]

과거 운영했던 온라인 취업카페 (현재는 운영 종료)

온라인에는 취업카페 '취업 1승 [내일을 JOB아라!]'를 개설했다. 이 커뮤니티를 통해 청년들이 집중 취업컨설팅을 신청할 수 있도록 했고, 참여자들이 서로 정보를 나누고 응원할 수 있는 소통의 장으로 활용했다. 커뮤니티를 통해 취업프로그램을 수료한 학생들을 심층 상담하고, 그들이 지속적으로 취업지원 혜택을 받을 수 있도록 하였다. 많은 학생들이 프로그램이 끝난 후에도 계속해서 고용센터와 연결되었고, 커뮤니티에 참여해 구체적인 취업 정보를 얻고, 자기의 고민을 나누며 성장해 나갔다. 이는 초기 기대했던 것보다 훨씬 더 큰 반응이었고, 청년들에게 실제로 도움이 되고 있다는 확신을 가지게 해 주었다. 추가로 평상시 취업준비생들과 취업상담 및 특강을 통해 구직기술을 정리한 노트나 샘플을 받아보고 싶다는 예비구직자들의 요청이 있어, 그간 현장에서 습득한 노하우를 담은 구직기술 관련 책자인 '내일을 JOB아라!'를 발간하여 배포하였다.

국가통계 내 주요 직업분류

1. 한국표준직업분류(KSCO)
Korean Standard Classification of Occupations

1) 관리기관: 통계청

2) 목적: 통계 목적의 표준화된 직업 분류를 제공, 직업에 관한 통계자료 수집, 제표 및 분석 등에 활용

3) 분류기준: 직능(skill)을 근거로 편제, 직능수준과 직능유형을 고려, 직능수준은 직무수행능력의 높낮이를 나타내며, 교육·훈련·경험 등에 의해 결정

4) 분류체계: 대분류(1자리)-중분류(2자리)-소분류(3자리)-세분류(4자리)-세세분류(5자리) 체계

5) 갱신주기: 통계법 제22조에 따라 주기적 개정. 2024.7.1. 제 8차 고시 개정 (2025년 1월1일부터 시행될 예정)

6) 특징: 국제노동기구(ILO)의 국제표준직업분류(ISCO)와의 연계성 고려

<제 8차 기준 '상담' 산업 범위>

중분류	소분류	세분류	세세분류
25. 사회복지·종교전문가 및 관련직	253. 사회복지 전문가 및 관련 종사자	2532. 직업상담 관련 상담사	25321. 장애인 직업상담사
			25322. 직업상담사
		2533. 상담전문가	25330. 상담전문가
		2534. 청소년지도사	25340. 청소년지도사
36. 상담·안내 및 접수 사무직	362. 고객 상담 및 모니터 요원	3620. 고객 상담 및 모니터 요원	36206. 취업 알선원

2. 한국고용직업분류(KECO)
Korean Employment Classification of Occupations

1) 관리기관: 한국고용정보원

2) 목적: 고용서비스와 관련된 실용적인 직업 분류에 중점, 고용정책기본법 제15조③에 노동시장의 직업구조를 반영한 고용직업분류표를 작성·고시와 관련한 사항을 명시

3) 분류기준: 고용 현장의 실제 직무를 기준으로 분류, 산업 현장의 변화를 더 빠르게 반영할 수 있도록 설계

4) 분류체계: 대분류(1자리)-중분류(2자리)-소분류(3자리)-세분류(4자리) 체계

5) 갱신주기: 노동시장의 변화를 반영하여 갱신

6) 특징: 35개의 직업 중분류에 대한 537개의 직업 분류를 제공

<KECO-2018 기준 '상담' 산업 범위>

대분류	중분류	소분류	세분류
2. 교육·법률·사회복지·경찰·소장직 및 군인	23. 사회복지·종교직	231. 사회복지사 및 상담사	2312. 상담 전문가
			2313. 청소년 지도사
			2314. 직업상담사

3. 국가직무능력표준(NCS)

National Competency Standards

<국가직무능력표준(NCS)기준 '상담' 산업 범위>

* 출처: 국가직무능력표준 홈페이지 일반자료실(NCS 정보망 DB 2024년 2월)

대분류	중분류	소분류	세분류
07. 사회복지·종교	02. 상담	01.직업상담서비스	01. 직업상담
			02. 취업알선
			03. 전직지원
		02. 청소년지도	01. 청소년 활동
			02. 청소년 상담복지
			03. 진로지원
		03. 심리상담	01. 심리상담

직업상담, 평생직업이 되다

"안 팀장님, 오랜만이에요. 이사님도요. 이곳에서 보다니 엄청 반갑네요."
일을 하다가 고개를 들어 내 자리에 온 퇴직한 선배들을 맞이했다. "본부
고용정책과 회의가 있어서 왔는데, 얼굴이라도 보고 가려고 왔지. 회의에 참
석한 사무관님께 채 주무관 자리에 데려다 달라고 했어." 자리를 옮겨 회의실
로 이동했다.

"얼마 만인지 모르겠어요.", "정책과에서 상담직으로 퇴직한 우리들한테 의
견을 듣는 게 필요해서 자리를 마련했나 봐. 겸사겸사 얼굴도 보고 너무 반
갑다. 나는 이제 7학년(70세)이 되었어."

"벌써요? 믿기지가 않아요. 팀장님은 늘 에너지가 넘쳐서 좋아요. 저한테
늘 좋은 기운을 듬뿍 주시네요."

안 팀장님은 정년퇴직 후 바로 잡센터 경력개발연구소장으로 스카웃되
어 10년 가까이 근무하고 퇴사했다. 1년 동안 쉼과 여행을 통해 리프레시를
하면서 몸과 마음의 활력을 찾는 시간을 가졌다고 한다. "이 나이에도 내 경
험이 아직 필요하고 쓰임이 있다고 생각하니까 감사하지.", "기관에서 안 팀
장님 같은 능력자를 알아본 거죠." 서울북부고용센터에서 같이 근무할 때도
안팀장은 넘치는 아이디어로 새로운 시도를 많이 했었다. 일에 대한 추진
력도 불도저급이었다.

함께 온 김 이사님도 나랑 친분이 있었다. 함께 근무를 해 본적은 없었지만, 퇴직한 이후 나에게 업무적으로 도움을 많이 주었다. "이사님이 사업과 관련된 피드백을 그동안 많이 주셔서 감사했어요." 김이사님은 고용노동부 퇴직 후에 민간위탁기관을 차렸다. 고용센터에서 직업진로팀장과 위탁사업 경험이 많아서 그걸 살려 창업한 것이다. 중부권역 본사와 4개 지사를 운영한다. 사업을 하다 보니 많은 사람들을 만나고, 퇴직자들 소식도 잘 알고 있었다. "사업으로 성공한 사람은 내가 아니라 이대표지. 이대표는 전직지원사업 분야를 창업해서 사업체 규모를 키웠잖아. 글로벌 기업에서 이대표 회사를 인수했어. 한동안 인수된 사업장에서 한국 대표를 맡기도 했고.", "저도 그 소식은 들었어요. 저희가 '민간고용서비스 기관컨설팅' 할 때 컨설턴트로 모셨는데, 완전 인기 짱이었어요. 한국고용정보원 담당 박사님이 자기가 뵌 분 중에 가장 기관컨설팅을 잘하는 분이라고 엄지척 하셨어요."

"오늘 만나서 반가웠고, 고속도로 밀리기 전에 빨리 서울 올라가야 할 것 같아. 다음에 보자.", "네, 조심해서 올라가세요."

두 선배들의 열정과 활기를 느끼며 손을 흔들었다.

서울에서 민간위탁 관리자 대상으로 강의를 할 때 강 팀장님을 만났다. "강 팀장님, 반가워요. 강의를 하셔야 할 분이 여기에 웬일이세요?", "교육 받으러 왔지, 요즘 엄청 바쁜데, 채 주무관이 강사라고 해서 다 제쳐두고 왔어. 채 주무관 강의는 꼭 들어야지. 본부 일은 할 만해?", "네, 법과 예산도 접해보고 정책 돌아가는 것도 알고 많이 성장하고 있어요.", "채 주무관이라 그렇게 생각하는 거야. 늘 도전하고 뭔가를 해내는 모습이 멋지다.", "강 팀장님은 어떠세요?", "국취사업 운영하느라 정신없지. 고용센터 직원들이 워낙 바쁜 것을 아니까, 직원들한테 모르는 것이 있을 때 바로 주무관한테 연락하지 말라고 해. 먼저 매뉴얼을 잘 숙지하고, 모르면 다른 기관 담당자들은 어떻게 하는지 물어보고 스터디를 하면서 같이 고민해 본 후에 고용센터로 문의하라고 해. 내가 고용센터 출신인데 더 잘해야지. 어려운 점도 있지만 재미있어. 교육 끝나고 같이 밥 먹자." 강 팀장님은 서울 민간위탁기관에서 원장으로 근무하고 있다. 고용센터에서 집단상담프로그램 진행도 했고, 내부강사, 진로팀장 등 취업지원 베테랑이다. 여전히 백팩에 지침들을 넣어 가지고 다니면서 공부하고 있는 대단한 선배이다.

고용센터에서 다년간 경력을 쌓은 후, 대학에서 교수로 재직하며 후배들을 양성하는 열정 넘치는 나 교수님도 멋진 선배님이다. 또한 오 교수님은 국민취업지원제도 사업 수행 관련해서 자문위원과 고용센터 상담원들의 수퍼바이저 역할도 하고 있다. 몇 년 전에는 고용노동부에서 공로상도 받았다.

이분들은 이론적 지식, 실무 경험, 강의능력을 두루 갖춘 현장형 교수들로서 본부 정책 담당자들과도 원활하게 소통하며 고용서비스 분야에 기여하고 있다.

나하고 같은 대학원을 다녔지만 교육대학원에서 상담심리를 전공한 김 주무관은 박사졸업 후에 이직하여 현재는 삼성전자 열린상담센터 수석상담사로 근무하고 있다. 김 주무관은 삼성전자 임직원들의 다양한 스트레스와 고민을 해결하고 정신건강 증진을 위해 프로그램을 운영하는 등 중요한 역할을 수행하고 있다.

몇 년 전 함께 일했던 임 팀장님이 퇴직을 앞둔 상황에서 만났었다. "퇴직 후엔 뭐 하실 계획이세요?", "일단 좀 쉬려고", "팀장님처럼 열정적인 분이 쉰다고요? 능력이 아까워요. 기업전담지원팀을 만든 분인데.", "누구나 쉴 수 있다고 생각하지만, 진정으로 잘 쉬는 것도 능력이야. 일단은 그동안 일하느라 고생한 나를 위해 자유시간을 가지려고 해." 한참이 지난 후 통화를 했을 때 임 팀장은 구청 일자리센터에서 컨설턴트로 근무하고 있었다.

퇴직한 선배들과 연락을 하다 보면 여전히 활기차다. 계속해서 사람들과 좋은 관계를 유지한다. 강의, 세미나, 워크숍 등을 적극적으로 참여하면서 꾸준히 정보를 습득하고 새로운 기회를 찾기도 한다. 대다수는 고용서비스 분야 일을 유지한다. 창업, 재취업, 강사, 컨설턴트, 프리랜서 등 다양한 형태로 퇴직 후에도 현역으로 일한다. 선배들 경험과 전문성이 여전히 유효하기 때문이다.

"日, 7만명 커리어컨설턴트가 맞춤형 경력관리⋯'평생 현역 사회' 이끈다."는 제목의 서울경제 2024.9.23. 기사 내용이다. "2025년 초고령사회 진입을 앞둔 우리나라는 고령자의 일자리 문제가 큰 이슈로 떠올랐다. 이웃나라 일본은 인구의 10%가 80세 이상이고 65세 이상이 전체의 30%에 달해 '평생 현역 사회' 실현을 목표로 다양한 정책을 펼치고 있다.(중략) 일본은 근로자의 업무 향상이나 능력 개발을 위한 서비스 제공을 위해 활동하는 커리어컨설턴트를 2016년부터 국가 자격증으로 법제화해 관리·육성하고 있다. 일본 후생노동성에 따르면 올 8월 말 현재 7만 5137명의 국가 공인 커리어컨설턴트가 등록돼 있다. 후생노동성 관계자는 '산업구조 변화 등으로 근로자가 자신의 경력을 주체적으로 파악하고 정비할 필요성이 높아지면서 커리어컨설턴트의 역할이 중요해졌다.'며 명확한 정의나 자격이 없었기에 법률로 자격을 정한 것"이라고 설명했다. (생략)

고령자고용법에 따라 2020년 5월부터 1,000인 이상 기업 대상으로 재취업지원서비스 의무화 제도를 시행하고 있다. 사업주는 이직이 예정된 근로자 진로 상담·설계, 직업훈련, 취업알선 등을 의무적으로 제공해야 한다. 고용노동부에서는 현장에서 처음 재취업지원서비스를 제공해야 하는 실무자를 위한 '재취업지원서비스 운영 매뉴얼'을 배포했다. 고용노동부는 중장년내일센터를 통해 중장년이 쉽게 고용서비스에 접근할 수 있도록 서비스를 강화하고 있으며, 고령자 맞춤형 재취업지원서비스도 제공한다.

한국고용정보원이 발간한 「함께할 미래, for 5060 신직업」 보고서에서도 "고용상 연령차별금지 및 고령자 고용촉진에 관한 법률에 따라 평생경력개발의 일환으로 중장년 퇴직자뿐만 아니라 재취업 대상자를 대상으로 한 서비스 인프라가 확충될 전망"이라며 시니어 유망 신직업 중 하나로 전직지원전문가를 선정했다. [15]

영화 〈인턴(THE INTERN)〉 벤의 '자기소개 장면'이 생각난다. "매일매일 출근할 곳이 있다는 게 정말 좋을 것 같아요. 신기술을 배우는 데는 시간이 좀 걸리겠죠. 9세 먹은 제 손자한테 전화해서 USB가 뭔지 물어야 했거든요. 하지만 배울 수 있어요. 배우고 싶어요. 그리고 난 평생 직장인으로 살았어요. 뮤지션은 은퇴 안 한단 기사를 읽은 적이 있어요. 더는 음악이 떠오르지 않을 때까지 계속한대요. 내 마음속엔 아직 음악이 있어요."

"76세 현역 직업상담사 김현 씨. 퇴직후 '직업' 화두로 제2의 인생. 61세에
직업상담사 국가자격증 취득… 76세에도 강의와 봉사활동에 열심(생략)"[16]
여러분들이 그간 쌓아온 경험과 지식은 어디서나 빛을 발하고 가치 있게
활용된다. 사람들에게 적합한 길을 안내하고 성장과 발전을 돕는 직업상
담 분야는 평생 직업시대에 매우 매력적인 직업이다. 여러분의 도전을 응
원한다.

중장년 내일센터 운영기관 현황

지역	노사발전재단 운영(12)	민간단체 운영(23)
서울(4)	서울중장년내일센터(금융센터) 서울서부중장년내일센터(금천구)	한국경영혁신중소기업협회(서울고용복지+센터 내) 한경협중소기업협력센터(영등포구)
인천(2)	인천중장년내일센터(인천 남동구)	인천경영자총협회(인천고용복지+센터 내)
경기(6)	경기중장년내일센터(수원 권선구)	경기동부상공회의소(의정부고용복지+센터 내) 고양상공회의소(고양시 일산동구) 파주상공회의소(파주고용복지+센터 내) 안산상공회의소(안산시 단원구) 평택상공회의소(평택고용복지+센터 내)
강원(2)	강원중장년내일센터(원주시)	사회적협동조합희망리본(강릉고용복지+센터 내)
부산(2)	부산중장년내일센터(부산 동구)	부산경영자총협회(부산진구)
울산(2)	울산중장년내일센터(울산 남구)	울산양산경영자총협회(울산 남구)
경남(2)		경남경영자총협회(창원 성산구) 한국커리어(거제시)
대구(2)	대구중장년내일센터	달구벌여성인력개발센터(대구서부고용복지+센터 내)
경북(3)		경북경영자총협회경북동부(포항 남구) 경북경영자총협회(구미고용복지+센터 내) 경북경영자총협회경북북부(안동고용복지+센터 내)
광주(2)	광주중장년내일센터	광주경영자총협회(광주 북구)
전남(2)		목포상공회의소(목포) 전남경영자총협회(순천)
전북(1)	전북중장년내일센터(전주)	
대전(2)	충청중장년내일센터(대전 서구)	대전충남경영자총협회(대전 중구)
충북(1)		충북경영자총협회(청주시 흥덕구)
충남(1)		충남북부상공회의소(충남 아산)
제주(1)	제주중장년내일센터(제주시)	

chapter 2
'고용노동부 본부'의 분주한 일상

"삶에는 고난도 있고 시련도 있지만

그 많은 순간을 버텨낸 너에겐 감동이 있다."

- 글배우, 『아무것도 아닌 지금은 없다』, 쌤앤파커스, 2017년

세 번째 도전, 마침내 열린 문

"우리는 계속 앞으로 나아가며 새로운 문을 열고 새로운 것을 시도한다. 우리는 호기심이 있는 동물이며, 호기심이 우리를 새로운 길로 끊임없이 인도하기 때문이다."

- 월트 디즈니

나는 2024년 8월, 3년 6개월 간의 본부 생활을 마무리하며 후배들과 점심을 먹었다.

"본부 근무하면서 제일 힘들었던 일은 뭐였어요?"
"긴장감? 어떤 일이 터질지 몰라서 항상 긴장 속에 있었던 것 같아. 긴장하고 조심하면서 일한다는 게 쉽지 않더라고. <보보경심>이라는 드라마 봤어? 그 제목이 '매 순간을 조심스럽게 걷는다'는 뜻으로 살얼음을 걷는 듯한 주인공 인생을 표현한 드라마였어. 내가 본부 근무를 하면서 느꼈던 마음이랑 비슷하더라."

"일하면서 중요하게 생각했던 것은요?"
"보고를 잘 하는 게 중요하다고 생각해. 진행사항에 대해 수시로 보고하고, 사소한 것도 담당 사무관과 정보를 공유해야지. 주요 현안들은 쟁점들과

의견을 포함하여 빠르고 정확하게 보고하는 건 당연한 거고. 사업 추진이나 지침 시달 전에는 반드시 현장 의견수렴도 필요해. 그래야 업무 착오도 걸러낼 수 있으니까. 본부에서 잘못 판단한 정책과 지침이 지방 고용센터에 업무 혼란을 준다고 생각하면 너무 끔찍하잖아."

후배들과 얘기를 하면서, 본부 근무를 간절히 희망했던 그때의 내가 생각났다.

나의 본부 도전기

본부는 정책을 수립하고, 지방관서는 집행업무 중심으로 일을 한다. 지방 행정관서인 고용센터는 유사업무를 수행하고, 광역 대표센터는 청 단위 프로젝트 업무를 추가로 하는 경우가 많다.

본부에 대한 궁금증과 호기심을 준 사람은 이 주무관이다. 서울고용센터 프로젝트 업무를 함께 했던 이 주무관은 대규모 채용박람회 준비과정에서 이를 눈여겨본 사무관 추천으로 본부 파견근무를 시작했다. 이후 서로 업무가 바빠서 자주 만나지는 못했지만, 이 주무관이 본부에서 요청하는 자료나 현장의견이 필요할 때 적극 협조하고, 매뉴얼 제작, 대책 회의에도 참여했다. 몇 년이 지난 후 이주무관은 너무나도 달라져 있었다. 핵심 보고서 작성, 큰 그림 보기, 각종 행사 기획과 추진까지 다 잘했다. '어떻게 저렇게 변한 걸까? 트레이닝이라도 받은 건가?' 궁금했다.

나는 지적 호기심과 성장 욕구가 강하고, 일을 알아가는 과정 자체를 즐긴다. 경험이 주는 가치를 알기에, 하고 싶은 건 최대한 도전한다. 이 주무관을 보면서 본부에 가고 싶다는 열망이 생겼다. '새로운 자극을 받고 지식과 경험을 넓히는 계기가 될 수 있고, 승진의 기회까지' 일석이조라는 생각이 들었다. 본부로 들어가는 게 일하는 것보다 더 어렵다는 말이 있다. 본부 근무는 반기별로 1년에 두 번 전입 풀을 구성한다. 일단은 먼저 전입 풀에 들어가야 한다. 대상 조건이 있는데 상황에 따라 달라지기도 한다.

첫 번째 도전할 때다. 대상 조건이 상담직렬 승진 후 2년이 지나야 한다는 규정이었는데 갑자기 2.5년으로 바뀌었다. 결국 요건이 안 되어 탈락했다. '7급을 근속승진 기간이 지나서 된 것도 억울한데, 기준은 왜 바꿔서 도전할 기회도 안 주는 건지?' 속상했다. 주위 사람들은 7급 공무원에서 오래 머물고 있으니 무슨 문제라도 있는 줄 안다. 하위직 승진 적체가 심각하다는 기사들이 넘쳐나고 있었고, 바닥에 떨어진 사기를 끌어올리는 데 시간이 걸렸다.

두 번째 도전은 '본부 전입 풀'에 선발이 되었는데, 들어갈 자리가 몇 개 없었다. 내가 지원한 부서에서 급히 잡은 회의가 있었는데, 후보자 얼굴을 보기 위한 사전 면접 같은 생각이 들었다. 내가 희망하는 부서 과장님은 전에 같이 일을 해 본 적이 있고 나에 대한 좋은 이미지를 갖고 있었다. 하지만 실무 쪽에서는 이미 다른 후임자를 염두에 두고 있었다. 아무래도 승진해서 자리를 비우게 되는 사람이 후임을 추천하는 것이 관례였던 것 같다.

세 번째 도전은, 사실 자신이 없었다. 본부에서 근무 중인 친한 동료 배주무관이 말했다. "언니, 이젠 5학년인데 나이도 많고 포기해라. 같이 일하는 사무관들이 언니를 부담스러워할 수도 있어. 일도 만만치 않고 힘들어. 또 떨어지면 상처받을까 봐 걱정도 되고." 이번이 어쩌면 마지막 기회일 수도 있겠구나 생각했다.

"본부 근무하는 상담직이 몇 명 없잖아. 배 주무관한테도 나에 대해 물어볼 수 있으니 잘 말해줘.", "당연하지, 언니 일 잘하는 거 다 알고, 나도 언니가 본부 오면 좋은데."

본부 각 부서에서는 전입 풀 대상자 중에서 3순위까지 명단을 작성해 인사팀으로 보낸다. 일단 순위 안에 들어가는 게 중요했다. 상담직 티오가 있는 부서 담당자에게 메일을 보내고, 연락하여 나를 적극 어필했다. 평소 알고 지내던 넓은 인맥을 가진 김 팀장님한테도 연락했다 "팀장님, 저 이번에 본부 지원했어요.", "응, 인력풀에서 이름 봤어.", "팀장님 혹시 어떻게 진행되고 있는지 알아봐 주실 수 있어요?", "오케이." 오전 통화가 끝난 후, 오후 퇴근 무렵 김 팀장님한테 연락이 왔다. "채 주무관, 본부에서 전화 받은 것 없었어? 몇몇 직원은 본부에서 연락이 왔었대. 어떤 업무를 했는지 그런 것도 물어보고, 전화로 사전 면접을 봤나 봐.", "그래요? 많이 바쁘실 텐데 알아봐 주셔서 감사해요.", "괜찮아. 행운을 빌어." 전화를 받고 나니, 기운이 쫙 빠졌다.

마지막 기회라고 생각하고 최선을 다했으니 후회는 없다. 부서에서 1순위 대상자를 원해도, 최종 결정은 인사팀에서 한다. 각 부서 의견을 존중할 수 있지만, 인사기준 등을 고려하여 정해지기 때문이다. 나중에 알게 된 진실은 나는 부서 1순위 추천자가 아니었다. 하지만 결국에는 치열한 경쟁에서 살아남았다. '하늘을 감동시켰나?'

"본부 발령 나셨네요. 아무튼, 드디어 본부 입성~ 원 없이 역량을 펼치시길 바랍니다." 이 주무관이 응원 메시지를 보내왔다.

눈물이 났다. "언니, 축하해. 와~대박이다." 배 주무관도 흥분된 목소리로 축하해줬다. 이곳저곳에서 축하 인사를 받았다.

평일 반가를 내고 세종에 다녀온 변 주무관에게 연락이 왔다.

"주무관님, 주말에 내려가면 방이 없을 수도 있어요. 저도 겨우 구했어요. 내일이라도 빨리 다녀오세요.", "그래? 알았어. 고마워."

나는 다음날 연가를 신청하고 세종에 내려갔다. 오송역에 내려 다시 BRT 버스를 타고 정부청사 남쪽 정류장에서 내렸다. 처음 와 본 세종은 썰렁한 느낌이 들었다. 겨울이라 날도 춥고 거리에 사람들도 별로 없었다. 추운 날은 배도 더 고픈 것 같다. 노란 간판에 크게 '챔피온 꽈배기'라고 쓰인 가게가 보인다. 배가 너무 고파서였을까? 정말 맛있었다.

"사장님, 꽈배기 정말 맛있어요. 저 세종으로 발령 받았는데, 단골손님이 될 것 같아요."

"손님이 맛있다니, 저도 기분이 좋네요. 이번에 오시는구나. 여기 사람들은 친절하고 매너도 좋아요. 손님들이 북적이지는 않지만 꾸준히 장사는 되어요. 요즘 계속 집 구하러 오는 분들이 많더라고요. 저한테도 여기 살 만하냐, 분위기 어떠냐 그런 것도 물어봐요. 얼른 드시고 빨리 부동산 가요. 방 구하기가 어렵나봐요", "네, 좋은 정보 감사합니다." 가게 코너를 돌아 부동산에 들어섰다. 깜짝 놀랐다. 마치 도떼기 시장 같았다. 앞을 탁자가 없어 서서 대기해야 했다. 그제야 변주무관이 빨리 내려가라고 했던 이유를 알 것 같았다. 드디어 내 차례가 되었지만 선택의 여지는 없었다. "선생님, 7층 오피

스텔, 그거 바로 보실래요?", "네."

바로 엘리베이터 앞방이라 시끄럽고 앞에 사무실과 맞닿아 있어 사생활 보호가 될지 우려가 되었다. 그럼에도 내 뒤에 사람은 방도 안 보고 계약할 수 있다고 기다리고 있어 바로 계약을 할 수밖에 없었다. 세입자가 나가야 하는 날에 맞춰 입주해야 했기에, 내가 선택할 수 있는 여지는 전혀 없었다. 그 사이 1주일 동안 서울에서 출퇴근을 감행했다. 출퇴근 시간대에 기차표를 예매하는 것조차 치열한 경쟁이었다. 모든 것이 하나같이 쉽지 않았다. 보증금 300만 원에 월세 50만 원, 6평 오피스텔. 세종에서 본격적인 생활을 시작했고 이곳의 장점은 물티슈로 쓰윽 하고 닦으면 청소가 금방 끝난다는 것이다. 회사는 15분 도보로 갈 수 있는 가까운 곳이라 좋다. 이곳에서 3년 6개월을 지냈다.

나처럼 서울에서 세종 본부로 이사 올 경우 이전비를 지급 받을 수 있다. 비록 그 당시 그런 제도가 있는 줄을 몰라서 신청하지 못했다. 나중에 알게 되었지만 신청 기한이 지나 이전비 청구권이 소멸되었다. 이전비는 '공무원 여비규정 제2조'에 규정되어 있다. 인사 발령 때 광역으로 이동하는 공무원들은 이사비용에 대해 실비로 보상받을 수 있다. 인사발령 전에 이사를 하면 이전비를 받을 수 없고 예산 범위 내에서 지급된다. 누군가 이런 제도를 알려 줬으면 좋았을 텐데 하는 아쉬움이 있었다.

열린 마음, 함께 만드는 미래

본부 근무 부서는 고용서비스기반과였다. 처음 부서 명칭을 들었을 때 고개를 갸우뚱한 기억이 난다. 보통은 부서명을 들으면 어떤 업무를 하는지 알 수 있다. '기반과라니, 기초적인 인프라나 시스템 업무 아냐? 전산도 잘 모르고 디지털과 친한 것도 아닌데.' 약간 우려와 긴장감이 들었다. 하지만 혼자가 아니라 함께 발령받은 임 주무관이 있어서 든든했다. 첫날 낯설고 어색해 하는 나와 달리 임 주무관은 자신의 자리를 확인한 후 후다닥 컴퓨터 세팅을 하고 곧바로 전화 민원도 대응했다. 컴퓨터공학을 전공하고 디지털과 고용 업무도 두루두루 잘 알고 있어 우리과에 적임자였다. 옆 자리에 앉은 나에게 도움도 많이 주고, 질문하면 친절하게 설명도 잘해주는 좋은 동료였다.

우리과는 정말 다양한 사람이 근무한다. 직렬도 행정직, 상담직, 전산직, 통계직이 있고, 민간 기업체와 타 부처 근무 경험을 가진 경력직 공무원도 반이 넘는다. 데이터 개방 전문가와 빅데이터 전문가도 있다. "월급 반토막 났지만…노동현장 변화 뿌듯"[17] 삼성전자를 퇴사하고 사무관 특채 "더 나은 사회 위해 재능 쓰고 싶어" 기사 주인공인 고용노동부 1호 디지털 포렌식 근로감독관 사무관도, '공공빅데이터 한눈에 보이는 화성 데이터로' 2018 데이터 품질 대상서 우수상을 수상했던 데이터 분석지원팀 담당자 중한 명인 송 사무관도 모두 우리 팀원이다. 서로 다른 배경을 가진 사람들이 모이다 보니, 처음엔 이해하기 어려운 부분도 있고 의견차이도 발생했다. 데이터 담당은 숫자에 집중했고, 전산직은 정확성과 안전성을 중시했다. 시스템에서 작은 실수나 오류가 대형 참사를 일으킬 수도 있어 늘 신중했다. 나는 현장 사람들과 소통하며 요구, 중요도, 이슈 등을 파악한 후 상황에 맞게 융통성을 가지고 일을 처리했다.

이런 차이점들은 때론 갈등요소도 있었지만, 지속적인 대화를 통해 서로의 역할을 이해했다. 각자 분야에서 오랜 경험을 쌓은 사람들이 모여 함께 업무를 하다 보니 많은 것을 배웠다. 처음에는 ISP(Information Strategy Planning)* 이런 용어도 낯설었다.

* 정보화전략계획(ISP)은 정책환경·현황 분석, 목표모델 설계, 중장기 발전방안, 최적의 이행계획 등을 수립하여 정보화사업의 체계적인 추진과 효율성을 강화하고자 수행하는 사전 계획

회의 중에는 생소한 용어들이 쏟아져 나왔다. 하지만 3년 넘게 함께 일하면서, "서당개 3년이면 풍월을 읊는다."는 말이 내게도 적용되었다. 이 부서에서 일하며 가장 좋았던 점은, 각기 다른 분야의 전문가들이 한자리에 모였다는 것이다. 덕분에 디지털 시대에 대해 깊이 이해하게 되었고, 새로운 시각도 형성할 수 있었다. 데이터 분석과 이를 정책에 반영하는 과정을 직접 목격하며 실질적인 경험을 쌓았다. 서로의 전문성이 상호 자극이 되어, 우리는 함께 성장할 수 있었다. 이제 AI나 데이터 관련 이야기를 들으면 전처럼 낯설지는 않다. 오히려 흥미가 생긴다.

고용센터에 근무하면 지청장인 기관장을 볼 일이 거의 없는데, 본부에서는 지청장급 과장을 상사로 만난다. 우리 과장님은 과 내에서 업무 내용이나 정보를 늘 공유하라고 하였다. 공유된 정보를 통해 각 업무에 대한 이해도를 높이고 서로 간 진행사항도 알 수 있었다. 서로 협업할 수 있는 방안도 고민하고, 의견들도 나누었다. 정보공유가 잘 될수록 팀 분위기가 좋고 대화도 원활하게 이루어진다. 의외로 타부서 이야기를 들어보면 정보가 잘 공유되지 않는 것 같다. 질문하거나 자료를 요청해도 최소한 정보만을 알려주기도 한다. 심지어 조직 업무 진행 상황을 종합적으로 파악할 수 있는 '주간업무' 조차도 팀원들과 공유하지 않는 부서도 있다. 유튜브에서 '정보는 권력이다.'라는 말을 들었다. 정보를 곧 힘으로 여기는 사람들 중에는, 그 힘을 독점하려고 정보를 공유하지 않는 이들도 있다.

처음 본부에 와서 민간 고용서비스 업무를 담당하게 되었을 때 고용실내 민간위탁사업 전체 현황이 없었다. 각 부서 추진 사업에 대한 협조를 받고 인터넷 검색과 연구보고서 등을 찾아 자료를 정리했다. 그동안 파악해서 정리한 최종 자료를 각 부서에도 공유해 줬다. 누군가 나에게 말했다. "몇 달 고생해서 만든 자료를 그냥 줘도 괜찮아? 나 같으면 절대 그냥 못줘. 엄청 생색을 내지."

예전 고용센터 근무할 때 임석빈 팀장님은 자신이 만든 자료를 수시로 공유해줬다. 그때 나도 똑같은 질문을 했다 "팀장님, 자료 만드느라 고생했는데, 그냥 다 나누어 주시네요?", "또 만들면 되지. 전보다 더 나은 자료를 만들기 위해 공부하니까 좋은 거고, 즐겁게 할 수 있는 거지."

"정보를 나누는 멋진 팀장님." 엄지척을 했다. 이와 반대로 K 주무관은 인사발령 날 때 자신이 쓰던 컴퓨터 자료를 모두 삭제하고 휴지통까지 비웠다. 사무실 컴퓨터가 개인용이 아닐 건데, 참 이해할 수 없는 행동이다. K 주무관이 나에게 자료를 달라고 요청한 적이 있었지만, 자신이 만든 자료는 결코 주지 않았다. 일하다 보면 별별 사람들을 다 겪는다.

'갑(甲)동' 이야기

"저기 우뚝 솟은 건물이 세종시에서 갑(甲) 중의 갑만 모인다는 '갑동'입니다."(중략) 세종에서 일하는 중앙 정부 공무원들 사이에선 이 중앙동을 우스갯소리로 '갑동'이라고 부른다. 중앙동이 새로 지어진 건물로서 화려한 외벽을 자랑하고 있기 때문만은 아니다. 중앙동으로 이사하는 두 부처가 정부 부처 내에서도 '갑 중의 갑'이라고 불리는 행안부와 기재부이기 때문이다. 행안부는 각 부처의 조직 구조와 인력 정원을 결정짓는 권한을 갖고 있어 '갑'으로 불린다. 기재부는 정부가 무슨 사업을 하든 꼭 필요로 하는 예산을 얼마나 쥐어줄지 결정하는 권한을 갖고 있어 자타가 공인하는 갑이다. 이에 조직을 개편하려 하거나 새로운 사업을 추진하려는 모든 정부 부처는 행안부나 기재부에 '을(乙)'의 입장에서 일종의 설득 작업을 펼친다."[18]

예산 편성 업무 자체는 본부에 근무하며 처음 접하는 일이었다. 예산 편성 시작은 긴장의 서막이다. 1년차에는 예산에 대한 기초 자료 작성하는 것도 막막했다.

"오늘까지 예산요구서 제출하세요."

머리가 하얘졌다. 놀라서 자료를 뒤적이던 중 다행히 전년도 자료를 찾아 참고하여 작성할 수 있었다. 지방청 근무할 때는 베테랑급이었는데, 본부에 와서 처음 접하는 예산 편성 앞에서 신입직원이 되었다. 하루하루 요구하는 것들을 처리하는 데 급급했다. 그렇게 주어진 일을 하나하나 처리하다 보니 첫해가 지나갔다.

2년차가 되니 이제 조금은 알 것 같았다. 예산 용어들이 낯설지만은 않고 이전보다 마음 부담은 덜했다. 큰 틀에서 예산을 관리하는 법도 알았다. 이따금 서툰 부분도 있었지만 조금씩 성장하는 나를 느낄 수 있었다. 3년차가 되니 달라졌다. 예산 업무도 미리 준비할 수 있고 긴급한 요청건도 빠르게 대응했다. 고용노동부 예산 총괄 담당자가 "예산조정이 필요합니다." 얘기했을 때도 당황하지 않았다. "거기에 대한 자료가 준비되어 있으니 바로 확인해 드리겠습니다." 자신 있게 대답했고 바로 대응했다. 3년차가 되니 어떻게 해야 효율적으로 일을 할 수 있는지 알 수 있었다.

예산 편성이란 국가의 살림을 잘 계획하는 것이다. 정부 계획에 사용될 재원을 추계하고, 각종 정책과 사업을 지원할 지출규모를 확정하는 것이다. 본예산은 매년 정기적으로 예산안을 편성, 제출하여 성립된 예산을 말한다. 추가경정예산은 본 예산이 확정된 후 경기침체, 전염병, 자연재해 등 부득이한 사정으로 수정한 예산이다. 예산편성 절차는 다음과 같다.

1단계: 국가재정운용계획 수립지침 통보
(기획재정부→각 중앙관서/전년도 12월 31일까지)

예산에 대한 구체적인 계획을 세우기 전에 하는 일이 있다. 재정의 방향성을 설정하는 것이다. 기획재정부는 각 중앙관서에 전년도 12월 31일까지

'국가재정운용계획 수립지침'을 통보한다. 이것은 다음 연도 한 해가 아닌 5년 이상을 바라보고 재정을 어떻게 운영할 것인지를 담은 계획이다.

2단계: 중기사업계획서 제출

(각 중앙관서→기획재정부/매년 1월 31일까지)

국가 방향성이 정해지면, 각 부처에 맞는 방향성을 설정하게 된다. '중기사업계획'이다. 부처 5년 이상의 기간 동안 신규 사업과 주요 계속 사업에 대한 계획을 세워 기획재정부로 1월말까지 제출한다. 제출로 끝나는 게 아니라, 2월부터는 중기사업계획에 대한 협의 과정들이 있다. 예산편성에 대해 잘 모르는 상황에서 처음 하는 업무라 용어도 낯설고 프로세스도 익숙하지 않아 적응하는 데 시간이 필요했다. 관련 자료들을 찾아보고 수시로 상사와 동료들에게 질문해 가며 새로운 환경에 적응해 나갔다. 2월에는 기획재정부 주재로 찾아가는 예산 설명회도 개최되며, 3월 중기사업계획 심의 결과가 통보된다.

3단계: 예산안 편성지침 통보

(기획재정부→각 중앙관서/매년 3월 31일까지)

기획재정부는 각 부처의 미래 방향성을 확인한 뒤 다음 연도 예산안 편성지침을 통보한다. 이때 국가 재정 운용 계획과 예산 편성을 연계하기 위해 각 부처별 지출 한도를 포함하여 통보하기도 한다. 예산안 편성지침은 국회 예산결산특별위원회에도 보고된다.

4단계: 예산요구서 제출(각 중앙관서→기획재정부/매년 5월 31일까지)

각 부처는 다음연도 필요한 돈에 대한 '예산요구서'를 작성하여 기획재정부에 제출한다. 이 내용을 가지고 기획재정부와 각 부처가 협의를 거쳐 정부안을 만들어가는 것이다.

5단계: 예산안 편성(기획재정부)

이때부터 좀 더 바빠진다. 6월부터 8월까지는 기획재정부 심의가 있다. 통상 1~3차 심의 정도로 하고, 소액심의가 있고 미결 쟁점심의 등이 있다. 2024년 기획재정부가 건전재정 기조를 가지고 대대적인 허리띠 졸라매기를 하여 심의 과정이 만만치 않았다. 예산실 분위기를 잘 파악하고 증액이 어려우면 예산 삭감은 피하고, 사업을 잘 유지할 수 있도록 예산 반영에 노력해야 한다. 이 시기 본부 과장과 사무관은 예산 심의 총력 대응을 하느라 엄청 바쁘고 예민하다. 주무관 역할은 설명과 대응 자료 초안 작성, 관련 내용들을 정리하는 작업들을 한다. 시간적 여유도 없고, 빨리 대응할 수 있도록 지속적으로 자료를 업데이트한다. 정확성이 필요하다. 빠른 대응 전략을 할 수 있도록 시의성 있는 대처가 중요하다. 역지사지로 생각해 보면 부처마다 각자 역할에 따라 어려움이 있을 거다. 예산을 확보하려는 우리 입장이나, 정부 기조에 따라 예산을 삭감해야 하는 기획재정부 입장이 있으니 서로가 최선을 다해 협의하여야 한다.

"신규 및 증액사업에 대한 요구는 내일까지 끝내야 합니다. 만약 꼭 필요한 예산이 있어 기재부와 면담을 해야 한다면 내일까지 방문하여야 할 듯 싶습니다. 중요한 예산에 대한 반영은 2차 심의에서 마무리 지을 수 있도록 기재부와 협의해 주세요." 기획재정부 고용예산과장 면담을 다녀온 사무관 공지였다. 기획재정부 담당 사무관이 우리 예산 내용에 대해 잘 알고 있어야 위에 예산 보고를 하고, 우리 부 입장에서 설명하고 설득할 수 있다. 현재 상황을 진단하고 예산이 왜 필요한지, 어떤 방향성을 가지고 있는지를 설명해야 한다. 큰 그림 논리 안에서 자신이 맡고 있는 개별 사업을 얘기한다면 훨씬 설득력 있는 논의가 가능할 것이다.

6단계: 예산안 제출(정부 → 국회/회계년도 개시 120일 전까지)

기획재정부는 관계 부처, 이해 관계자의 의견 수렴 과정과 조정 등을 통해 국가 전체 예산안을 만든다. 기획재정부가 편성한 예산안은 국무회의 심의와 대통령 승인을 거쳐 국회로 제출된다. 2025년 예산안은 2024.8.27., 2024년 예산안은 2023.8.29. 보도자료가 나왔다.(2025년 고용노동부 예산안 35조 3,661억 원) 이때쯤 각 부처 내년 정부 예산안이 확정되었다는 뉴스들이 쏟아진다. 정부에서 예산을 확정했다고 해서 이대로 결정되는 것은 아니다. 8월말 확정된 정부 예산안은 9월 2일까지 국회에 제출한다. 관련법에 회계연도 개시 120일 전까지 제출기한으로 명시되어 있다.(헌법 제54조 & 국가재정법 제33조) 정부 예산안은 '국회의안정보시스템'에서 볼 수 있다. 초기 화면에서 의안명에 '예산안'이라고 검색하면 관련 내용과 접수사항을 포함한 심사 진행 단계를 확인할 수 있다.

7단계: 예산안 심의(국회/회계년도 개시 30일 전까지)

예산 심의는 크게 예비 심사 → 예결위 심사 → 본회의 심의 3단계로 진행된다. 이 시기도 엄청 바쁘다. 국회에서 각종 현황에 대한 요청도 자주 있고 즉각 회신을 할 수 있도록 준비하고 대응해야 한다. 특히 지방청과 관련 기관들의 빠른 협조가 정말 필요하다. 몇 년 전에 기획재정부 예산실 김모 서기관이 뇌출혈로 쓰러졌다는 기사를 봤다. 국회 심의 기간 동안 일정도 빡빡하고 예측할 수 없는 돌발 상황도 발생하기에 긴장된 상태에서 업무를 수행하기도 한다. 바쁘고 힘든 시기 너무 많은 스트레스로 몸이 상하는 일이 없도록 공무원들도 스스로를 잘 살피는 것이 중요하다.

9~10월에는 소관 상임위원회 예비심사다.

예비심사는 내용이 많기 때문에 소관 상임위원회(상임위)별로 진행된다. 고용노동부는 환경노동위원회(환노위)에서 본격적인 심사가 이루어진다. 상임위 내에서도 예산결산심사소위원회(예결소위)에서 예산안을 검토 수정하게 된다. 소위심사, 위원회 의결 후 10월중 소관 상임위는 예비심사보고서를 제출한다.

보통 11월에 예산결산특별위원회(예결위) 종합심사가 있다. 상임위별로 검토한 내용을 종합해서 다시 한번 확인하는 과정이다. 예결위는 소관 상임위의 심사 내용을 존중하여야 한다. 통상적으로 예결위의 종합 심사는 정부측 제안 설명, 전문위원 검토, 종합 정책 질의, 부별 심사(분과위 심사), 찬반 토론, 위원회 의결 등의 절차를 거친다. 12월은 국회 본회의 의결

이 있고, 이로써 최종적으로 확정된다.(헌법 제54조)

<예산편성 요약>
① 국가재정운용계획 수립지침 통보(기획재정부→각 중앙관서) ⇨ ②
중기사업계획서 제출(각 중앙관서→기획재정부) ⇨ ③ 예산안 편성지
침 통보(기획재정부→각 중앙관서) ⇨ ④ 예산요구서 제출(각 중앙관
서→기획재정부) ⇨ ⑤ 예산안 편성(기획재정부) ⇨ ⑥ 예산안 제출(정
부→국회) ⇨ ⑦ 예산안 심의(국회)

예산편성 과정은 생각보다 훨씬 복잡하고 각 단계에서 수많은 조정과 협
의가 필요하다는 점을 알았다. 본부에서 이런 대응을 잘 할 수 있도록 필요
한 자료에 대한 협조의 중요성도 알게 되었다.

결산은 예산에 대응하는 개념으로 정부가 예산을 지출한 뒤 그 내용에
대해 사후에 국회 승인을 받기 위해 제출하는 의안을 말한다. 결산 절차는
다음과 같이 진행된다. 1월 각 중앙관서는 출납 정리를 하고, 기획재정부
는 2월 10일까지 총세입부·총세출부 마감하고 각 중앙관서는 2월말까지
기획재정부에 결산보고서 제출한다. 기획재정부는 정부 전체의 국가 결산
보고서를 작성하여 국무회의의 심의와 대통령의 승인을 받아 4월 10일까
지 감사원에 제출한다. 감사원은 국가 결산보고서를 검사하고 그 검사보고
서를 5월 20일까지 기획재정부 장관에게 송부한다. 정부는 감사원의 검사
를 거친 국가 결산보고서를 5월 31일까지 국회에 제출한다. 6월부터 국회

심의가 있으며, 상임위원회 회부 및 예비심사, 예산결산특별위원회 회부 및 종합심사, 본회의 심의 · 의결로 진행된다. 결산의 심사 결과 위법하거나 부당한 사항이 있는 경우에 국회는 본회의 의결 후 정부 또는 해당 기관에 변상 및 징계조치 등 그 시정을 요구하고, 정부 또는 해당 기관은 시정요구를 받은 사항을 지체 없이 처리하여 그 결과를 국회에 보고하여야 한다.(국회법 제84조)

> **<결산 요약>**
> 출납정리 ⇨ 결산보고서 작성 및 제출 ⇨ 감사원 결산확인 ⇨ 국회 결산 심사) ⇨ 시정요구에 따른 조치결과 작성

예산과 결산은 과정마다 대응과 설득에 따른 긴장의 연속이다. 본부에서 예산과 결산을 다루면서 얻은 가장 큰 교훈은 조직의 목적과 목표를 달성하기 위한 중요한 도구라는 것이다. 지방청은 본부와 원활한 협력을 통해 예산이 잘 편성되고, 각 사업이 목적에 맞게 효율적으로 집행될 수 있도록 하는 것이 중요하다는 걸 깨달았다.

지방청 근무할 때는 이렇게 세세한 과정까지 잘 모르다 보니 오해를 할 때도 있었다. 본부와 소통도 필요하고, 전체적인 흐름을 알 수 있는 교육도 필요하다는 생각을 해 본다.

끝없는 학습 여정

"매일 작업하지 않고 피아노나 노래를 배울 수 있습니까? 어쩌다 한번으로 얻을 수 있는 것은 결코 없습니다."

- 톨스토이

본부에 근무하게 되면서 가장 처음으로 받았던 교육이 '본부전입자 기획 실무과정'이다. 고용정책 방향에 대한 큰 틀을 설명해 주고, 법령 체계와 입법과정, 예산 편성, 결산 등에 대한 과정을 접했다. 평소 궁금한 게 많고, 깊이 파고드는 성향이라 큰 틀을 알고 맥락을 찾아 근무할 수 있는 본부가 좋았다. 실무를 진행하며 지방에서 접해보지 못했던 것들에 대해 압축적으로 업무를 배우고 기획재정부와 국회 설명자료 등을 준비하면서 스스로 공부가 된 것도 많다. 일을 할 때 항상 큰 그림부터 본다. 내가 조직 어디쯤 있고, 어떤 업무를 하고 있는지, 업무 프로세스는 어떻게 되고, 연계는 어떤 식으로 해 나갈지, 잘할 수 있는 방법은 있나? 효율적으로 일할 수 있는 방법은? 이런 식으로 계속 생각하고 파고들면서 일하는 게 나의 방식이다. 내가 본부에서 담당하고 있는 업무는 고용서비스로 민간과 디지털 분야였다.

고용서비스는 뭘까?

고용서비스는 병원 의료서비스나 복지서비스만큼 사람들에게 친숙한 용어는 아니다. 의료나 복지서비스는 사람들이 일상에서 많이 접하고 친밀한 것이지만 고용서비스는 그렇게 자주 경험하는 것이 아닐 수 있다. 요즘에는 실업급여나 취업지원, 국민취업지원제도, 내일배움카드 등을 이용하는 사람들이 많이 늘었고 고용센터를 통해 이러한 고용서비스를 제공받고 있다. 법적인 의미로는 두 가지 법에 나와 있고, 유사한 조문을 가지고 있다. 직업안정법 제2조의 2에서 '고용서비스'란 구인자 또는 구직자에 대한 고용정보의 제공, 직업소개, 직업지도 또는 직업능력개발 등 고용을 지원하는 서비스를 말한다. 고용정책기본법 제6조①항10호에서도 구직자 또는 구인자에 대한 고용정보의 제공, 직업소개 · 직업지도 또는 직업능력개발 등 고용을 지원하는 업무를 '고용서비스'라고 정의되어 있다.

정책적으로 고용서비스는 국민과 일자리를 연결하는 중요한 역할을 한다. 구직자에게는 적성과 능력에 맞는 일자리를 제공하고, 기업에는 필요한 인재를 적절히 찾을 수 있도록 고용센터와 같은 기관이 연결 다리가 된다. 또한, 기업에 필요한 인재를 육성하는 일도 공공부문에서 많은 부분을 담당하고 있는데, 그것이 바로 직업능력개발훈련이다. 가장 핵심적인 목표는 사람과 일을 이어줌으로써 국민과 기업 모두가 만족하는 서비스를 제공하는 것이다. 이 과정이 원활히 이루어지면 양극화 완화에 기여하고, 더 나아가 사회 통합에도 긍정적인 영향을 미친다. 이러한 고용서비스의 과정에서 직업상담직 공무원 등은 중추적인 역할을 수행한다.

고용서비스 영역은 크게 공공과 민간으로 나뉜다. 공공 고용서비스 대표적 기관은 고용센터이고, 본부 담당부서는 '고용서비스 정책과'다. 고용서비스 정책과는 고용센터 운영과 취업 · 채용지원, 민간고용서비스 활성화 등 업무를 담당한다. 민간고용서비스 영역 중 '고용서비스 우수기관 인증' 등 일부 업무에 대해 고용서비스 기반과에서 담당했다.

본부 업무를 하면서 가장 많이 접한 법은 직업안정법이다. 법령을 자주 들여다보고, 특히 개정사항이 있을 때마다 변화를 주의 깊게 봤다. 직업안정법은 고용센터 등 공공고용서비스 기관의 역할 및 직업소개소 등 민간고용서비스를 규율하는 법률로 1961년에 제정되었다.

직업안정법은 모든 근로자가 각자의 능력을 계발 · 발휘할 수 있는 직업에 취업할 기회를 제공하고, 정부와 민간부문이 협력하여 각 산업에서 필요한 노동력이 원활하게 수급되도록 지원함으로써 근로자의 직업안정을 도모하고 국민 경제의 균형 있는 발전에 이바지함을 목적으로 한다.(제1조) 직업안정법은 총 5개의 장과, 전문 50개 조항, 부칙으로 되어 있다.

본부에서 내가 중요하게 생각했던 것은 정책 히스토리를 아는 것이었다. 정책은 하루아침에 만들어지는 게 아니고 오랜 시간에 걸쳐 변해왔기 때문이다. 과거 정책이 어떤 문제를 해결하기 위해 생겼고, 그 과정에서 어떤 조정이 이루어졌는지를 파악하는 것은 매우 중요하다. 정책 배경과 의도를 정확히 이해하여야 일관성 있고 효과적인 사업추진을 할 수 있다.

업무를 수행하며 법과 고시가 개정되는 과정을 직접 경험했다. '직업안정법'과 '고용서비스 우수기관 인증제 운영규정'이다. 2024년 정부입법 중 하나인 직업안정법 일부 개정에는 고용서비스 우수기관 인증제도 용어 변경에 대한 내용이 있고 이것은 21대 국회 임기만료로 폐기된 후, 22대 재추진되는 법안(정부입법)이다. 제·개정이유는 '고용서비스 우수기관 인증'을 제도 취지에 부합하도록 '고용서비스 우수기관 선정'으로 용어를 변경하는 것이다. 명칭 두 글자 바뀌는 것도 많은 사전 검토 과정이 있었다. 사업 명칭에 대한 용어 정의를 검토했다. '인증, 지정, 선정'이 어떻게 다른지부터 시작했다. 개정 작업을 하면서 법령 구조와 입법 절차에 대해 공부하였다. 학생 때는 무조건 외웠던 내용들을 실제 업무를 하면서 관심을 가지고 하나하나 살펴보니 흥미로웠다.

개정 작업에서 중요한 점은 실제 현장에 어떤 영향을 미칠지 파악하는 거였다. 법령의 작은 변화도 큰 결과를 불러 올 수 있기 때문이다. 법 개정 작업은 끊임없는 학습과정이다. 수시로 법령과 규정을 들여다봤다. 법과 규정을 이해하는 것은 모든 사업의 출발점이다. 단순히 법을 보는 것이 아니라, 그 법이 어떻게 현장에서 적용될지를 항상 염두에 두고 실제 상황에 맞춰 해석하는 것이 중요하다.

법률안 제출권은 국회의원과 정부에 있다.(헌법 제52조) 의원은 10인 이상의 찬성으로 의안을 발의할 수 있다.(국회법 제79조 제1항) 정부입법현황은 '정부입법지원센터'에서 확인할 수 있다. 통상 법률은 국회 본회의 의결 후 공포(법제처)되며, 법률안 마련 후 국회 제출까지 약 105일 정도 소요된다. 시행령은 국무회의 의결 후 공포(법제처)되며, 시행규칙은 법제처

법제심사 후 공포(해당 부처)되고 시행규칙안 마련 후 공포까지 약 90일 정도 소요된다. 법령안에 규제 신설·강화 사항이 포함될 경우, 약 60일의 추가 기간이 소요되며, 실제 소요 기간은 법안의 복잡성 등 상황에 따라 달라질 수 있다.

법 개정과 행정규칙, 정책 히스토리, 예산, 모든 업무가 서로 유기적으로 연결되어 있다는 것을 실감했다. 본부에서 일하는 동안 가장 큰 교훈은 기본을 잘 익히는 것이 성공적인 업무 수행의 핵심이라는 점이다. 법령, 정책 흐름을 제대로 이해하고, 그 속에서 정확성과 신중함을 유지하며 업무를 처리하는 것이 무엇보다 중요하다. 그렇기에 끊임없이 배우고 현장에 적용하려는 자세가 필요하다.

MBC에서 방송된 〈아무튼 출근〉 1990년대생 밥벌이 5급 공무원 1년차 이규빈 편을 보면 중앙부처 공무원 생활에 대해 잘 알 수 있다. 나는 강의할 때 '공무원 1년차 이규빈 편' 내용을 교육생들에게 보여준다. 정부에서 발표하는 자료들이 어떤 과정을 통해 공개되는지 동영상을 보면 쉽게 이해할 수 있다.

(이규빈) "공무원 조직이다 보니까 제가 판단한 대로 외부로 나가면 안 되기 때문에 과장님께 수정받고, 국장님께 수정받고, 총리님 선까지 보고를 드려서 그제야 외부로 의견을 제출할 수 있게 되는 거죠. (중략) a가 필요해서 필요하다고 보고서 올렸더니 필요 없으니 필요 없다는 보고서를 올리라는 상황."[19]

앞의 사례처럼 공무원 조직은 절차를 철저히 준수해야 한다. 왜냐면 정확성이 매우 중요하기 때문이다. 상급자 검토와 피드백을 받으면서, 더 정확하고 정교한 결정을 내릴 수 있다. 이러한 절차 덕분에 세밀하고 신뢰성 있는 정책을 만들 수 있다. 하나의 실수가 현장에서 큰 혼란을 일으킬 수 있기 때문에, 각 단계에서 철저한 검토와 수정을 받는 과정이 필요하다. 동영상에 보고서 이야기도 나온다. 처음 본부에 와서 경제정책방향에 들어갈 초안을 작성하는 게 너무 어려웠다. 정부는 1년에 두 번 경제정책방향을 발표한다. 모든 부처의 핵심사업이 집약된 보고서 형태로 나온다고 보면 된다. 수많은 정책과 사업 중에서 각 부처의 가장 중요한 내용이 짧고 간결하게 정리되어 있다.

"일에는 나 자신이 녹아 있다. 똑같은 일인데도 A라는 사람이 한 것과 B라는 사람이 한 것에는 분명한 차이가 있다. 삶은 그 삶을 바라보는 태도에 따라 달라진다. 보고서를 작성할 때 문장 하나, 단어 하나, 어미와 조사 하나에 신경을 쓰고 바라볼 때 보고서의 수준은 완전히 달라진다. 보고서를 작성한 본인이 나는 보고서를 잘 쓴다고 내세우지 않아도 보고서를 읽는 사람은 느낀다. 일을 바라보는 1%의 차이가 일의 성과에서는 100%로 차이 날 수도 있다."[20]

나는 강의 때마다 정책보고서를 많이 보라고 한다. 드라마 〈시크릿 가든〉에서 현빈이 입던 명품 체육복에 대해 '이태리 장인이 한 땀 한 땀 장인 정신'으로 정성껏 바느질했다는 표현이 나온다. 정책 보고서가 마치 명품 체육복처럼 '한 땀 한 땀' 그렇게 만들어지는 것 같다는 생각을 했다. 각 부처에게 할

애된 지면이 한정적이기 때문에 그 안에 핵심 사업을 몇 줄로 요약하는 능력이 필요하다. 내 경우 비록 초안 보고서 작성이지만, 어떻게 하면 간결하게 표현하면서도 국민들이 쉽게 이해하고 공감할 수 있게 작성할지 고민했다. 사무관들은 보고서를 많이 쓰고 계속 트레이닝이 되어서인지 짧은 문장 속에서도 의미를 압축하는 능력이 뛰어났다. 누군가는 "보고서가 뭐가 중요해." 그렇게 얘기할 수 있다. 하지만 보고서는 국민이 정책을 보고 이해하는 첫 창구라고 할 수 있다. '국민들이 읽었을 때 쉽게 이해할 수 있을까?', '이 문장은 모호해서 잘못된 해석이 되지 않을까?' 끊임없이 질문을 던지며, 보고서에 핵심을 담되, 쉽고 간결하고 명확하게 작성할 수 있도록 끝없는 학습 과정이 필요하다고 생각한다.

법령 입법절차 및 행정규칙 제·개정 절차

출처: 한국법제연구원

입법절차라 함은 법령안의 입안부터 공포까지의 일련의 절차를 의미한다. 대한민국 헌법은 국회가 법률의 입법권을 갖도록 하고, 행정부나 사법부 등이 하위법령에 대한 입법권을 갖도록 하고 있다. 하위법령의 입법권은 법률로부터 위임받은 사항과 법률의 집행에 필요한 사항에 한정된다.

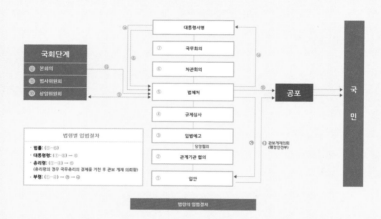

법령의 입법절차

<행정규칙 입안·심사 업무 절차>

출처: 법제처(행정규칙 입안·심사 기준, 2023년 발행 25페이지)

※ 관계 법령 등에 따라 행정예고, 관계 기관 협의 또는 규제심사를 거치지 않는 경우도

있음

chapter 3.
직업생활의 메카 '고용센터'

"저성장 속 일자리 창출력을 최대한 견인하기 위해서는 사람과 일자리를 잇는 '든
든한 오작교'이자, 인력 흐름의 '신호등과 도로' 역할을 하는 ALMP(적극적 노동시
장 정책)가 강화돼야 한다.(중략)
고용센터가 직업생활의 메카로 거듭날 수 있도록 취업·채용서비스 품질을 획기
적으로 개선한다.(중략) 김민석 고용노동부 차관"

- [헤럴드비즈] 노동시장의 뉴노멀, 적극적 노동시장 정책 혁신 <헤럴드 경제> 2024.7.24. -

쑥쑥 자란 일자리 창출 허브

    국가고용정책 핵심 전달 체계로서 취업상담·알선, 실업급여, 직업지도, 직업능력개발, 기업지원 등 종합적인 고용서비스를 수행하는 고용센터는 1998년 외환위기를 기점으로 직업안정과·고용보험과를 통합하여 전국 99개소가 설치되었다. 2000년 기초생활보장제도 시행에 따른 자활정책 수요에 대비하여 2001년 168개소까지 증가되었다. 이후 규모 경제를 통한 업무 효율성 제고를 위하여 2005년 고용센터 통합·대형화를 추진하여 2008년에는 82개소로 조정되었다. (중략) 2014년 남양주 고용복지+센터를 시작으로 2023년까지 총 102개 고용복지+센터를 설치하였다. 예술인 고용보험 적용 확대(2020.12.10) 및 국민취업지원제도 시행(2021.1.1) 등에 따라 취업취약계층이 집에서 1시간 이내에 있는 고용복지+센터를 방문하여 심층상담과 취업연계 서비스를 받을 수 있도록 고용—복지 서비스 접점 확대를 추진하여 전국 70개 시군에 작은 규모 고용복지센터(중형고용센터)와 출장센터를 설치하였다. 이로써 2022년 말 기준 174개의 고용센터가 설치되었다.[21]

< 연도별 고용센터 운영현황 >

연도	98	01	04	05	06	07	08	09	10	11	12	13	14	15	16	17	19	20	22	비고
센터수	99	168	118	112	85	84	82	81	80	81	82	83	86	94	94	98	101	171	174	센터수
명칭	고용안정센터				고용지원센터				고용센터				10	40	70	94	98	98	102	고용복지+센터
													75	53	23	3	2	2	0	고용센터
													-	-	-	-	-	30	30	중형센터
													1	1	1	1	1	41	42	출장센터

고용센터는 단순히 구직자와 기업을 연결하는 공간이 아니다. 그 안에는 고용서비스 전문가들이 사람들의 직업과 경력을 개발하도록 돕거나, 기업을 지원하는 중요한 역할을 하고 있다. 2008년 글로벌 금융위기 이후 일자리 문제가 국정 최우선 과제로 부각되면서 정책 우선순위가 '일자리'였다. 이때 다양한 취업지원 사업들이 신설되고 강화되었다. 취업취약계층을 대상으로 한 심층상담 전담제는 2008년 시범적으로 운영한 후 다음 해부터 본격 추진되었다. 이 제도는 문제 진단, 직업탐색과 경로설정, 취업의욕과 능력증진, 집중적인 취업 알선까지 이어지는 종합적인 지원 프로그램이다.

2010년에는 고용센터에 취업주치의(job manager) 제도가 생겼다. 구직자들이 자신에게 맞는 직업을 찾을 수 있도록 돕는 전문가들이다. 정부 정책에 '주치의' 이런 의료서비스 용어를 도입한 것은 이색적이었다. 환자에게 중요한 건강 회복에 목표를 두고 운영되는 의료서비스처럼 구직자·실직자에게 가장 중요한 취업을 할 수 있도록 돕겠다는 취지를 담고 있다. 그렇기에 단순히 직업을 소개하는 것이 아니라, 개인별 성향, 경력, 미래 목표 등을 깊이 이해하고, 그에 맞는 커리어 로드맵을 함께 그려준다. 1:1 관리를 통한 통합적 취업지원서비스를 제공하는 취업주치의는 자기 명함을 제작해 구직자에게 배포하면서 적극적 서비스를 제공했다.

고용센터에서 청년 맞춤형 취업지원을 위한 2007년 대표 프로그램은 YES(Youth Employment Service Program)이고 2009년 '청년층 뉴스타트 프로그램'으로 이름이 바뀌었다. "이 프로그램은 개별 상담자가 일대일로 지정돼 맞춤형 취업을 지원한다. 상담자는 상담을 받으러 온 내담자와 집중면담을 거쳐 원하는 직업을 찾고 여기에 필요한 능력을 검토해 훈련을 받게 한다. 역량이 확보되면 취업을 연결하는데 이 같은 일련의 과정이 최대 1년까지 진행된다. 1단계 개별상담은 한 달에서 한 달 반, 2단계 훈련기간은 6~7개월, 3단계 취업 집중기간이 3~5개월이다. 개인별 차이는 있지만 이 과정에서 취업 여부가 결정된다. 상담자와 내담자가 가장 호흡을 맞춰야 하는 때는 1단계다. 이때엔 1주 1회 이상 90분 정도 6차례 가량 만난다(생략)."[22]

저소득층을 위한 취업성공패키지도 2009년 도입되었다. 취업취약계층을 대상으로 하는 취업지원서비스가 유사한 명칭으로 분야별로 운영되다 보니 수요자들에게 혼선이 발생했다. 아울러 수당과 전산시스템 등에서 사업체계의 일관성이 부족했다. 본부는 이 문제를 해결하기 위해 2010년 7

월 유사한 사업들을 하나로 통합하기로 결정했다. 위기청소년(청년 뉴스타트), 저소득층(취업성공패키지), 고령자(고령자 뉴스타트)에 대해 각각 실시하던 사업을 '취업성공패키지사업'으로 2011년 통합해서 확대 운영했다. 이렇게 한 결과 효율적으로 사업을 운영할 수 있었고, 취업을 준비하는 사람들이 더 쉽게 지원을 받을 수 있었다. 아울러 자립지원 직업상담사를 배치해 자치단체와 서로 잘 협력한 덕분에 취업성공패키지에 참여하는 사람들도 늘어났다.

취업성공패키지는 저소득 구직자 취업에 많은 도움을 주었다. 하지만 해마다 예산 사정에 따라 지원 규모가 바뀌면서 더 많은 취약계층을 지원하지 못했고 법적 근거가 취약해 저소득층에 대한 소득지원이 부족했다. 저소득 구직자에 대한 고용안전망 사각지대를 해소하고 취업지원 프로그램 문제점을 획기적으로 보완하고 발전해야 할 필요성이 꾸준히 제기됐다. 2018년 8월 경제사회노동위원회는 사회적 공감대를 바탕으로 기존 고용안정망을 보완하기 위해 '한국형 실업부조' 조기 도입에 합의했다. 이후 2021년 1월 1일부터 한국형 실업부조이자 2차 고용안전망인 '국민취업지원제도'가 시행되었다.

집중적인 구직자 관리와 함께 이들이 원하는 양질의 일자리를 발굴하기 위해 2016년부터 고용센터에 '일자리 발굴 전담팀'을 운영했다. 예전에 기업전담지원팀과 일자리 현장지원팀을 운영한 경험이 있는 고용센터는 더 내실 있고 체계적인 방식으로 일자리발굴 전담팀을 잘 운영할 수 있었다. 처음에는 기업들이 원하는 인재를 찾는 데 집중했다. 하지만 시간이 지나면서 단순히 일자리를 발굴하는 것만으로는 충분하지 않았다. 기업들이 겪고 있는 근본적인 문제를 해결하지 않으면 채용이 어려운 상황이 계속될 수 있기 때문이다. 기업도약보장패키지는 채용지원뿐 아니라 고용여건 개선까지 맞춤형 서비스를 패키지로 지원한다. 기업의 채용 어려움을 개선해 주면 기업들이 원하는 인재를 더 쉽게 채용할 수 있기 때문이다. 도약보장패키지는 구직자 경력개발도 지원한다. 고용센터 담당자가 개인의 취업역량을 진단하고, 분석하여 경력설계에 필요한 맞춤형 취업지원서비스를 1:1로 제공하는 심층상담이 구직자도약보장패키지다.

　지방고용노동관서 고용분야 업무 담당자는 2022년 말 기준으로 6,189명이며 고용분야에는 고용센터와 지역협력과, 고용관리과, 부정수급 조사과를 모두 포함한다. 이중 공무원은 4,261명, 공무직 직업상담원은 1,928명으로 구성되어 있다. 덧붙여 고용노동부에서 근로감독 행정을 담당하는 근로감독관 전체 정원은 3,058명이며, 그중 근로기준 분야는 2,260명, 산업안전 분야는 798명이다.[23]

　한국외대 진로취업지원센터 서포터즈로 활동 중인 학생의 '서울고용센터 탐방 후기'(2024년 8월)를 네이버 블로그에서 읽었다. 강의를 통해 고용센터와 관련된 법과 역사를 들으면서 고용복지에 더 관심을 갖게 되었고, 도움이 되는 정보들이 많아 기록해 두었다고 한다. 취업지원총괄과, 국민취업지원과 등 여러 사업 부서를 이동하면서 담당자들이 소개하는 업무에 대한 설명도 듣고, 일자리 카페 등 시설 투어도 유익했다고 하였다.
　고용센터는 모든 국민이 이용할 수 있다. 일자리 정책과 직업, 취업과 관련된 대상별 맞춤형 프로그램도 제공한다. 고용센터를 많은 사람에게 홍보하고, 누구든 편하게 찾아올 수 있도록 알리기 위해 '고용센터 탐방' 프로그램 등을 운영한다. 이 프로그램을 통해 고용센터가 하는 일들과 여러 정책을 안내하며 고용센터 직업상담 전문가들이 국민 개개인의 취업 준비와 경력개발을 돕는다는 것을 알 수 있다. 탐방을 통해 고용센터가 언제든지 쉽게 방문할 수 있는 곳이라는 인식을 심어주고, 기업지원과 취업지원을 위해 누구나 자유롭게 찾을 수 있는 공간임을 알려준다.

2007년 5월에는 어린이날을 맞아 어린이를 초청하여 시설을 개방하는 것은 물론 미래직업체험 등 다양한 행사를 진행했다. △나에게 알맞은 직업탐색 △직업카드를 통해 본 미래 내 모습 찾기 △나의 희망직업 찾아보기 △진로 골든벨 게임 등 행사가 다채롭게 열렸다. 이러한 프로그램을 통해 아이들이 어렸을 때부터 직업에 대한 관심을 가질 수 있도록 돕고, 고용센터가 꿈을 키우는 장소임을 보여줄 수 있는 좋은 기회다.

고용센터 탐방의 큰 장점은 현장을 직접 경험할 수 있는 것이다. 고용센터에서 실제로 어떤 일들이 이루어지고 있는지 체험할 수 있다. 또한 탐방 과정에서 궁금한 것들을 직접 질문할 수 있다는 점이다. 고용센터 고용서비스 전문가에게 바로 질문하고 답변을 얻을 수 있는 기회는 깊이 있는 체험을 만들어준다. 고용센터가 제공하는 다양한 정책과 고용서비스에 대해 더 잘 이해하고, 언제든 고용센터를 찾을 수 있다는 신뢰감도 얻게 된다. 고용센터 탐방 프로그램은 현장을 보고, 느끼고, 질문하는 과정을 통해 고용센터 역할과 중요성을 더 깊이 전달하는 특별한 기회를 제공한다.

어린이날 '미래직업체험' 활동　　　　　　고용센터 탐방 프로그램 진행중

그곳에선 무슨 일이?

고용센터가 문을 연다. 문이 열리자마자 분주하게 움직이는 고용센터의 풍경이 펼쳐진다. 부서마다 맡은 업무가 다르고, 사람들의 사연도 다채롭다. 고용센터가 하는 일이 단순히 일자리를 연결하는 것뿐일까? 취업지원 총괄과(팀)부터 국민취업지원(과)팀까지, 이곳에서 벌어지는 이야기들은 그보다 훨씬 복잡하고 흥미롭다.

고용센터를 이용한 적이 있는 사람들은 자신이 방문할 부서를 쉽게 찾는다. 안내판에서 해당 부서를 확인한 후, 곧바로 해당 층이나 부서로 이동한다. 이들은 초기상담 창구를 거치지 않고도 효율적으로 고용센터를 이용할 수 있다. 익숙함 덕분에 불필요한 대기시간을 줄이고 원하는 서비스를 빠르게 접근할 수 있다. 하지만 고용센터를 첫 방문하는 사람들에게 초기 상담창구는 매우 중요하다. 최초 방문자에게 방문 목적을 확인하고, 상담을 통해 서비스 수요와 상태를 파악한 후 기관 간 연계를 할 수 있기 때문이다. 하지만 초기 상담창구를 운영하기 어려운 점도 있다. 고용센터에 인력이 부족하여 단순 창구 안내 역할 정도만 운영하는 센터도 있다. 직원들이 인사이동을 할 때는 초기상담 창구가 있더라도 비어 있는 경우도 자주 있다. 직원들이 순번제로 초기상담 창구를 맡기도 하지만 업무 연속성이 부족해서 문제가 생기기도 한다. 때때로 자원봉사자가 상담을 도와주지만, 업무를 완전히 이해하지 못하면 민원인들이 서비스에 불만을 느낄 수 있다. 이러한 문제점을 개선하여 고양센터에서 활용했던 방법은 '신중년 경력형 일자리사업'이었다. 고양시와 협업하여 직업상담사 자격증이 있는 50+지역일자리 연계 매니저를 배치했다. 고용센터 최초 방문자에게 방문 목적을 확인하고 초기상담이 필요한 경우 '초기상담을 위한 설문지'를 작성하였다.

<초기상담 운영 프로세스(고양고용센터 사례)>

민원인 방문 → 서비스 수요 진단을 위한 설문지 작성 → 신분증 확인 및 개인정보동의서 작성 → 설문내용에 따른 상담창구 지정 → 워크플러스 전산연계 → 1차 상담창구 동행 연계 → 상담 후 1차 상담내역 입력 → 2차 상담창구 이동 → 상담 후 2차 상담내역 입력 → 상담 종료

처음 고용센터를 방문한 내담자는 초기 상담창구에서 자신의 상황에 맞는 서비스를 신속하게 안내받으며 체계적인 지원도 제공받았다. 서부고용센터에서는 취업성공패키지 운영 당시 초기상담창구에 3명의 상담사를 배치했다. 2명은 고용센터 소속 상담원이었고 1명은 민간위탁기관 상담사였다. 민간위탁기관들이 순번을 정해 돌아가며 상담창구 운영에 참여하였다.

초기 상담창구에서 때로는 복잡하고 다양한 유형의 참여자를 만나게 된다. 각기 다른 사연을 가진 민원인들과 대화하면서 상담 능력도 키울 수 있고 고용센터에서 제공하는 다양한 서비스를 익히면서 업무 역량도 쌓을 수

있다. 그래서 직업상담사라면 초기상담창구 경험의 기회를 가져보는 것도 좋을 것이다.

모든 고용서비스를 한곳에서 이용하려면 온라인에서는 '고용 24' 오프라인은 '고용센터'가 있다. 개인은 채용정보, 취업지원, 실업급여, 직업능력개발, 출산·육아휴직을 이용할 수 있다. 고용24 홈페이지에는 구직자들이 궁금해 하는 것들에 대해 이용할 수 있는 지원제도를 안내하고 있다. 기업에 대해서도 마찬가지다.

<**고용24 홈페이지 '지원제도 안내' 中 일부**>

Q. 취업은 하고 싶은데, 어떻게 해야 할지 모르겠어요.

A. 기초 취업능력키우기, 1:1상담, 나에게 맞는 지원 추천 등

Q. 출산/육아를 위해 일을 쉬거나 근무시간을 줄여야 할 거 같아요.

A. 출산(유산,사산 포함)급여, 육아휴직, 육아기근로시간 단축 등

Q. 외국인 고용

A. 내국인 채용을 위해 노력했으나 채용하지 못한 기업(사업주)을 위한 고용허가제

채용과 기업지원금 등을 받기를 희망하는 기업 또는 취업하고 싶은데 어디서부터 시작할지 모르는 구직자라면 고용센터에 방문하면 된다. 고용센터에서는 취업을 준비하는 사람들을 위해 여러 가지 제도를 제공하고 있다. 대표적인 것이 구직자 도약보장패키지와 국민취업지원제도다.

구직자 도약보장패키지는 심층상담을 통해 자신에게 맞는 직업을 찾고, 이력서 작성과 면접준비 등을 지원받으며 취업활동을 돕는 종합적인 프로그램이다. 도약보장패키지의 심층상담은 개인특성분석, 경력진단, 경력개발 목표설정, 경력실천 계획수립, 계획이행지원 등을 중심으로 참여자 평균 4회 이상(1회 상담 시 50분 기준)으로 상담이 제공된다. 참여를 희망하는 구직자는 지역별로 48개 고용복지+센터에서 유선 상담 후 예약 또는 직접 방문을 통해 신청할 수 있다. 또 다른 도약보장패키지는 기업을 지원한다. 기업도약보장패키지는 구인에 어려움을 겪고 있는 기업에 대해 고용센터의 전담자가 기업진단과 컨설팅부터 기업지원서비스 연계, 채용지원까지 맞춤형 서비스를 패키지로 지원하는 사업이다.

한편 국민취업지원제도는 저소득층, 청년 등 경제적 어려움을 겪고 있는 사람들에게 취업지원과 생계지원을 함께 제공하고 있다. 구직촉진수당을 지급하며 취업활동을 적극적으로 도와준다.

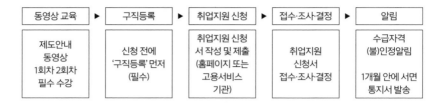

<국민취업지원제도 취업지원 신청 절차>

동영상 교육	▶	구직등록	▶	취업지원 신청	▶	접수·조사·결정	▶	알림
제도안내 동영상 1회차 2회차 필수 수강		신청 전에 '구직등록' 먼저 (필수)		취업지원 신청서 작성 및 제출 (홈페이지 또는 고용서비스 기관)		취업지원 신청서 접수·조사·결정		수급자격 (불)인정알림 1개월 안에 서면 통지서 발송

<국민취업지원제도 업무 체계>

수급자격 인정	▶	취업지원서비스 제공	▶	수당지급
고용센터		고용센터, 민간위탁 운영기관 유관고용서비스기관 (새일센터·지자체일자리센터 등)		고용센터

국민취업지원제도는 제도 시행 후 3년간 100.5만 명을 대상으로 취업지원서비스를 제공하였으며, 79만 명 종료, 46.6만 명이 취·창업하였다고 고용노동부 고용노동백서 2024년판에 나와 있다.

<국민취업지원제도 지원현황>

(단위: 명, 백만원)

구분	신규 지원인원	총 지원인원 (이월자 포함)	구직촉진수당		종료 인원	취업 인원
			지급 인원	지급 규모		
2021년	421,917	421,917	320,799	711,465	175,479	119,507
2022년	284,811	528,686	313,439	586,950	342,867	186,549
2023년	298,677	482,852	293,281	586,822	271,495	159,903

국회예산정책처에서 2023년 7월에 발간한 사업분석 보고서[24]에 따르면 국민취업지원제도 고용센터 업무별 인원배치 현황은 다음과 같다.

<국민취업지원제도 고용센터 업무별 인원배치 현황>

(단위: 명, %)

연도	직종	초기상담	수급자격 심사	취업지원 서비스	수당지급	기관관리	기타	합계
'21	공무원	68(6.6)	206(20.1)	185(18.1)	287(28.0)	85(8.3)	193(18.8)	1,024(100)
	공무직 상담원	78(9.5)	13(1.6)	450(54.5)	267(32.4)	10(1.2)	7(0.8)	825(100)
	기간제 근로자	56(0.2)	5(1.2)	223(52.5)	134(31.5)	2(0.5)	3(0.7)	425(100)
	합계	203(8.9)	224(9.9)	858(37.7)	688(30.3)	97(4.3)	203(8.9)	2,274(100)
'22	공무원	49(5.3)	176(19.0)	157(16.9)	251(27.1)	84(9.1)	211(22.8)	927(100)
	공무직 상담원	68(8.0)	13(1.5)	465(54.6)	284(33.4)	10(1.2)	11(1.3)	851(100)
	기간제 근로자	82(27.3)	8(2.7)	121(40.3)	74(24.7)	4(1.3)	12(4.0)	300(100)
	합계	200(9.6)	197(9.5)	742(35.7)	608(29.3)	98(4.7)	234(11.3)	2,078(100)
'23	공무원	75(8.8)	178(20.8)	107(12.5)	210(24.6)	96(11.2)	190(22.2)	855(100)
	공무직 상담원	70(8.3)	15(1.8)	451(53.4)	285(33.8)	6(0.7)	7(0.8)	844(100)
	기간제 근로자	13(22.8)	-(-)	26(45.6)	16(28.1)	-(-)	1(1.8)	57(100)
	합계	158(9.0)	193(11.0)	595(33.9)	511(29.1)	102(5.8)	198(11.3)	1,756(100)

주: 1. 괄호 안은 직종별 합계에서 차지하는 비중
2. 기타는 협의체 운영, 일경험 참여기업 발굴, 유관기관 협업, 홍보 등
3. 2023년은 5월 기준임

직업능력개발사업은 국민평생직업능력개발법에 따라 운영되며, 고용노동부 직업능력개발훈련은 주로 국민내일배움카드를 통해 이루어진다. 내일배움카드는 구직자와 재직자가 직업훈련을 통해 필요한 기술과 능력을 개발하도록 훈련비를 지원하는 제도다.

<국민내일배움카드 지원절차>

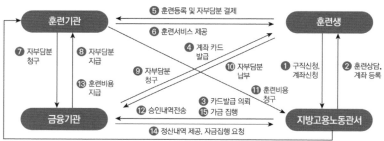

<국가기간·전략산업직종훈련 지원절차>

실업급여는 근로자 등이 실업한 상태에 있는 경우에 이들의 생활안정과 구직활동을 촉진하기 위해서 고용보험사업의 하나로 실시되고 있는 제도

를 말한다. 실업급여는 구직급여와 취업촉진수당으로 나뉘고, 많은 사람들이 흔히 '실업급여'라고 부르는 제도의 명칭은 구직급여다.

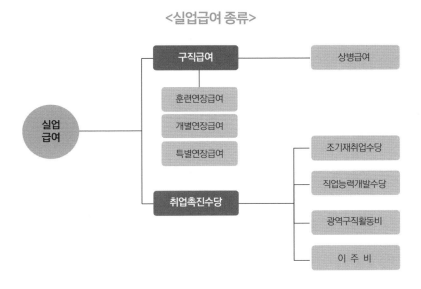

<실업급여 종류>

<누가 받을 수 있나?>

– 기여기간: 이직일 이전 18개월 동안 보수받은 일수가 180일 이상일 것
– 비자발적 퇴사: 이직사유가 비자발적인 사유일 것
– 실업상태: 근로의 의사가 있음에도 취업을 하지 못한 상태
– 구직활동: 재취업을 위한 노력을 적극적으로 할 것

상용근로자가 구직급여를 받기 위해서는 위의 4가지 조건에 모두 해당되어야 한다. 일용근로자라면 위 4가지 조건에 추가로 '수급자격인정 신청일이 속한 달의 직전 달 초일부터, 수급자격 인정 신청일까지의 근로일수의 합이 같은 기간 동안 총 일수의 3분의 1미만'에 해당되어야 한다.

<구직급여 소정급여일수>

구분		피보험기간				
		1년 미만	1년 이상 3년 미만	3년 이상 5년 미만	5년 이상 10년 미만	10년 이상
이직일 현재 연령	50세 미만	120일	150일	180일	210일	240일
	50세 이상	120일	180일	210일	240일	270일

* 비고: 장애인고용촉진 및 직업재활법 제2조 제1호에 따른 장애인은 50세 이상인 것으로 보고 위 표를 적용

구직급여는 퇴직 전 3개월간 평균 임금의 60%를 지급하는 것인 원칙이며, 2024년에는 1일 평균 8시간 근무했을 경우 상한액 66,000원, 하한액 63,104원이다. 하한액은 소정 근로시간에 따라 달라진다.

<구직급여 신청절차>

퇴사한 회사에 서류 제출 요청 → 사전 확인 → 구직 등록 → 사전 교육 → 수급자격 인정 신청(고용센터 방문) → 취업 준비 → 실업 인정과 실업급여 지급 → 실업급여 지급 종료

나는 2019년 실업급여 수급자격 업무를 담당했다. 센터마다 운영방식이 다른데, 그 당시 내가 소속된 수급자격팀 업무분장은 크게 3개 파트로 구분했다. 첫 번째 파트는 상담원 2명이 신청자의 이직사유를 확인하여 나머지 두 곳으로 연결해준다. 이 두개 파트에서 이직사유를 최종 검토하고 처리하는 업무를 한다. 민원 창구 뒤편에 있는 직원들은 주로 시간제 근무자

로, 수급자격 요건 검토가 조금은 수월한 '계약만료'와 '사업주 권고사직'으로 이직한 사람들의 사유를 처리했다. 앞자리 민원 상담 창구에서는 나머지 모든 이직 사유를 담당했다. 솔직히 뒤편에서 간단한 서류 검토를 하는 직원들이 조금 부럽기도 했다. 반면, 민원 상담 창구에서 판단해야 할 이직 사유들은 일용직, 병가, 65세 이상자 등 민원성이 있거나 쟁점이 되는 사안들이 많아 면밀히 검토해야 했다.

그중 가장 힘든 건, 수급자격 요건이 안 된다고 했을 때 일부 민원인이 갑자기 악성 민원인으로 돌변하는 경우가 있다. 큰 소리가 나기도 하고, 갑자기 담당 직원이 불친절하다고 소리를 지르는 분도 있다. 가장 난감했던 건 한 분이 수급자격이 안 된다고 하자 30분 동안 상담 창구 앞에서 울고만 계셨던 상황이었다. 일용직으로 일해 왔는데 수급자격 요건이 되지 않아 실업급여를 받을 수 없다는 말을 듣고, 너무 속상해했다. 이분들이 처한 어려운 상황을 조금이라도 덜어주기 위해 국민취업지원제도와 긴급복지지원제도를 안내해 드렸다. 긴급복지지원제도는 위기상황에 놓여 생계유지가 곤란한 저소득 가구에 생계ㆍ의료ㆍ주거지원 등 필요한 지원을 일시적으로 신속하게 지원하여 위기상황에서 벗어날 수 있도록 돕는 제도로 보건복지부 사업이다.

수급자격 상담을 하다 보면, 반쯤 점쟁이가 된다. '이분은 바로 취업을 하겠구나.', '반복적인 실업급여 수급자네.' 수급자격 상담을 할 때 적극적인 구직자라고 생각되면 신청서 위에 나만의 별표를 체크했다. 나중에 별표를 쳤던 신청자를 확인해보면 95% 이상이 실업급여 대기기간 내 취업을 했다. 사람을 상대하는 일을 오랫동안 하다 보니, 빨리 취업을 하고 싶어 하는지 수당만 노리는 사람인지 척보면 안다. 이러한 촉은 그간의 직업상담 내공이 쌓인 결과물이지 않을까?

'고용노동부 고용노동백서 2024년판'에 따르면 실업급여 부정행위 유형을 다음과 같이 수급자격 신청, 실업인정, 기타 3가지로 분류했다.

실업급여 부정행위 유형

1. 수급자격 신청 유형
    1) 이직확인서 등의 위조, 변조 등 부정 사용
    2) 피보험자격취득 및 상실의 허위신고(위장고용 포함)
    3) 급여기초임금일액산정의 기초가 되는 임금액의 과다 기재
    4) 이직사유의 허위기재 및 진술(위장해고 포함)
    5) 기준기간 연장사유의 허위기재
    6) 허위 실업신고
    7) 각종 증명서 및 확인서 등의 위조 또는 허위기재
    8) 기타 부정한 방법으로 수급자격을 인정받거나 받으려 한 경우

2. 실업인정 유형
    1) 취업한 사실을 은닉한 채 계속 실업인정을 받는 경우
    2) 자신의 근로에 의한 소득의 미신고 및 허위신고
    3) 구직활동 여부의 허위신고

4) 확정된 취직 또는 자영업의 개시사실을 미신고한 경우

5) 법령 규정에 위반하여 대리인에 의해 실업인정을 받은 경우

6) 허위의 증명서 등을 제출하여 실업인정을 받은 경우

7) 실업인정일 변경사유의 허위신고

8) 수급자격증의 부정사용

9) 그밖에 부정한 방법으로 실업인정을 받거나 받으려 한 경우

3. 기타

1) 취직촉진수당 수급을 위한 각종 허위신고

2) 상병급여 수급을 위한 각종 허위신고

3) 미지급구직급여의 수급을 위한 각종 허위신고

4) 구직급여 연장사유의 허위신고

5) 수급기간 연장사유의 허위신고

6) 그 밖에 위에 준하는 경우로서 부정수급 행위가 객관적으로 인정되는 경우

기업지원팀은 다양한 지원금 제도를 통해 기업을 지원하는 역할을 하고 있다. 이 팀이 다루는 지원금은 매우 방대하고 복잡하다. 담당자들은 사업 지침을 늘 옆에 두고 업무를 처리한다. 지원금 관련 사업 개편이나 지침 변경이 수시로 발생하기도 하고 때로는 지원사업이 종료되었어도 사업 당시 요건을 충족한 경우에는 지원금이 지급되는 경우도 있다. 그렇기 때문에 담당자가 업무를 맡게 되면 지원금의 전체적인 흐름과 큰 틀을 이해하는 것이 중요하다. 나도 기업지원 업무를 담당했을 때 몇 년전 지침과 질의

응답을 찾느라 고생한 적이 있었다. 다양한 사례들이 많기 때문에 내부 사업 커뮤니티가 활성화되어 있다. 커뮤니티에서는 각 고용센터에서 발생하는 일들에 대해 질의하고 본부나 오랜 근무 경력자들이 빠른 답변을 해주고 있어 신규 담당자들이 업무 검토와 처리 과정에서 도움을 받는다.

업무할 때 난감한 경우는 사업장에서 무턱대고 지원금에 대해 물어볼 때다.

"커피숍을 하려고 하는데 지원금은 뭐 받을 수 있어요?"

지원금 종류가 너무 많기 때문에 리플릿이나 안내 책자를 먼저 참고하도록 권유하고 있다. 그 후에 구체적인 문의가 들어오면 자세하게 답변을 해주었다. 신규 지원금 사업은 당장 집행이 일어나지 않는 경우가 대다수다. 이때는 홍보가 관건이다. 예를 들어 일자리도약장려금이 새로 생겼을 때, 처음부터 지원금을 지급하는게 아니다. 6개월 후에 지급이 시작되기 때문에 초반에는 홍보에 집중한다. 사업이 시작된 후 점차 시간이 지나면 부정수급 사례가 발생한다. 감사원에서 부정수급 의심 건에 대해 조사하라는 요청이 오거나 제보가 들어오는 경우도 있다.

기업지원팀 지원금은 크게 고용창출, 고용안정, 고용유지, 모성보호 정도로 구분할 수 있다. 고용창출은 신규채용이 있을 때 지원하는 청년일자리도약장려금, 고용촉진장려금 등이 있다. 고용안정은 유연근무제나 출산·육아기 근로자의 고용안정을 위해 지원되는 워라밸일자리장려금, 출산육아기 고용장려금 등이다. 고용유지는 경영난으로 인한 고용조정 대신 휴업이나 휴직을 통해 고용을 유지할 때 지원하는 제도다. 고용센터에서 업무분장은 지원금 파트별로 나누거나 동별로 나누기도 한다. 파트로 나눌 경우 담당자 간 업무량 차이가 날 수 있다. 예를 들어 경기가 좋을 때는 고용창출 지원금이 증가하고, 경기가 나쁠때는 고용유지 지원금이 증가한다. 반면, 동별로 나누면 담당자들은 다양한 지원금 제도를 모두 공부해야 하기 때문에 업무 범위가 넓어질 수 있다.

기업 상황에 따른 지원금 지원

1. 근로자를 새로 고용할 계획이 있다.
 1) 중증장애인, 가족부양의 책임이 있는 여성실업자, 취업지원프로그램 이수자 등 취업이 특히 어려운 사람을 고용하려고 한다.(고용촉진장려금 지원)
 2) 청년을 정규직으로 채용할 계획이 있다.(청년일자리도약장려금)
 3) 60세 이상 근로자가 증가하였다.(고령자 고용지원금 지원)
 4) 고용위기지역으로 사업을 이전하거나, 신설 또는 증설하여 근로자를 채용할 계획이 있다.(지역고용촉진지원금 지원)

2. 소속 근로자들이 안정적으로 오래 일하기를 원한다.
 1) 근로자에게 육아휴직 또는 육아기근로시간 단축을 부여했다. 출산전후휴가 · 육아기 근로시간 단축 등 사용 근로자의 대체 인력을 고용했다.(출산육아기 고용안정장려금 지원)
 2) 소정근로시간, 실근로시간을 단축하려는 근로자가 있다.(워라밸일자리장려금)

3) 유연근무를 활용하려는 근로자가 있다.(일·가정양립환경개선지원)

4) 정년 이후에도 주된 일자리에서 계속 일할 수 있도록 고용 연장제도를 도입할 계획이 있다.(고령자계속고용장려금)

3. 기업 사정으로 고용을 유지하는 것이 어려운 상황이다.

1) 기업 사정이 어려우나 감원 없이 휴업, 휴직 등을 활용할 예정이다.(고용유지지원금 지원)

2) 기업 사정이 어려워 고용은 유지하더라도 휴업, 휴직수당을 못 주거나 50%미만으로 줄 예정이다.(무급 고용유지지원금)

4. 고용촉진을 위한 고용환경개선이 필요하다.

1) 직장어린이집이 있으며 운영을 위한 지원이 필요하다.(직장어린이집 인건비 및 운영비 지원)

2) 직장어린이집 설치를 위한 지원이 필요하다.(직장어린이집 설치비 지원)

3) 유연근무 활용 또는 근무혁신 이행을 위한 인프라 구축이 필요하다.(일·생활 균형 인프라 구축비 지원)

각 고용센터는 담당 인원과 지역 여건에 맞춰 업무를 조정한다. 내가 기업지원팀에서 일했을 때는 구별로 지역을 나누어 업무분장을 했다. 그래서 전체 지원금 제도에 대해 공부해야 했다. 처음 고용유지 휴업 지원금을 지급할 때는 팀 내 직원들 중 아무도 휴업 지원금을 처리해 본 경험이 없어서, 타 고용센터 베테랑 직원에게 물어가며 검토했다. 기업지원팀 업무 경험은 나중에 취업지원팀에서 일할 때 큰 도움이 되었다. 지원금을 처리하며 지역 내 기업에 대해 깊이 이해하게 되었고, 그 지식을 기반으로 취업상담에서 구직자들에게 기업에 대한 조언을 제공했다. 덕분에 구직자들은 내가 기업을 잘 알고 있다는 점을 신뢰했고, 내 이야기들에 더욱 집중하며 귀 기울였다.

기업지원팀에서 일을 하다 보면, 컨설팅이나 취업 상담을 잘할 수 있는 기반이 마련된다. 예를 들어, 고용창출 지원금을 지급할 때는 신청 사업장에 이전 퇴사자가 있었는지 확인하고, 퇴사 사유를 살펴본다. 신규 채용이 일어났다면, 어떤 사유로 채용이 발생했는지 파악한다. 워라밸일자리 장려금을 신청한 기업이라면 유연근무제 도입을 통해 일·생활 균형을 개선하려는 노력이 있다는 것도 알 수 있다. 이렇게 기업 전반적인 상황을 알게 되면서 컨설팅이나 상담 능력도 함께 향상된다. 기업지원팀에서 업무 경험은 지원금 처리를 넘어, 지역 내 기업에 대한 깊은 이해를 쌓고 취업상담 능력을 강화할 수 있는 중요한 기회가 되었다.

고용센터에서 서무라는 역할은 흔히 신규 직원의 첫 업무로 시작된다. 처음에는 문서 접수, 물품 관리, 시설 유지 같은 기본적인 업무를 하면서 센터의 분위기와 흐름을 익히고 동료들과 자연스럽게 친해지는 과정을 거친다. 신규 서무가 힘들어하는 상황이 있는데 문서 배분과 조율하는 업무다. 요즘은 팀 간 업무가 워낙 서로 간 얽혀 있어, 문서가 접수될 때 누구에게 배정해야 할지 고민에 빠지는 일이 다반사다. 그럼에도 서무 업무의 장점은 분명하다. 문서를 접수하면서 센터 전체 업무의 흐름을 빠르게 파악할 수 있다. 고용센터가 어떻게 돌아가는지, 각 부서가 무슨 일을 하는지 알게 된다. 서무가 좋아하는 직원이 있는데, 그건 바로 기한 내에 정확하고 빠르게 회신을 해 주는 동료다. 서무가 취합 업무를 많이 맡기 때문에 보고를 잘해 주는 직원들은 서무가 가장 고마워하는 동료다. 나도 서무를 해본 경험이 있어, 그 마음을 알기에 보통의 마감 기한보다 항상 앞서 회신을 하는 편이다. 매주 하는 주간보고도 요청하기 전에 미리 메일로 보내줬다.

큰 규모의 센터에서는 업무의 복잡성이 높아지고, 직원들의 다양한 요구와 특이민원을 처리해야 하는 상황이 자주 발생하는데, 이런 경우 경험이 풍부한 베테랑 서무가 업무를 총괄하는 경우도 있다. 베테랑 서무는 한마디로 센터의 모든 것을 꿰뚫고 있다. 물품이 필요한 곳을 알고, 우선순위를 정하고, 중요한 문서를 신속하고 정확하게 배분할 수 있다. 내가 의정부센터에서 총괄 서무를 담당할 때를 떠올려 본다. 센터 서무와 고용률 70% 업무를 맡았는데, 고용률 목표 달성을 위해 부서 간 협업을 조율하고 외부기관과 손발을 맞춰 성과를 냈던 것은 서무로서 센터 전반을 이해하고 조율하는 역할 덕분이었다. 서무 업무는 때때로 직원들의 요구를 빠르게 처리해야 하는 압박감이 있긴 하지만, 그게 오히려 조직 분위기를 활기차게 만들고 팀워크를 강화하는 데 기여하기도 한다. 기회가 된다면, 서무라는 업무를 꼭 경험해 보기를 자신 있게 추천한다. 서무는 사람들을 연결하고 일의 흐름을 잡아주는 묵직한 역할을 담당하고 서무를 하고 나면 어느새 조직의 살림꾼이 된 자신을 발견할 수 있을 것이다.

팀장들의 숨겨진 전쟁

고용센터는 지역마다 일자리 여건이 많이 다르다. 서울북부지청은 서울 지역 5개구를 관할하며 서울북부고용센터와 강북성북고용센터가 있다. 타 지청보다 거주민이 제일 많다. 그만큼 실업급여와 국민취업지원제도 같은 업무에 다수 인원이 배치된다. 서울청은 기업 본사가 많으며 서울과 서초 고용센터가 있다. 강남지청은 관할지역이 강남구 하나지만 기업체 수가 많 고 병·의원이 밀집되어 있는 지역이다. 타 지역보다 기업지원금 지급 업 무가 주를 이룬다. 지역 여건에 따라 업무 중요도와 선호도가 상이하고 고 용센터 내 집중 업무도 달라지기도 한다.

고용센터 팀장들은 업무분장을 할 때마다 직원 쟁탈전이 벌어진다. 서울 북부고용센터 직업진로 팀장으로 근무할 때다. 센터 왕팀장이 기업지원팀 일이 원활하게 잘 안된다면서 소장님께 인원 보강을 요청했다. 소장님이 나를 불렀다.

"채 팀장, 기업지원팀이 요즘 어려움이 많은가 봐요. 미처리 건이 많이 쌓여 서 민원도 계속 발생하고 있다니 문제예요. 채 팀장이 직원들 일도 같이 챙 겨서 하고 있는 것도 잘 알아요. 팀원들이 젊고 업무처리도 빠르고 잘 하니 까 한 명을 빼는 건 어때요? 좀 도와줘요."

"소장님, 팀마다 다 어려움은 있습니다. 저희 팀원도 육아문제, 부모님 간병으로 때로는 날을 새고 오기도 하고, 만성질환으로 힘들지만 맡은 바 책임을 다하는 중입니다. 일단 소장님이 어렵게 얘기를 하신 상황이니, 생각해보고 내일 말씀드리겠습니다."

인력 배분 문제는 부서 전체 균형을 고려해야 한다. 소장님 요청이 얼마나 절실한지도 안다. 우리 팀 사정도 좋지 못한 상황에서 어떻게 문제를 해결할지 고민을 거듭하며 현 상황을 냉정하게 분석했다. 내가 맡고 있던 직업진로팀은 민간위탁사업과 각종 집단상담, 심리검사, 지역 특화사업 진행 등을 하고 있었다. 관내 특성화 고등학교만 해도 20개가 넘고, 대학교도 서울에서 제일 많았다. 최소 인원으로 많은 업무를 소화해 내고 있는 상황이었다. 현 상황을 냉정하게 분석하기 위해 비슷한 지역의 고용센터 업무분장을 받고, 시스템에 들어가서 통계를 뽑았다. 각 팀 업무량과 복잡성, 팀원들 개인 사정까지 고려한 통계자료 근거를 준비했다. 다음날 소장님께 정리한 자료를 제시했다.

"소장님 말씀을 듣고 많은 고민을 했고, 팀원들과도 얘기를 나누었습니다. 자료를 보시면 각 팀 업무량과 현 인력 배치 현황입니다. 업무분장은 감정이 아니라 근거를 바탕으로 검토되어야 한다고 생각합니다. 제가 그 팀 팀장이 될 수도 있습니다. 그때도 저는 이렇게 똑같이 근거를 가지고 이야기를 할 겁니다. 소장님께서 현 상황을 면밀히 살펴서 검토해 주시기 바랍니다."

팀원들은 통계와 데이터를 가지고 합리적으로 소장님을 설득한 나를 신뢰했다. 그때를 생각해보면, 참 치열했던 것 같다. 한동안 왕팀장과는 사이가 좋지 않았다. 왕팀장은 나에 대한 안 좋은 소문을 내고 다니며 인사도 받지 않았다. 공과 사를 구분해 주면 좋았을 텐데 많이 아쉬웠다. 철저히 나의 노력을 외면했다. 그 시절 속상함과 억울함에 잠도 못자고 수차례 눈물을 삼켰다.

몇 년간 시간이 지난 후, 나는 다시 손을 내밀었다.
"팀장님, 그때 왜 그렇게 저를 미워하셨어요. 그 당시 저 엄청 힘들었어요."
시간이 약이 되었는지 왕 팀장은 마음이 많이 누그러져 있었다.
"그때는 미안했어. 내가 성숙하지 못했던 것 같아. 팀원들만 생각하느라 그랬던 것 같아."
"팀장님 이제라도 제 마음을 알아주셔서 고맙습니다. 팀장님 밑에서 팀원하면서 많이 배웠고, 팀장이 되었을 때 그 역량을 발휘했던 것 같아요. 좋은 선배로 남아주세요."

팀장은 어려운 자리다. 매일 크고 작은 일들과 고민들이 넘쳐난다. 각자 자리에서 고군분투하는 팀원들이 고생하는 것을 알기에 팀장 어깨는 무겁다. 팀장은 외로운 자리다. 실적 압박과 팀원들 불만과 요구를 해결해야 한다. 중간관리자로서 역할과 자리가 주는 무게감이 결코 가볍지 않다. 위 아래로 치이면서 지치기도 하고 많은 스트레스를 받는다. 일이 힘들어도 팀원들이 좋으면 같이 으쌰으쌰 하면서 즐겁게 일할 수 있다. 우리 팀원들이 나를 신뢰하고 서로 돕고 배려하면서 일했기에 좋은 성과도 낼 수 있었다.

시간은 참 좋은 거다. 그때 정말 힘든 순간이 많았는데, 지금은 "그때는 그랬지."라고 웃으며 말할 수 있다. 그 시간 덕분에 나는 좀 더 성장할 수 있었다.

일을 하면서 가장 큰 어려움은 사람들과의 관계에서 온다. 일이 힘들어도 함께 일하는 동료들이 좋으면 그 힘든 시간을 잘 버텨낼 수 있다. 특히 팀장이 직원들을 잘 챙기고 솔선수범할 때 팀원들도 팀장을 따르며 어려운 순간들을 함께 극복할 수 있다. 하지만 때로는 그렇지 않은 경우도 있다. 어떤 6급 팀장 이야기가 떠오른다. 그 팀장은 자신의 승진을 위해 팀 성과를 개인 실적으로 가로채기를 했다. 공을 독차지하며, 팀원들 노력은 안중에도 없었다. 팀장이라는 자리는 팀을 이끌고 협력하는 자리여야 하지만, 그 팀장은 자신 권한을 남용하며 팀원들을 챙기지 않았다. 오히려 상사에게만 잘하고 신경 썼다. 당연히 윗분들은 그런 팀장을 신뢰했다. 자신들에게 잘하니 그 팀장을 믿고 더 많은 권한을 주었다. 그 과정에서 팀원들은 힘들어하고 팀을 떠나고 싶어 했다. 이런 상황이 반복되면서 팀 분위기는 나빠지고, 팀원들은 업무에 대한 의욕도 사라졌다. 고용센터는 많은 업무를 처리해야 하고 팀 간 협업이 필수적이다. 각자 맡은 바 일을 잘해내는 것도 중요하지만, 함께 일하는 사람들 간 관계가 더 중요하다.

"같이 고생했는데 어떻게 나만 인터뷰를 해. 너희들 시간 안 된다고 해서 안 했어." tvN 〈슬기로운 의사생활〉 중 채송화 대사다. 유명 바이올리니스트의 뇌종양 수술을 성공적으로 마친 신경외과 의사 채송화. 독일 방송사의 수술 관련 인터뷰 요청을 거절한 이유에 대해 설명하며 한 말이다. "왜 인터뷰를 안 한다고 했느냐."라며 채근하던 후배 허선빈은 그만 할 말을 잃고 말았다. 자신을 낮춰 후배들을 챙기는 따뜻한 배려심은 채송화의 성품. 불행히도 현실에서는 도저히 존재하지 않을 것 같은, 아니 존재하지 않는 환상 속 인물이다. 특히 직장 생활에선 더욱 그렇다. 후배가 올린 성과를 가로채 본인이 한 것처럼 보고하는 선배, 하기 싫은 일은 모조리 후배에게 미루는 선배, 눈에 보이는 폼 나는 일만 하려는 선배, 일방적 지시로 후배들의 괴로움 따위는 가볍게 무시하는 선배 등등. 현실 속 선배들은 하나같이 정상적인 이들이 없다. 그래서 tvN 드라마 〈슬기로운 의사생활〉은 분명 의학 드라마지만, 직장인들 사이에선 일찌감치 '직장 판타지물'로 불린 이유다. 왜 우리 주변엔 채송화 같은 따뜻한 선배가 없는 것일까. 그리고 과연 우리는 채송화 같은 좋은 선배가 될 수 있을까.[25]

고용노동부 행정망 칭찬릴레이에서 2022.7.9. 게시된 '류미 팀장' 칭찬글을 읽을 때 슬기로운 의사생활의 채송화 향기가 났다.

♥류미♥ 룜팀장님 칭찬합니다. 사랑하고 존경합니다 :)
(전략) 코로나 터지고 기업지원팀원 3명을 이끌고 고군분투하셨던 팀장님을 전 평생 못 잊을 거 같아요! 야근 100시간을 했던 그 시기도 사실 전 그리 힘들지 않았던 거 같아요. ㅎㅎㅎ밤 12시까지 야근하고 주말에도 출근하고, 그때 저희 부모님도 많이 걱정하셨는데 제 회사생활 이야기를 들으시곤 너무 감사한 팀장님을 만났다며 걱정을 한시름 덜으셨을 정도예요. 그때가 겨우 전 입사한 지 반년밖에 지나지 않은 조

무래기였는데… 팀장님 덕분에 한 번도 그만두고 싶단 생각하지 않고 웃으면서 일할 수 있었습니다. 욕하고 화만 내고, 맞는 소리해도 전혀 들을 생각을 하지 않는 민원인들 만나서 혼자 고생하고 있으면 팀장님이 말씀하셨죠. "지영아 그럴 때 그냥 팀장 탓해. 팀장이 그러라 했다고 하라고. 그게 팀장이 하는 일이야. 나한테 전화 연결해." 전 충격이었어요! 저런 말씀을 하시는 분이 우리 팀장님이라니! 저런 분이라면 믿고 따라야겠다. 그리고 더 열심히 해야지. 이 힘든 시기도 잘 헤쳐 나갈 수 있을 것 같다. 이 생각으로 잘 버틸 수 있었어요.(생략)

고용센터에 오는 사람들은 대부분은 어려운 일로 찾아오는 경우가 많다. 이런 민원인들은 예민한 상태로 센터를 방문한다. 자신의 경제적 상황과 직결된 문제를 해결하러 오는 만큼 불안하고 초조한 것은 당연하다. 이런 민원인들 상황은 고용센터 직원들에게도 많은 부담이 된다. 그들의 감정에 대응하면서도 복잡한 업무를 해결해야 하기에 직원들은 지치는 경우가 많다. 최근에는 업무량도 계속 증가하고 있다. 이런 상황에 동료 간 인간적인 면이 없다면 버티기가 쉽지 않다. 함께 일하는 사람들이 서로 신뢰하고 서로의 노력을 인정하며 도와주는 분위기가 있다면 힘든 순간을 함께 이겨낼 수 있을 것이다.

코로나가 일으킨 고용센터의 변화

"잘 가라, 코로나19! 4년 3개월 만에 완전한 일상 회복. 2020년부터 전 세계를 발칵 뒤집었던 코로나19가 오늘(2024년 5월 1일)부터 감염병 재난 위기단계의 가장 낮은 단계인 '관심'으로 하향됐다. 우와… 돌이켜보면 정말 많은 일들이 있었다. (중략) 감염을 최소화하기 위한 필수품인 마스크 대란이 일어나며 마스크 가격이 천정부지로 오르고 마스크를 사기 위해 가족들이 총출동해 약국 앞에 긴 줄을 서기도 했다.(중략) 언제 또다시 제2, 제3의 코로나가 우리의 삶을 흔들지 모를 일이다. 감염병 재난 위기단계의 가장 낮은 단계인 '관심'으로 하향되긴 하지만 코로나19라는 바이러스가 사라진 것은 아니기 때문이다."[26]

코로나19는 고용센터의 운영방식과 서비스에 큰 변화를 가져왔다. 코로나 이전에는 주로 고용센터에 직접 방문해 이루어지는 대면 서비스가 중심이었지만, 팬데믹을 계기로 대면 접촉 업무가 최소화되었다.

1차 실업인정을 받을 때 의무적으로 현장교육을 받았어야 했는데, 의무교육을 중지했다. 대신 고용보험 홈페이지에서 교육 자료를 학습한 후 확인서와 실업인정신청서를 인터넷, 모바일, 팩스 등으로 제출할 수 있도록 했다. 실업인정을 받기 위한 집체교육은 온라인 취업특강 등으로 대체했다. 인터넷 실업인정을 도입하고 절차를 간소화한 것이다.

코로나가 시작한 2020년 고양고용센터 취업지원팀에서 근무했다.

〈담당업무〉

- 취업지원 상담창구 총괄
- 워크넷 구인·구직 내·외부 기관 모니터링
- 고용복지+센터 입주기관 등 유관기관 업무 협력
- 만남의 날, 채용박람회 등 채용행사 운영 및 관리
- 일자리발굴 및 중점지원사업장 선정·관리, 취업지원 연계
- 기관평가 관리 업무, 학습연구모임(고·복·협) 운영
- 강소기업, 대체인력 채용지원서비스 관리
- 특별민원 전담A팀(팀원)

취업지원팀 업무도 빠르게 전환했다. 고양센터에서는 매주 수요일 정기적으로 '구인·구직만남의 날' 행사를 추진해 왔다. 내가 고양센터로 발령받기 전부터 매주 꾸준히 해 오던 행사였다. 1월 만남의 날 채용행사에서는 총 43명을 채용했다. 1월 말 본부에서 '신종 코로나바이러스 감염 예방을 위한 조치 안내'가 문서로 내려왔다. 다수 참여 행사 등에 대한 조치였다. 코로나 확산 여부, 행사 참여도 등 지역 상황에 따라 기관장 판단 아래 일정 변경과 취소 여부 등을 결정하라는 것이었다.

우리는 만남의 날 행사와 3월 중 계획했던 일자리 박람회를 어떻게 할 것인지 고민했다. 팀 내 의견을 모으고, 고양시 일자리센터 등 유관기관과 사전 업무회의를 두 차례 가졌다.

"예상치 못한 코로나로 대면 행사가 불가능해지면서 대규모 박람회를 전면 수정할 수밖에 없을 것 같습니다."

"대규모로 사람이 모이는 대면 행사는 안전문제로 취소하더라도, 구인 구직자와의 만남은 포기하지 않았으면 합니다."

"작은 채용의 날로 운영하면 좋을 것 같아요. 동행면접과 채용대행, 상설면접이라는 방식은 어떤가요?"

"릴레이 방식도 괜찮은 것 같습니다."

많은 의견들이 있었다.

최종적으로 일자리박람회는 '릴레이 작은 채용의 날'로 명칭을 변경했다. 운영방식은 동행면접, 채용대행, 상설면접장을 운영하기로 했다. 화상면접도 도입했다. 많은 기업들이 비대면 채용을 선호하게 되었고 구직자들도 안전한 환경에서 면접에 참여할 수 있는 화상면접이 대안이 되었기 때문이다. 처음 화상면접을 운영하다 보니 어려움도 많았다. 기술적 문제가 컸다. 중간에 접속 끊어짐 등 네트워크 문제가 발생하기도 했다. 영상과 음성 또한 자주 끊겼다. 면접 시작 전에 카메라 설정과 준비시간이 많이 소요되기도 했다. 화면으로 상대방을 보다 보니 인사담당자와 구직자 표정이나 태도를 정확하게 파악하기 어렵기도 했다. 이런 시행착오를 거쳐가며 점차 비대면 환경에 적응하기 시작했다. 장소와 시간 제약이 줄었고 기업들도 면접 일정을 유연하게 조정했다. 지방에 있는 구직자들에게도 면접에 참여할 수 있는 기회가 확대되었다. 비록 화상면접 도입 초기에는 어려움과 실수가 있었지만 이를 통해 비대면 채용지원의 확산 가능성을 확인하는 계기가 되었다.

2020.2.25. 이후 다수가 모이는 채용행사, 구직자 대상 프로그램 등은 별도 통지가 있을 때까지 유보했다. 시급한 구인, 관리 대상 구인의 경우 채용대행으로 전환하여 진행했다. 찾아가는 고용서비스도 코로나19 확산 방지를 위한 '사회적 거리두기' 강화 특별지침에 따라 별도 지침 시달시까지 보류했다. 고양센터는 출입구에 열화상 카메라를 설치했고, 고양시에서는 운영인력 2명을 긴급 지원했다. 추가로 민원 상담창구 직원 보호를 위해 투명 가림막도 설치하여 민원을 응대했다.

"2020년 1월 20일 국내에서 첫 코로나19 확진자가 발생하면서 전국에서 '마스크 대란'이 시작되었다. 코로나19 감염을 우려한 시민들이 앞다퉈 마스크를 구매하면서 마스크 수요가 폭발했으나 공급이 이를 따르지 못했다. 한국을 비롯해 전 세계가 마스크를 만들 원료와 생산기계를 확보하는 데 애를 먹었다. 특히 핵심 원료인 멜트블로운 필터가 부족해지면서 사재기 사례도 빈번했다.(중략) 3월 정부는 마스크 생산·유통·분배 모든 과정을 관리하는 '마스크 수급 안정화 대책'을 내놓고 '마스크 5부제'를 시행했다."[27]

코로나19가 확산되면서 마스크 가격이 급등했고 마스크를 구하는 것이 어려워졌다. 2월말 본부 고용정책과에서 코로나19 확산에 따라 구인난을 겪는 마스크 생산업체를 대상으로 채용지원 강화에 대한 지침을 시달했다. 마스크 생산업체 채용지원 '급박함'에 대한 상황을 전 직원들과 공유하였다. 고양지청 관내 마스크 생산업체를 빠르게 파악했다. 각 사업장 채용 수요 등 워크넷 구인신청 내용을 확인했다. 사업장에서는 생산직 인원도 많이 필요했으나, 부자재 수급문제로 구인수를 절반으로 줄이기도 했다. 구인 신청된 생산직에 대해선 즉시 현장에 투입되도록 신속한 구직자 알선을 진행했다. 이와 함께 고양시 일자리센터와 보건·의료인력 재취업지원 방안에 대해서도 논의했다. 의료기관 및 간호조무사 간 취업연계를 위한 업무협약도 체결(3.5)하였다. 경력보유 간호사를 발굴하고 실무교육과 취업지원 교육을 실시했다. 관내 병·의원 채용지원과 정부지원금 컨설팅도 지원했다.

코로나19로 사람들이 집에 머무르는 시간이 증가하면서 유통산업도 변화했다. 온라인 쇼핑 증가 등에 따른 배송서비스 확대, 물류센터 확장 등 물류서비스 비중이 높아짐에 따라 이에 따른 '물류직 사원' 대량 구인이 계속 발생했다. 5월 대형 물류센터 채용지원서비스 지원 계획을 수립했다. 구인수요가 있어도 적합한 근로자를 채용하지 못하는 구인기업과 물류직 희망 구직자와 미스매치 해소를 목표로 했다. 채용 분야는 쿠팡 고양센터 상하차/분류와 GS네트웍스 김포물류센터 상품정리, 포장, 피킹이었다. 채용인원은 60명이 넘었다. 우리는 광역단위로 고용센터와 유관기관들이 협업하여 신속한 알선과 성과를 낼 수 있었다. 각 지역 고용센터와 취업지원 기관들이 힘을 합쳐 구직자 정보를 모아 신속하게 구직자를 알선했다.

'기업사례 관리회의'도 운영했다. 일자리 발굴 구인상황 및 채용지원 과정도 수시로 논의했다. 내부에서는 자체망 메모보고를 활용하여 팀원들과 공유했다. 담당자 의견이나 알선시 착안사항도 올렸다. '전문인력 구직자 발굴 및 연계에 있어서 부서 간 협조 필요(직능팀)', '일자리발굴 사업장. 업무강도가 높고 경력직을 선호. 대중교통이 불편하여 구인 애로사항 있음'

'일자리 발굴 사업장으로 청년구직자 선호(청년진로지도팀 협업 필요)' 아울러 실시간 정보 공유를 위한 온라인 커뮤니티 '고양고용복지+센터' 네이버 밴드도 개설하여 운영하는 등 온라인을 통한 소통도 활성화했다.

코로나19가 장기화되면서 저소득 위기가구의 생계유지가 심각한 위협을 받기 시작했다. 정부는 한시적으로 긴급고용안정지원금을 시행했고 지자체 공무원들 업무는 폭발적으로 증가했다. 4월 초 고양시에서 긴급고용안정지원금을 홍보해 달라는 공문이 왔다. 지자체와 일자리 업무를 위한 협력 논의를 하기 위해 연락을 했는데 "지금은 일자리보다 당장 생계가 걸린 지원이 우선이네요."라고 말했다. 긴박한 지원이 필요한 사람들을 위한 긴급고용안정지원제도 안내하는 일이 최우선 업무였다. 긴급고용안정지원금은 1차는 지방자치단체에서 담당했지만, 2차부터 고용노동부가 주도하여 전국적으로 지급하였다.

고용센터에서도 긴급한 업무가 시작되었다. '특수형태근로종사자, 프리랜서, 영세 자영업자, 무급휴직근로자에게 힘이 되겠습니다. 코로나19 긴급 고용안정지원금' 각종 매체를 통한 홍보가 진행되고 있었다. 고용센터 전화는 불이 났다. 초기에는 지원금 지급을 위해 기존 인력을 재배치하고 기간제 근로자를 채용하여 방문 민원인 상담·현장접수·심사업무를 수행했다. 방문민원이 폭증했다. 신청서와 함께 제출하는 증빙서류가 제대로 갖추어지지 않은 경우가 자주 발생했다. 지원금 지급이 당초 계획보다 늦어지기 시작했다. 본부에서 특단의 방안으로 고용노동부 본부와 지방관서 전직원이 심사업무를 병행하는 집중 처리기간을 운영한다고 6.29. 발표를 했다. 2020.6.1부터 신청한 지원금 건수가 한 달도 안 되었는데 90만 건이 넘었다고 한다. 센터에서는 긴급 교육을 개설했다. 심사를 하기 위해 검토할 사항과 착안사항들에 대한 설명을 하고 주요 사례를 공유했다. 본연의 업무와 긴급지원금 심사와 민원응대, 매일매일이 정신없는 하루였다. "지원금이 절실한 분들께 신속히 도움을 드리지 못해 대단히 죄송합니다. 최대한 빠른 시일 내에 지원될 수 있도록 최선을 다하겠습니다." 장관님이 발표했던 말처럼 직원들은 긴급한 지원이 필요하다는 것을 알기에 밤낮없이 지원금 접수와 이것을 검토하고 처리하는데 집중했다. 코로나19 위기상황에 대응하기 위해 모두가 최선을 다하는 시간이었다.

코로나19가 한창일 때 다행히 나는 코로나에 걸리지는 않았다. 그 시기 동안 마스크를 철저히 착용하고 손을 자주 씻으며 위생관리를 게을리 하지 않았기 때문이다. 신기했던 것은 그전부터 평소 감기를 달고 살았는데, 코로나19 때는 감기조차 걸리지 않았다. 개인 위생관리를 잘하면 질병을 예방하는데 큰 도움이 된다는 것을 깨달았다. 몇 년 지나 코로나가 잠잠해질 무렵 2023년 6월 결국 나도 코로나에 걸렸다. 1주일 동안 겪은 코로나는 생각보다 힘들었다. 그때 비로소 코로나 시절 많은 사람들이 얼마나 고생했는지 이해할 수 있었다. 직접 겪어보니 어려움과 두려움이 더 크게 다가왔다. 사람들의 고통을 실감하게 된 순간이었다. 그 경험을 통해 사람은 자신이 경험하기 전까지 잘 모른다는 것을 깨달았다. 우리가 만나는 민원인 누군가는 생계가 절실하고 일할 기회조차 막혀버린 절박함을 가지고 있을 수도 있다. 업무를 할 때 더 진심을 담아 공감하는 마음으로 다가가고 도울 수 있는 역할을 해야겠다는 다짐이 든다.

나의 코로나 일기(2023년)

6.22.(목) 열감이 있고, 힘이 빠지고, 근육통이 계속 있다. 코로나인가 싶어 검사를 해 봤는데 음성으로 나왔다.

6.23.(금) 감기라 생각하고 오전에 이비인후과에 가서, 주사 맞았다. 열을 재니까 38.5. 근육통이 계속되고 코도 막히고 두통도 심하다. 연가를 신청했다. 오후에도 몸 상태가 안 좋아, 코로나 검사를 다시 했는데 두 줄이 나왔다. 다시 병원에 가서 코로나 검사를 하고, 양성 확인서를 받아 사무실 제출하여 병가를 신청했다.(5일 병가). 오후 병원에 갔을 때 열은 떨어졌다.

6.24.(토) 계속 누워 있었다. 입맛도 없다. 우유를 먹었는데 토했다. 목이 아팠다. 물약 때문인지 계속 잠만 잤다.

6.25.(일) 목통증이 너무 심했다. 목소리가 안 나온다. 가래, 마른기침, 입술이 말랐다. 침도 못 삼키겠다. 죽을 것 같다. 입안도 헐었다. 목통증으로 잠도 못 잤다. ㅠㅠ

6.26.(월) 병원에 갔다. 목통증, 입병을 호소했다. 주사를 2대나 맞았다. 약을 변경했다. 오후 늦게 증상이 나아지고 있다. 목소리는 조금 돌아오고 있다. 목 톡증은 남아 있다. 입병은 여전했다. 잠을 못 잤다. 날샜다.

6.27.(화) 처방한 약 중에 나에게 안 맞는 게 있는 것 같았다. 약을 먹으면 얼

굴이 빨개지고 화끈거리는 것 같다. 먹는 약 4개 중, 2개는 처음하고 같고, 진통제와 호르몬제 약이 달라졌는데, 부작용이 있는 건가? 날을 새고 몸 상태도 안 좋아, 수요일 병가 신청했다.

6.28.(수) 약을 먹고 상태는 나아지고 있다. 전날 날 새고 잠을 못 잤는데, 그래도 수요일은 잠은 잤다. 내일 출근을 위해 코로나 검사를 했는데, 음성으로 나왔다. 말을 하려고 하면 기침이 계속 나온다. 마스크 쓰고 출근했다. 이번 주는 점심도 계속 혼자 먹어야겠다. 당분간 조심하자. 코로나를 겪고 나니, 전에 영주가 죽음을 맛본 것 같다고 얘기했던 말을 이제야 이해할 수 있었다. '더 깊은 위로가 필요했겠구나.' 내가 경험해 보니, 이해할 수 있는 일들이 더 많이 생겼다. 그리고 건강의 소중함도 알 수 있었다.

chapter 4.
인사교류 파견 '서울특별시'

"작은 차이가 큰 차이를 만든다.

수동적으로 있지 말고 두드려 볼 필요가 있다.

두드리면 열린다.

설령 당장 안 열려도 열릴 가능성을 훨씬 높인다."

- 신수정, 『일의 격』, 턴어라운드, 2021년 -

동행·매력 특별시 서울

2024년 7월 25일 인사발령이 공지되었다. 공무원임용령 제41조 및 제48조의 규정에 따라 서울특별시 파견근무(교류)를 명함.

기회가 되면 타 기관에서 파견근무를 꼭 해보고 싶었다. 직업상담직렬만 갈 수 있는 파견 자리가 서울에 생겼다. 범죄피해자들의 회복을 위한 맞춤형 서비스를 제공하는 범죄피해자 원스톱 솔루션 센터다. 이곳은 한 곳에서 한 번에 지원받을 수 있는 센터로 2024년 전국 최초로 서울에 문을 열었다. 고용노동부 고용센터도 중요한 역할을 맡게 되었으며, 이 과정에서 본부의 역할이 컸다는 것도 알게 되었다. 범죄 피해자들의 재취업과 심리적 회복을 위해, 다년간 현장 경험을 쌓은 직업상담직렬의 파견 자리가 생겼고, 고용센터가 범죄 피해자들의 일자리 재진입과 고용지원을 돕는 중요한 연결고리로 자리 잡게 되었다. 법무부 파견근무를 신청할 당시 내가 서울청 소속이 아니어서 지원할 수 없었지만, 직업상담직렬이 더 넓은 영역에서 활동할 수 있도록 노력해준 본부 담당자에게 깊은 감사의 마음을 전한다.

2024.7.31. 서울시 인사담당자가 전화를 했다. 다음주 8.5. 출근 안내였다. 문자도 같이 보내줬다.

"채정오 주무관님. 안녕하세요. 주무관님은 8.5.자 노동정책과로 발령 예정이고 8.5.(월) 8시50분까지 시티스퀘어 건물 16층 노동정책과로 출근해 주시면 됩니다. 주무관님은 프리랜서지원팀 근무예정입니다."

문자로 친절하게 안내해줬다. 노동정책과로 발령이 났는데, 조금 걱정은 되었다. 감독 업무를 해 본적이 없어 긴장되면서도 설레기도 했다. 8.2.(금) 서울시 마주무관이 전화를 했다. 공무원증을 미리 만들어야 해서 혈액형을 확인했고, 사진은 인사기록카드에 있는 걸 사용하기로 했다.

서울시 파견 첫날, 오랜만에 경험한 지하철 출근길은 마치 전쟁터 같았다. 세종에서 도보나 자전거로 여유롭게 출퇴근 하던 시절이 그리워질 정도였다. 찜통더위에 정장까지 입고 있으니, 숨이 막힐 정도로 답답했고, 공황장애라도 올 것만 같은 불안감이 들었다. 그동안 조용하고 한적한 출퇴근에 익숙해 있었는데, 갑자기 지하철 안 수많은 사람들 속에 휩쓸리다 보니, 앞으로 이 지옥철을 어떻게 견뎌야 할지 막막하다는 생각이 들었다. 빨리 이 많은 인파와 혼잡한 출근길에 적응해야 하는데 그게 가능할지 걱정이 가득했던 첫날이었다. 첫 출근이고 근무장소가 정확히 어딘지 감이 안 와 근처 카페에 있어야겠다고 생각했다. 1층은 아이스크림이 맛있는 폴바셋 카페다. 와우~ 1층에서 아이스크림콘을 먹으면서 출근하는 사람들을 구경했다. 나는 사람들을 관찰하는 것을 좋아한다. 사람들의 표정을 보면 흥미롭다. '저 사람은 표정이 굳었네, 월요병인가?' 누군가 아는 사람을 보면서 '안녕' 하고 즐겁게 밝은 얼굴로 말하는 사람을 보니 나도 덩달아 미소가 지어진다. 아직 신분증이 나오지 않아 1층 안내데스크에 주민등록증을 맡기고 방문증을 받아 출입했다. 인공지능 엘리베이터다. 45분쯤 엘리베이터로 이동했는데 출근전쟁이 지하철에서 1차전이고, 엘리베이터에서 2차전이었다. 노동정책과에 가서 마 주무관을 찾았다. 과장님이 오기 전까지 이런저런 얘기들을 나누었다. 과장님의 첫 인상은 힐링되는 미소를 가진 유쾌한 분이셨다. 과장님과 얘기를 나누고 임용장을 받았다. 마 주무관은 노동정책과 직원들에게 나를 소개해줬다. "자, 주목하세요. 여기는 오늘 발령받아 오신 채정오 주임님입니다. 고용노동부에서 파견 나오셨습니다.", "반갑습니다. 앞으로 잘 부탁드립니다."라고 인사를 했다. 나에게 집중되는 분위기를 원치 않는데, 어쩔 수 없었다. 이후 내가 속한 프리랜서팀으로 안내되었다. 팀장한테 인계되어 팀원들과 인사를 나누고 회의실에 들어가서 업무분장에 대한 얘기들을 나누었다. 팀장은 직원들과 업무를 소개해 줬다.

"우리팀은 고민을 많이 해야 하는 팀이에요. 저도 웹툰 보조작가 표준계약서 개발을 추진하면서 평소 접해본 적이 없는 웹툰도 10편 넘게 읽어 봤어요. (중략) 어려운 점 있으면 언제든 얘기해 주시고, 잘 지내봐요."

김정아 팀장님은 업무에 대한 애정과 열정이 많았다. 배울 점이 많은 팀장을 만나게 되어 행운이다.

새로 팀원이 추가되는 거라, 자리에 아무것도 없었다. 오후에 새 컴퓨터와 전화기를 설치해 주고 볼펜, 모니터 받침대, 멀티탭 등 필요한 물품은 서무가 구입해 줬다. 설치된 컴퓨터는 아직 네트워크 연결이 안 되어 첫날은 업무현황 바인더 자료만 계속 반복해서 보았다.

2일 차 드디어 공무원증이 나왔다. 나도 이제 구내식당에서 식권 결제해서 먹을 수 있게 되었다. 공무원증을 받자마자 1층에 가서 출입증 반납하고 주민등록증을 찾았다. 인사교류로 파견 직원을 받는 것은 흔한 일은 아니다. 서울시 민생노동국은 처음 파견 직원을 받는 상황이라 지원과정에서 원활하지 않은 부분도 있었지만 내가 불편하지 않도록 노력했다.

"주임님, 인터넷 연결이 안 되네요."

"죄송합니다. 시간이 조금 걸릴 것 같습니다. 빠른 시간 내 처리될 수 있도록 확인하겠습니다. 우선은 노트북을 드릴게요. 불편하더라도 양해 부탁드립니다."

담당 주임은 내가 업무에 어려움이 없도록 최대한 빨리 처리하려고 애썼다. 상대방을 배려하고 노력하는 진심은 전해진다. 미안해하는 마음과 함께 최선을 다해 문제를 해결하려는 직원들에게 감사한 마음을 느꼈다.

3일 차 드디어 서울시 행정망 사용이 가능해졌다. 과 서무 박 주임이 '노동정책과에 오신 걸 환영합니다.'라는 제목으로 메일을 보냈다. 친절하고 상세하게 시스템과 물품 사용 등에 대해 사진까지 넣어 안내해 주었다. 좌석배치도와 비상연락망도 공유받았다. 우리 팀의 선임인 김 주임이 전산 개통을 축하한다며 메일과 함께 계획안들을 전달해 줬다. 역시 왕주임답다. 센스와 노련미가 정말 뛰어나다. 김 주임과 잘 지내고 싶다는 생각이 들었고, 마음이 든든해지면서 큰 의지가 된다.

요즘 공람 문서와 받은 메일이 쌓여가기 시작한다. 공람은 주로 타 부처 법령 제·개정안 의견 조회건이 많다. 정부법령안에 대하여 서울시와 관련 여부 등을 검토하고 '서울특별시 국가입법에 대한 효율적 관리규정' 제5조에 따라 기한 내 의견 제출해 달라는 내용이다. 의견 제출시 수신처도 많다. 주무부처, 법제처, 법제조정총괄법제관, 행정안전부 법무담당관, 시 법무담당관이다. 법령 제·개정안에 대한 의견 제출이 누락되지 않도록 철저히 관리해 달라는 당부의 말로 마무리된다. 관련 내용은 법제처, 국회 의안정보시스템에서 확인 가능하다. 고용노동부 본부에서 담당했던 업무와 관련 있는 직업안정법이나 들어본 적이 있는 국회의원 이름이 나오면 자세히 읽어본다. 사람은 아는 만큼 보인다고, 본부에서 고시를 만들고 법령 개정하는 작업을 했더니 법령 제·개정안을 볼 때도 한 번 더 살펴보게 된다.

고용부에서는 '환노위(환경노동위원회)'라는 말을 많이 들었는데, 여기는 '기경위(기획경제위원회)'를 자주 듣는다. 예질(예상질의)과 업무 바인더를 작성하는데, 의원관심(지적)사항, 쟁점 위주 작성, 문제점과 해결책, 대응방안 등 고용노동부와 유사하다.

업무 관련 자료를 보는데 용어들이 입에 달라붙지 않아 용어가 익숙해질 때까지 계속 읽었다. 관련 내용을 찾아서 숙지하고, 필요할 때는 AI도 적극 활용하며 관련 협회나 다양한 자료를 꼼꼼히 체크했다. 이러한 노력이 축적되면서 변화의 시점, 즉 임계점이 올 것이다. 지금은 어느 정도 익숙해진 업무 흐름 속에서 서울시의 새로운 일들을 접하며 조금씩 더 나아지고 있다. 한참을 생각하다 책상에 있는 반쯤 담긴 커피를 엎질렀다. 옷에 튕기고 서류가 젖었다. 물티슈로 잘 닦아내고 휴지로 물을 적셨다. 덕분에 책상 정리도 하고 깨끗하게 청소했다.

서울시에 오기 전부터 걸렸던 감기가 잘 낫지 않았다. 감기가 한 달 가까이 지속되니 걱정되기 시작했다. 입천장이 마르면서 기침이 멈추질 않았다. 물로 목을 축이는데, 기침 하다가 내뿜기도 했다. 충분한 휴식을 취하지 못하고 있는 건지, 회복력이 많이 더디다. 사무실이 조용해서 그런지 내 기침 소리만 들리는 것 같다. 서울시는 통일된 호칭을 사용한다. 6급 이하 는 모두 '주임'이라고 부른다. 우리부에서는 다양한 방식으로 주무관을 호 칭한다. '주무관', '주무', '반장', '감독관'으로 부른다. 호칭에 대해 크게 신 경 쓰지는 않지만, 통일된 호칭이 꽤 편리하고 효율적이라는 생각이 들 었다. 부서와 관계없이 누구든지 같은 방식으로 불리니까 조직 내 일관성 도 있는 것 같다. 소통방식도 간결하여 통일된 호칭은 편리한 것 같다. 호 칭 얘기를 하다 보니 친구들과 만났을 때가 생각났다.

"서울시에서 뭐라고 불러?", "여기는 다들 주임님이라고 해."

"발음을 잘해야겠네. 잘못하면 주인님이 되잖아.", "하하하."

"지자체는 주사님이라고 부르더라. 근데 6급 박 주사를 차관님 하고 부르는 거야. 차기 사무관이라고 해서 6급을 차관님이라고 부른데. 난 처음에 진짜 차관님인 줄 알았어. 우리 차관님이 온 줄 알고 깜짝 놀랐거든.", "하하하."

직장에서의 하루 루틴은 심플하다. 매일 아침 출근하자마자 컴퓨터를 켜 고 행정망에 접속한다. 큰 텀블러와 컵을 챙겨 정수기로 향한다. 물을 텀블 러에 가득 담고, 커피 머신으로 이동해 커피를 내린다. 아침의 피곤함을 깨 우는 순간이다. 커피와 물을 가지고 자리로 돌아와서 메일과 공람을 확인 한다. 하루 업무가 이때부터 시작이다. 중요한 정보를 놓치지 않도록 메일 과 공람은 꼼꼼히 읽는다. 오전 업무가 끝나면 동료들과 구내식당으로 향 한다.

"오늘 메뉴는 뭐지?"

구내식당 메뉴는 행정망 하단에 나와 있는데, 메뉴에 따라 직원들의 수가 확연히 달라진다. 우리팀은 메뉴 상관없이 웬만하면 구내식당을 이용한다. 간단한 식사를 마친 후 종종 동료들과 커피를 마시러 간다. "주말에 다녀온 카페는 괜찮았어요?"와 같은 사소한 대화들이 오가며, 잠시나마 긴장을 풀고 웃을 수 있는 시간을 가진다. 때로는 서울시 도서관에 들러 책을 읽거나 짧은 낮잠을 자기도 한다. 하루 중 가장 자유롭고 여유로운 이 시간이 참 좋다. 탕비실 옆에 비스듬히 누울 수 있는 긴 의자가 있다. 이 작은 공간이 나의 쉼터다. 오후 업무시간에는 좀 더 집중과 몰입을 한다. "땡퇴근!" 즉, 시간을 딱 맞춰 퇴근하기 위해선 업무 중에 최대한 집중해야 한다. 주어진 시간 안에 모든 업무를 마치기 위해선 효율적인 업무 처리가 필수다. 팀원들과 업무 진행사항을 공유하며, 서로 도움이 필요한 부분에서 협력한다. 특히 우리팀은 신설팀이고 뭔가를 만들어 가는 상황이라 팀워크가 중요하다. 오후 6시가 되면 나는 최대한 빠르게 퇴근할 수 있도록 서두른다. 책상을 정리한다. 오늘 했던 일들이 머릿속에 스쳐 지나간다. '오늘 하루도 잘 보냈네. 잘했어. 토닥토닥' 셀프 격려를 한다. 정시에 퇴근하는 날이면 기분이 좋다. '행복한 나의 집으로' 집순이라면 다 공감할 거다. 이렇게 매일 반복되는 일상이지만 나는 이 루틴에서 많은 안정감을 찾는다.

내 이름을 말하면 한 번에 알아듣는 사람은 거의 없다. 성을 '최'로, 이름은 '정호', '정우' 이런 식으로 알아듣곤 한다. 그래서 내 이름을 말할 때는 또박또박 한자씩 얘기한다. 채송화 할 때 '채'나 '채소'할 때 '채'입니다. 이름은 낮 12시 '정오'입니다. 이렇게 이름을 설명하듯 말한다. 서울시에 와서 내 이름을 가장 많이 불러준 직원은 이정진 주임이다. 처음 서울시 행정 포털 시스템을 사용하기 위한 신청 과정에서 이주임은 전산담당자와 통화를 했다. 전산 담당자가 내 이름을 잘 알아듣지 못했는지 계속 '채 · 정 · 오' 이렇게 한 자씩 두세 차례 얘기를 했다. 또 근무상황 사용을 위해 담당부서 직원하고 통화할 때도 상대방이 한 번에 알아듣지 못했는지 또 내 이름을 불러준다.

"고용노동부에서 파견 오신 채 정 오 주임님~."

이 말을 며칠 동안 하루에도 몇 번씩 계속해서 들었다. 여러 번 반복하는 이 주임을 보고 나는 미소를 지었다. 이 주임이 내 이름을 정확히 전달하기 위해 몇 번이나 반복하고 있는 모습이 정겨웠다. 옆에서 그 모습을 지켜보던 나는 문득 김춘수「꽃」이 떠올랐다.

"내가 그의 이름을 불러 주었을 때, 그는 나에게로 와서 꽃이 되었다."

이 주임이 나의 이름을 불러줄 때마다 나는 마치 그 시 속의 '꽃'이 된 것 같았다. 이 주임이 내 이름을 불러줄 때, 나는 서울시 직원으로 조금씩 자리를 잡아가고 있었다. 하루에도 몇 번 씩 내 이름을 부르며, 나를 위해 이런저런 도움을 주는 덕분에 나는 서울시 직원으로 자연스럽게 스며들어가고 있었다. 이름이 불린다는 것은 그 자체로 하나의 연결이었고 나와 이 곳을 이어주는 다리가 되었다. 이정진 주임에게 진심으로 고맙다. 어떤 일이든 질문을 하면 적극적으로 해결 해 주기 위해 애쓴다. 이 주임의 친절과 세심함 덕분에 나는 서울시에서 잘 적응해 가고 있다. '서울시 내부 직원 칭찬은 어디에서 하나요? 고용노동부는 내부 직원 칭찬 코너가 있는데, 왜 서울시는 없을까요?'

서울시에서 근무는 하고 있지만, 월급은 고용노동부에서 지급한다. 서울시 행정망을 사용하고 있지만 제한이 되는 부분도 있다. 시스템 사용이 아직 익숙하지 않은데다 업무를 하다가 중간중간 막히는 사항이 오면 맥이 끊긴다. 때론 불편함이 있지만 인사교류는 좋은 제도다. 다른 기관 업무방식과 문화를 경험하면서 이해가 깊어진다. 다양한 업무 환경에서 일하기 때문에 업무 스펙트럼이 넓어진다. 새로운 분야를 습득하여 전문성을 높이는 데 도움이 되는 것 같다. 서울시 장점을 배워 나중에 고용노동부에 복귀하여 적용하고 싶은 것도 있다. 새로운 시각도 생기는 것 같다. 나중에 서울시와 원활한 업무협력을 할 수 있을 거라는 기대감을 갖는다. 좋은 기회를 갖게 되어 감사한 마음으로 서울시에서 근무하고 있다.

계획 인사교류
출처: 인사혁신처

1. **(목적)** 정부 인력의 균형 있는 배치 및 효율적 활용, 국가정책수립과 집행의 연계성 확보

2. **(대상 직급)** 실·국장급(고위공무원), 과장급(3~4급), 실무자급(4~9급) 및 민간전문가

3. **(기관 유형)** 중앙↔중앙, 중앙↔지방, 중앙↔공공(연구)기관

4. **(선정 기준)** 업무연관성, 상호 협조 필요성이 큰 직위/국정 과제 및 현안 추진, 기관 간 소통과 협력, 전문성 상호 활용, 조직 활력 제고 등 교류를 통해 시너지를 창출할 수 있는 직위 등

5. **(교류 형태)** 상호 파견형식, 필요시 전출입 가능/교류 기간은 2년 이내 (총 5년 범위 내 연장 가능) 근무 후 원소속 복귀

6. (교류 절차)

    1) 부처별 계획인사교류 목표 및 신규직위 수요조사(인사처)

    2) 자체 목표 및 신규 수요 제출(교류기관)

    3) 연도별 계획인사교류 계획수립·총리재가(인사처)

    4) 교류 직위별 대상자 선발, 상호기관협의, 인사처 협의 의뢰(교류기관)

    5) 교류협의(인사처)

    6) 교류자 임용(교류기관)

프리랜서, 혼자지만 함께

　발령받은 부서가 '프리랜서 지원팀'이라는 얘기를 들었을 때 직관적으로 명확하다는 느낌이 들었다. 그러나 동시에 '이 부서는 실제 무슨 일을 하는 거지?'라는 궁금증이 생겼다. 이름은 잘 알겠는데, 그 안에서 구체적으로 어떠한 일들이 이루어지는지 잘 모를 때가 있다. 서울시청 홈페이지에서 프리랜서를 검색했다. 담당부서 업무가 나열되어 있었다. '공공에스크로, 경력관리시스템, 표준계약서, 플랫폼 등' 조금은 낯선 용어들이었다. 코로나19때 긴급고용안정지원금을 지급하면서 프리랜서를 접해보긴 했었다. 서울시에서 프리랜서를 위해 어떤 세부적인 역할을 하고, 어떤 목표를 이루기 위해 그 부서가 만들어졌는지 의문이 생겼다. 유튜브에서 관련 정보들을 찾아봤다. 프리랜서 전담부서 마련을 위한 토론회가 서울시 박유진 시의원 주재로 2번이나 열렸다. 2022.11.16., 2023.9.26. '프리랜서 전담부서 마련을 위한 토론회'가 개최되었는데 나는 2차 토론회 유튜브 동영상을 시청했다. 발제를 맡은 프리랜서 협의회 임병덕 이사가 프리랜서 전담부서 필요성과 미수금 문제해결을 위해 에스크로시스템 대안을 제시했다. 박유진 의원 보도자료(2024.5.1.)에는 시에 실질적인 프리랜서 지원부서를 설치해야 한다는 내용이 있었다. 프리랜서를 지원하는 전담부서 별도 마련은 '약자와의 동행'이라는 가치를 내건 서울시의 당연한 책무라고 강조했다. 시장님도 프리랜서 지원을 위한 전담부서와 조직 필요성에 대해 공감했다는 내용이다. 서울시는 5월 1일 자 조직개편을 통해 프리랜서 보호업무와 실행력 강화를 위한 '프리랜서지원팀'을 신설했다. 2024년 신설된 팀이고, 내가 파견을 가는 자리다. 팀 신설 과정과 관련 내용을 유튜브와 서울시 홈페이지 등을 통해 파악하니, 큰 흐름은 좀 알 것 같았다.

처음이라 그런지 프리랜서에 대한 개념이 헷갈렸다. 서울시는 고용노동부보다는 프리랜서에 대해 더 포괄적인 접근을 취하고 있는 것 같다. 서울시 조례에서는 산업재해보상보험법상의 노무제공자와 프리랜서를 구분 정의하고 있었다.

'에스크로? 이건 뭐지?' 프리랜서의 세계가 생각보다 훨씬 복잡하다. 개념도 정의도 생소한 용어들이 가득했다. 하나하나 알아가야 할 것들이 많다. 강사·웹툰·IT 개발 등 노동관계법에 적용을 받지 못하는 프리랜서의 미수금 문제가 많이 발생하고 있다고 한다. 최근 급증하는 프리랜서들이 미수금, 대금 체불 등으로 인해 노동권리를 침해받는 사례를 막기 위해 서울시가 공공기관 최초로 에스크로 서비스를 도입한다는 것이다. 프리랜서 개인이 구직하여 맡게 된 의뢰 건에 대한 대금을 안전하게 받을 수 있게끔 은행 등이 맡아두는 '프리랜서 에스크로(Escrow) 서비스'이다. 프리랜서 에스크로 서비스가 도입되면 프리랜서-발주자 간 대금 거래가 에스크로 시스템에 연계, 과업이 종료된 이후에 발주자가 은행에 요청하면 프리랜서에게 대금이 지급되는 방식으로 운영된다. 서울시는 '서울노동포털'에 계약 정보, 에스크로 대금 거래 정보 등 입력을 위한 시스템을 마련한다. 아울러 에스크로 거래 내역이 경력으로 연계될 수 있도록 '프리랜서를 위한 경력 관리시스템'도 함께 개발할 계획이다.

한편 서울시는 프리랜서를 위한 표준계약서를 개발해 왔다. 간병인, 플랫폼 방문레슨 종사자, 1인 미디어 콘텐츠 창작자, 운동트레이너 표준계약서를 개발하여 보급했다. 2024년은 웹툰 보조작가에 대한 표준계약서를 개발한다. 내 업무 중 하나는 기존에 개발된 표준계약서를 현행화하는 일이다. 이미 만들어진 계약서를 최근 상황에 맞게 업데이트 하는 업무다. 이를 위해 최근 이슈가 되는 내용이나 실태조사 발표, 유사한 사례들을 찾아보고 정리하였다. 이것이 내가 가장 먼저 시작한 일이다.

'1인 미디어 콘텐츠 창작자'들이 빠르게 성장하고 있다. 이 분야에 대한 이해가 부족함을 많이 느꼈다. 빠르게 변화하는 환경과, 창작자들이 어떤 방식으로 일하고, 수익을 얻는지 알고 싶었다. 최근에 출간된 책이 있는지 찾아봤다. 사무실 가까이에 있는 서울특별시 의회 도서관을 방문했다. 김현우 작가의 『크리에이터 이코노미』 책을 빌렸다. 추천사를 참 많이 받은 책이다. 서울시장, 김프로 등 유명한 사람들의 추천사가 줄줄이 있다. 새내기 저자로써 참 부러웠다. 서울시 공무원증으로 간단히 책을 대출할 수 있어 편리했다. 사무실에 와서 행정포털에 접속하니 자료대출 알림 메일이 와 있다. 전문가 책을 읽으면서 크리에이터들의 세상을 더 깊이 이해하고 싶었다.

웹툰 보조작가 표준계약서 관련 회의가 있었다. 웹툰 자체를 읽어본 적이 없어서 낯설다. 현장 용어도 생소했다. 고용서비스 전문가가 되려면 현장 용어들도 잘 알아야겠구나 생각이 들었다. 현장 용어는 실제 직업상담 과정에서 명확하게 의사소통을 할 수 있기 때문이다.

며칠 후 본청에서 AI 특강을 듣고 나오다가 근대 건축물인 외관을 유지하고 있는 건물을 봤다. 옛 서울시청인 '서울도서관'이다. 궁금했다. 다음 날 점심을 간단히 먹고 서울도서관으로 향했다. 입구부터 고풍스럽다. 2층에서 1층으로 내려가는 계단 옆 벽면에 책이 가득 꽂혀 있다. 도서관 안을 구석구석 구경하다 보니 시간이 훌쩍 지나버렸다. 나오는 길에 무심코 봤던 게시판에 눈길이 머물렀는데 '프리랜서의 절망과 희망' 방구석 북토크 홍보물이 붙어 있었다. '좋은 기회네. 이건 꼭 들어야겠다'는 생각이 들었다. 요즘 나의 최대 관심사는 바로 프리랜서였기 때문이다. 일정을 확인한 후 북토크를 신청했다. 온라인 서점에서 '엄주' 작가의 『재능을 돈으로 바꿀 수 있을까』라는 책을 구입했다. 그 책을 읽으며 저자가 어떤 이야기를 할지 궁금했다. '나처럼 고양이 집사구나. 용맹한 고양이 율무가 있네.' 만나기 전에 벌써 친근감이 느껴졌다. 북토크 날을 기다렸다. 금요일 퇴근을 하고 도서관 근처에서 간단히 김밥을 먹고 이동했다. 기다리던 북토크에 참석했다.

엄주 작가는 책을 쓴 배경에 대해서 얘기했다.

"미대 회화과 학생들 대상으로 강의를 했는데, 학생들이 졸업 후 프리랜서로 많이 갑니다. 프리랜서에 대해 모르는 상태에서 일을 하니까 돈도 많이 떼이고, 뒤통수도 맞고 힘들어했어요. 학생들이 제 강의를 들었던 것이 많은 도움이 된다고 했습니다. 이것을 정리해서 1년 동안 뉴스레터를 발행했고, 이것을 눈여겨본 출판사 관계자가 책으로 만들면 좋겠다고 하여 나오게 된 책입니다."

프리랜서에 관한 자신의 경험을 이야기했다. 특히 계약서 작성의 중요성과 필요성에 대해 강조했다. 이 부분에 대해 작가 이야기가 끝난 후 질문을 했다.

"작가님 말씀 잘 들었습니다. 작가님은 계약서에 대해서 굉장히 철두철미하신 것 같아요. 작가님이 계약서를 꼭 써야겠다는 어떤 계기가 있었는지, 일을 진행할 때마다 모두 계약서를 쓰고 있는지 궁금합니다."

"제가 첫 외주를 받은 적이 있었는데 그때 업체 대표가 유명하지도 않은 사람이 계약서부터 들이미냐고 엄청 무시했어요. 근데 저를 누가 지켜줄까요? 프리랜서로 처음 일을 시작할 때부터 일의 크기에 상관없이 늘 계약서를 작성하고 시작했어요. 계약서는 의뢰인과 작업자가 신뢰를 쌓는 첫 단계입니다. 그렇기에 나이가 어리고 유명하지 않아도 누구나 계약서를 써야 한다고 생각해요. 평소에 계약서와 관련된 강의를 많이 들어요. 한국플랫폼 프리랜서 노동공제회에 프리랜서 활동에 도움이 되는 무료 강의도 개설되어 있습니다."

북토크가 끝난 후 책에 엄주 작가 사인도 받았다. 북토크는 단순히 책에 관한 이야기를 듣는 자리가 아니었다. 프리랜서로 활동하는 작가의 생생한 경험을 공유받을 수 있는 소중한 시간이었다. 북토크를 통해 프리랜서로 활동하는 작가와 대화하면서, 그들의 일상과 직업적 고민을 더욱 깊이 이해할 수 있었다. 또한 프리랜서를 지원하는 다양한 관련 기관에 대해서도 새롭게 알게 되었다.

이후 회사 출근했을 때 북토크에서 작가가 말한 프리랜서를 지원하는 기관들이 어떤 역할을 하고 어떻게 도움을 주는지 직접 찾아보았다. '예술인 통합상담지원센터에서 무료로 지원하는 변호사 법률 상담도 있구나. 프리랜서 노동공제회 프리랜서 부트캠프에서 나를 지키는 계약서를 쓰는 법에 대해 교육도 진행했구나.' 이렇게 현장 속에서 배우고, 끊임없이 나에게 질문을 던지며, 어떤 감각으로 업무에 임해야 할지 고민하면서 업무 방향을 조금씩 구체화해 나가고 있다. 그렇게 일해왔고, 앞으로도 이런 방식으로 계속해서 성장해 나갈 것이다.

Part 3

4가지 일머리를
체득하라
: 공감과 소통 이야기

"일머리 비법이 있을까. 나는 4가지를 제시해 본다. 상대방 입장에서 생각하는 역지사지, 문제 해결의 열쇠는 항상 현장에 있다는 깨달음, 꾸준히 쌓아야 할 전문역량, 소통과 협업이 만드는 시너지."

chapter 1.
역지사지

"내게 성공의 비결이 있다면

다른 사람의 입장을 이해하고

다른 시각으로 사물을 보기 위해

노력한 것이다."

- 헨리 포드 -

상대를 이해하는 공감의 힘

"인사담당자라면 선생님을 채용할 것 같나요?"

취업컨설팅을 하면 꼭 물어보는 질문이다. 좋은 스펙을 가진 구직자가 무엇이든 열심히 하겠다고 간절하게 어필한다. 면접관 생각은 어떨까? 면접관은 구직자의 간절함이 궁금하지 않다.

'이 사람이 회사에 들어와서 잘 적응할까? 문제는 일으키지 않을까? 회사에 적합한 인재일까? 회사에 얼마나 도움이 될까?'

고민이 많을 것이다. 이처럼 인사담당자와 구직자가 원하는 것이 다를 수 있다.

과연 지원자만 떨릴까? 인사담당자와 만났을 때 자신들도 면접관이 되면 엄청 긴장된다고 했다. 옥석을 가려야 하는 중요한 책무를 지니고 있는 인사담당자의 심리적 부담도 클 것이다.

직원을 채용하고자 하는 기업은 고용24에 구인신청을 한다. 접수된 신청서를 고용센터 담당자는 꼼꼼히 검토한다. 월급이 적거나 근무조건이 열악한 경우에 "사장님, 동종업계와 비교했을 때 차이가 좀 나네요. 사장님이 구직자라면 어느 회사에 지원하고 싶을까요?"라고 사장님도 구직자 입장이 되어 볼 수 있도록 한 뒤에 구인 조건을 조율해 본다. 이런 과정을 거쳐 인증된 구인 공고는 홈페이지에 게시된다.

역지사지는 업무 담당자 간에도 필요하다. 오래전 취업캠프를 진행하러 장비들을 챙기는 중이었다. 옆에 있던 직원이 "부럽다. 나도 밖에 놀러가고 싶다. 콧바람도 쐬고 좋겠다."라고 말했다. '헉, 내가 야유회라도 가는 것처럼 보이나?' 어이가 없었다. 일을 하다보면 남의 업무가 편하고 쉬워 보이기 마련이다. 하지만 막상 직접 해보면 보이지 않는 어려움이 많다는 것을 깨닫게 된다.

'머리가 하얘지는 순간.'

직업훈련기관 대상으로 취업캠프를 진행할 때 일이다. 갑자기 마지막 날 참여자가 거품을 물며 쓰려져 의식을 잃은 긴박한 상황이었다. 눈 앞이 아찔해지고 머리가 새하얘졌다. 빠른 응급조치와 함께 119로 신고하고 진행요원 1명이 동행하여 병원으로 이동했다. 가족들에게 연락했는데, 과거 교통사고 후유증이 있어 쓰러지는 경우가 간혹 있다고 했다. 병원에 후송됐던 참여자는 다행히 건강을 회복했다. 나는 사고 발생과 조치사항에 대한 경위서를 작성해 최종 보고한 뒤 마무리할 수 있었다.

'가슴 철렁!'

특성화고 졸업예정자 대상으로 1박 2일 진로캠프를 했다. 학생들은 집과

학교를 떠나서인지 수학여행을 온 것처럼 들떠 보였다. 1일 차 과정을 마치고 숙소로 이동했고 1층과 2층으로 나누어 숙소를 배정했다. 에너지 넘치는 아이들의 안전을 위해 출입관리를 철저히 하였다. '쿵!' 2층에 있던 남학생 2명이 1층에 있는 친구를 만나려고 뛰어내린 것이다. '아이고, 애들아!' 너무 놀랐다. 십년감수할 일이 천지다.

'너희들, 못 말려 진짜.'

서울지역 7개 대학 졸업예정자를 대상으로 면접캠프를 개최했다. 숙박하는 연수원이 산속에 있어 밖에 나가는 게 어려웠다. 그러자 밤에 콜택시를 통해 술을 주문한 것이었다. '너희들 정말 왜 그러는 거니, 제발 잠 좀 자자.' 학생들은 나를 들었다 났다 가슴 졸이게 한다. 도대체 무슨 생각을 하는지 따라갈 수가 없다.

채용박람회 때는 하이힐을 신은 여성 구직자가 빨간 카펫에 걸려 넘어져 부상을 당한 적도 있었다. 취업행사를 기획하고 나면 참여자 모집부터 강사 섭외, 연수원과 버스 임차, 교재와 간식 준비, 현수막과 배너 등 챙겨야 할 것이 많다. 숙박을 하는 경우에는 거의 날을 샌다. 무사히 행사를 마치고 나면 실신 직전이다. "남의 손의 떡은 커 보인다."라는 속담이 있다. 다른 사람 일은 쉬워 보이고 좋아 보일 때가 많다. 그러다 보면 불만이 생길 수 있다. 하지만 막상 그 쉬워 보이는 일도 내가 하면 어렵다는 것을 대부분 직원들은 경험했을 것이다.

본부에서 여성 리더와 대화 시간으로 '국장과 소통 공감' 자리가 2023.9.4. 마련되었다. 이 국장님은 25년간 공직생활에 대해 2시간 동안 이야기를 해 주셨는데, 의미 있고 배울 게 많은 시간이었다. 이때 들려준 얘기 가운데 하나가 역지사지였다.

"본부에 근무하면서 국회, 언론, 기재부 등 많은 기관을 상대한다. 이 과정에서 지적을 받으면 누구나 싫어한다. 지적에 따른 대응 논리를 만들고 설명하고 설득하는 과정이 있는데 이런 것들이 고통스러우면 안 된다. 역지사지를 하면 이해할 수도 있고 스트레스도 덜 받는다. 내가 상대방 입장이라면 어땠을까? 대응할 때도 상대 입장과 논리를 이해할 수 있다는 것을 인정하고 수용하면서 대안을 내라. 공격과 방어만 생각하지 말고 중간 어디에 타협점이 있을지를 항상 고민하면 상당 부분 수용되는 경우가 많더라. 그래야 그 사람과 관계도 좋아질 수 있다. 격파하려고 하지 말고 상대방을 이해하고 조율하려고 해라. 돌고 돌아 또 만난다."

나는 이 말이 평소 내가 중요하게 여겼던 부분이라 더 마음에 와닿았다. 예산 삭감을 하려는 기획재정부, 규제를 개선한다며 제도를 검토하라는 국무조정실, 낮은 실적에 부실 시행이라고 보도하는 언론 등에 설명하며, 대응하고, 자료 제출하는 과정에서 예민해지고 지치기도 한다. 나중에 그들과 만났을 때 일에 찌들어 지쳐 있음에도 우리 입장을 충분히 들어 주려는 모습을 보면 마음이 좀 풀어지기도 했다. 입장 바꿔서 생각해 보면 반대편 입장에서도 그렇게 해야만 하는 이유가 분명 있었을 것이다.

지방 고용센터에서 근무할 때 '본부는 왜 그런지 몰라.' 그런 생각을 한

적이 있었다. 민원인 전화를 받았는데, 대뜸 "나 실업자인데 오늘 국가에서 돈 주는 거 나왔던데?" 잘 모르는 내용이라 어디서 봤는지 물어봤다. 방송 보고 전화했단다. 찾아보니 홈페이지 보도 자료에 게시되어 있었다. '본부는 깜짝 발표도 아니고, 우리를 당황하게 하다니 너무 하는 것 아냐? 소통이 부족해.' 아쉬움이 있었다.

본부에 대한 불평들을 가끔씩 직원들이 서로 이야기를 한다.
"갑자기 중간에 지침을 바꾸면 어떡해, 일관성이 있어야지."
"본부 짜증나. 오전에 메일 보내고 퇴근 전까지 회신 달라니, 우리도 바빠 죽겠는데 맨날 이런 식이야."
동료들 불만에는 본부가 왜 잘 설명해 주지 않는 건지, 지방 의견을 듣는 것도 부족하고, 현장 입장을 이해하려는 노력도 보이지 않는다는 서운함이 묻어 있었다.

본부에서 근무해 보니 대다수 부서 내에서 사무관 1명, 주무관 1명이 팀을 이뤄 다양하고 독립적인 업무를 수행한다. 상황에 따라 사무관이나 주무관이 혼자 실무를 하는 경우도 있다. 전국에 지방 고용센터만 해도 174개다. 본부에서 전체 고용센터와 민원들을 상대해야 하는 주무관이 사업당 한 명일 수 있다. 고용센터나 관련 기관에 긴급하게 보고를 요청할 때는 기획재정부나 타 부처, 국회, 언론 등에서 급히 요구할 때가 많다. 본부에서 근무할 때 기획재정부 메일을 받았는데 바로 확인 후 회신 달라고 하여 당황한 적도 있었다. 지방에서 근무할 때는 전혀 알 수 없었던 일들이었다.

평소 '역지사지'를 염두에 두고 일한 경험과 그로 인해 얻은 성과에 대해 얘기해 보려고 한다. 서울청에서 근무한 기간이 많은데, 청은 지청과 같은 업무를 하면서도 취합해서 본부에 보고하는 역할이 있다. 그래서 본부 담당자와 연락을 자주 하는 편이다.

"주무관님, 내일 서울에서 20명 정도 오전에 긴급회의를 해야 할 것 같은데, 장소 섭외 가능할까요?"
본부 사무관이 급하게 톡을 보냈다.
"사무관님, 일단 서울청 내 회의실이 가능한지 알아보고 연락드리겠습니다."
전화를 끊고 회의실 예약 상태를 알아본 뒤 "사무관님 말씀하신 오전 회의는 서울청 9층 회의실 사용이 가능하다고 하여 예약해 놨습니다. 장소 내부를 확인할 수 있도록 톡으로 사진 찍어 보내드렸고, 자리 배치 세팅이나 안내문 등이 필요하면 말씀해 주세요."라고 전했다.

상대방이 뭔가를 요청하면 얘기한 것 외에 추가로 '이런 게 더 필요할 수도 있겠구나.'라는 생각을 하면서 협조했다.

본부와 6개청 담당자들이 회의를 하고 난 뒤에도, "사무관님, 오늘 회의한 내용을 간단하게 정리해서 보내드리니 확인 바랍니다. 내일 출근해서 평가표와 검토의견서, 심사결과표 등은 일괄 정리해 메일로 보내 놓겠습니다. 오늘 고생 많으셨습니다."라고 했다.

타 기관과 업무협의나 현장 진행사항도 본부와 수시로 공유했다.
"사무관님, 지금 서울시 출장 갔다가 사무실로 복귀합니다. 일자리센터 사업 관련하여 예산 확보 요청과 소형 신규 사업에 대해 설명 드리고, 심사 선정위원회 때 서울시도 함께 하는 걸로 얘기했습니다. 서울시에서는 고용부가 사업을 하는데 있어, 매칭펀드로 지자체 예산을 지원하는 것에 대한 약간의 불만이 있었습니다. 하지만 사업 취지와 그간 협업 성과에 대해 잘 설명드렸고 마무리 단계에서는 같이 잘해보자고 했습니다."

"주무관님, 여러모로 감사하고, 심사 끝나고 청 담당자들 자리 한번 마련할 테니 그때 봅시다."

그 당시 나는, 본부 근무는 안 해 봤지만, 정책을 만들어가는 과정에 현장의 생생한 이야기들이 반영되어야 한다고 생각했기 때문에 본부와 수시로 소통했고 적극 협조했다.

"사무관님 발령 나셨네요? 그동안 지방청 의견 많이 들어주시고 담당자들 잘 챙겨 주신 거 감사드립니다. 어디서든 즐겁게 일하시고 건강도 잘 챙기세요."

"감사해요, 주무관님. 저도 떠나기 무지 아쉽네요. 많이 도와주시고 현장 의견 잘 전달해 줘서 특히 채주무관님께 많이 고마웠어요. 서울권 대학들 관리도 잘해 주시고^^ 다음에 기회 되면 또 봅시다."

말이 씨가 된다는 말처럼 나는 몇 년 후 당시 대학사업 담당했던 사무관님을 본부에서 다시 만났다.

서울지역에서 대학일자리센터 업무를 할 때, 관내 대학 뿐 아니라 타 대학과도 자주 소통했다.

"주무관님, 최 팀장입니다. 서울지역은 저보고 회장하라고 해서 넵! 했어요. 그런데 사업 범위와 참여 대학이 많아지고 협의회가 생기니 부담스러운 측면도 있네요."

"팀장님. 축하합니다. 저도 옆에서 열심히 지원할 테니 앞으로 잘해 봐요. 궁금한 내용이나 애로사항은 언제든지 연락 주세요."

나중에 대학 담당자가 타 부서로 발령 나면서 말했다.

"주무관님이 메일 보내고, 통화할 때 늘 얘기했던 '언제든지' 그 말이 너무 든든했습니다. 더군다나 행동까지 그렇게 해 주셔서 늘 감사했습니다."

칭찬은 고래도 춤추게 한다는 말처럼, 나의 입꼬리는 올라가서 한참을 내려올 줄을 몰랐다.

일을 할 때 창의적인 아이디어와 열정적으로 업무 수행을 하면서 사업 성과까지 잘 내는 담당자들이 있다. 흔히 일머리가 좋고, 협력도 잘하고 역량도 뛰어난 사람들이다. 나는 이런 사람들의 노력과 공로가 보답받아야 한다고 생각했다. 기회가 있을 때마다 협업 기관 담당자들의 성과를 본부에 적극 어필했다. 아울러 강사 추천이나 인센티브를 줄 수 있는 방안도 찾아봤다. 고용노동부 진로취업지원 선도 시범대학 선정에 기여하고 일 경험을 통해 취업률을 높이는데 공헌한 상명대학교 강동규 차장은 국무총리상을, 문현호 컨설턴트는 장관상을 받았다. 현장에서 열정적으로 일하고 있는 업무 담당자에게 보답하기 위한 노력은 오늘도 계속된다.

chapter 2.
우문현답

"답은 늘 현장에 있다."

- 정몽구 회장 -

문제 해결은 현장에서 시작된다

　서울북부고용센터는 노원구, 중랑구, 강북구, 성북구, 도봉구를 관할지역으로 운영하고 있다. 이곳은 특성화 고등학교가 20개로 다른 지역에 비해 많지만, 학생들이 취업할 수 있는 일자리는 부족하였다. 이런 여건 속에서 취업지원관이 배치된 8개 학교를 방문하여 현장의 목소리를 들었다. 학교에 연계된 취업처가 없어, 기업 발굴이 절실한 입장이었다. 먼저 각 학교 취업반에 대한 현황을 파악했다. 특성화고 분야에 맞는 일자리를 발굴하기 위해 학교별로 졸업생의 취업처를 알아봤다. 청년인턴제 등 청년지원금을 받고 있는 기업체의 정보를 파악했다. 관내 특성화고와 관련성이 있는 패션, 전자, 기계 등의 기업체를 찾았다. 천안, 파주 등 광역까지 범위를 확장해서 지방까지 출장을 다녔다. 19개 기업체 585명의 일자리를 발굴했다.

　우리 팀이 이뤄낸 채용 성공 사례는 호텔의 기존 채용방식을 바꾸었다는 점이다. 당초 프리마호텔은 주로 전문대 졸업생을 채용해 왔다. 우리는 지역 내 특성화고 학생들이 호텔 분야를 집중적으로 공부해 오며, 현장실습과 이론교육을 모두 갖추고 있다는 점을 어필했다. 이를 통해 호텔 채용담당자를 설득할 수 있었고 특성화고 학생들이 취업 기회를 얻도록 채용의 문을 열게 했다. 이후 송곡관광 고등학교와 연결하여 산학관 업무협약을 체결하였고, 취업특강, 면접코칭, 직업체험 등 맞춤형 지원을 하였다. 이런 과정을 통해 호텔 비즈니스과 20명 학생들이 프리마호텔에 채용되었다. 선취업 후진학을을 위한 산업체 위탁교육 등도 진행했다.

아울러 신규 채용을 청년 지원금과 연계하여 사업장에도 실질적인 혜택을 제공할 수 있었다. 이런 방식으로 채용담당자를 설득해 기존 채용 틀을 깨고 새로운 물꼬를 튼 것이 성과의 핵심이다.

고용노동부 홈페이지 '칭찬합시다'에 올라온 글(2013.6.10.)

(전략) 2년 전인 2011년 제가 3학년에 재학 중일 때 고용센터에서 선취업 후진학 맞춤 프로그램(WING-1829)을 저희 학교에서 진행하였고, 저도 그 프로그램에 참가하였습니다. 당시 저는 호텔비지니스학과 전공을 살려 취업할 생각은 있었지만 어디로 취업을 해야 할지 두려움과 고민이 많았습니다. 그런데 고용센터 박종필 선생님께서 저희 학교를 찾아와 특강과 프로그램을 진행하시면서 취업처를 연결해 주셨고, 그해 9월 1일 프리마호텔에 취업하게 되었습니다. 뒤늦게서야 알게 된 사실이지만 호텔에서는 전문대졸 이상을 채용하던 것을 고용센터 박종필 선생님께서 회사를 직접 찾아와 특성화고등학생을 채용할 수 있도록 연결해 주셨다는 것을 업무 지원팀으로 발령받고 나서야 알게 되었습니다. (중략) 특성화고 졸업생으로 호텔 프리마에 선취업하여 직장을 다니며 현재는 후진학을 준비하고 있습니다. 제가 꿈을 갖고 사회생활을 열심히 할 수 있도록 지원해 주신 고용센터에 감사드리며, 기대에 어긋나지 않게 더욱 더 노력하겠습니다.(생략)

한편 일찌감치 취업하기로 맘먹었지만 취업할만한 회사를 찾지 못해 어려움을 겪고 있는 패션고등학교 학생을 위한 지도도 놓치지 않았다. 학생에 대한 자기소개서부터 모의면접까지 차근차근 취업을 준비하도록 도와주는 한편 전공을 잘 살릴 수 있는 기업을 발굴하여 연결했다. 이러한 꼼꼼한 지원을 통해 485명이 취업하였다. 우리 고용센터 취업지원에 대한 신뢰가 쌓였다. 그러면서 652명이던 취업희망자가 1,267명으로 늘어가는 성과도 있었다.

학교와 기업, 고용센터가 합심하여 특성화고 학생들에게 희망이라는 날개를 달아주었다는 사실에 보람을 느꼈다. 누구도 할 수 없는 고용노동부만의 비법을 100% 활용하여 고졸취업 허브기관으로 자리매김 하는 계기가 되었다는 것에 기쁨을 느꼈다. 함께 현장을 발로 뛴 박종필 주무관과 취업지원관 최은영 선생님이 있었기에 이런 성과가 있었는지도 모른다. 나는 그해 박종필 주무관을 우수직원으로 적극 추천한 결과, '장관상'을 수상하게 되었다.

현장 일자리 성공사례를 벤치마킹하는 센터들도 많았다. 언론에서도 주목하기 시작했다. 또한 2011.12.14. 대통령 업무보고로까지 이어졌다. 직접 발로 뛴 현장의 추진사례를 설명했다. 특성화고교 졸업생들이 원하는 학력차별 없는 기업을 발굴하고, 기업이 원하는 인재를 기업에 채용 의뢰하는 등 고용센터의 학교-기업 간 조정역할 강화로 고졸자의 취업을 지원하는 '특성화고 취업맞춤형 지원 Wing 1829'이다. 대통령 업무보고 마지막에는 정책제안도 하였다.

"학교와 기업의 상황을 이해하고, 이들을 조정할 수 있는 연계고리가 필요합니다. 고용센터를 중심으로 학교-기업간 연계가 제도화되고, 취업지원관 제도가 확대된다면 더 많은 성과가 나타날 것으로 생각합니다." 제안한 정책은 다음해에 반영되어, 취업지원관의 수가 3배 가까이 대폭 확대되었다.

> 대통령은 채 팀장의 설명을 듣고 "열린 고용이 중요하다. '1특성화고 1취업지원관'을 도입하자."라고 즉석에서 지원을 약속했다. 이에 따라 고용부는 현재 전국에 230명이 파견된 취업지원관을 전국 특성화고(679개) 숫자만큼 확대할 계획이다. 채 팀장은 "정부에서 취업을 원하는 학생들에게 실질적인 도움을 주기 위해 노력하고 있다."라며 "대통령도 취업지원관제가 아주 좋은 제도라고 칭찬했다."라고 말했다.[28]

'Wing'은 '미래를 향하여 날아가는 날개'라는 뜻으로 18세부터 29세까지의 청년층이 고용센터와 학교를 양 날개로 취업을 향하여 날아갈 수 있도록 하고, 취업 후에는 직장과 대학을 양 날개로 더 큰 꿈을 향해 날아갈 수 있도록 지원하는 내용이다.

Wing은 크게 3가지 방향으로 진행된다.

1) 특성화고에 배치된 취업지원관과 공동으로 우량 일자리 발굴을 최우선으로 추진한다. 이와 동시에 대상·특성별로 고용센터의 특화된 프로그램을 선택 실시한다. 특화프로그램은 고용센터 탐방, 청년특화

취업특강, 취업박람회, 우량기업투어, 동행면접, 취업컨설팅, 직업체험 등으로 다양하게 구성되어 있다.

2) 기업·학교·고용센터와 유기적 협조체계 구축을 위한 업무협약을 체결한다.

3) 지속적 사후관리를 통해 취업 후 진학 등 꾸준한 자기개발을 할 수 있도록 체계적으로 지원한다.

특성화고 맞춤형 취업지원프로그램인 Wing을 기획하여 성과를 낼 수 있었던 것은 현장 목소리 덕분이다. 아울러 함께 이 프로그램을 추진했던 동료들이다. Wing이라는 좋은 네이밍도 큰 역할을 했다. 기억에 남는 명칭으로 사람들 관심을 끌고 프로그램 취지도 쉽게 전달할 수 있었다. 멋진 명칭을 지어준 김대원 팀장님에게도 고마운 마음을 전한다. 현장은 언제나 정답을 알고 있다. 그 답을 찾는 과정이야말로 우리가 나아가야 할 방향이라고 생각한다.

대통령 연두보고 발표

청년특화사업 인터뷰

청년 일경험 사업 흐름도

'99년 '정부지원인턴제' 신설 이후, 일경험 사업 흐름(인턴계열·직장체험계열로 구분)

연도	인턴 계열(취업연계형)		직장체험 계열(체험형)
99	정부지원인턴제 신설		
02	청소년직장체험프로그램 도입(인턴, 직장체험 이원적 운영) 취업지원제(인턴)로 변경	연수지원제(직장체험) 신설	
06	취업지원제 폐지		연수지원제만 운영 직업체험 및 취업캠프 신설
08			
09	중소기업청년인턴제 도입·시행		청년직장체험 프로그램 * 청소년 직장체험에서 명칭 변경
11	중소기업청년인턴제		*'직업체험 및 취업캠프'를 청년직장체험으로 통합운영
12	중소기업청년인턴제		강소기업탐방 프로그램 신설 (청년직장체험의 내역사업)
14	중소기업청년인턴제		청년강소기업체험 프로그램 * 청년직장체험에서 변경
16	청년내일채움공제 신설 *청년인턴제 지원방식을 개편		청년강소기업체험 프로그램 폐지 - 강소기업탐방프로그램은 청년취업진로 지원사업 내역사업으로 편입 - 중소기업취업연수지원 신설 - 재학생 직무체험 신설(시범사업)
17	청년내일채움공제 본사업 시행		재학생 직무체험 프로그램 *강소기업탐방+중소기업취업연수지원사 업='중소기업탐방프로그램'으로 통합
18	청년내일채움공제 * 3년형 신설		재학생직무체험, 중소기업탐방프로그램
19	청년내일채움공제		중소기업탐방프로그램
20	청년내일채움공제 * 3년형 폐지	청년디지털일자리 청년일경험지원	중소기업탐방프로그램
21	청년내일채움공제	청년디지털일자리	중소기업탐방프로그램 *21년 사업종료
22	청년내일채움공제		[신규] 중소기업 청년 직무체험 프로그램
23	청년내일채움공제 *수행주체변경(운영기관→고용센터)		청년일경험 지원사업

chapter 3.
전문역량

"자신에게 최대한 많이 투자하라.

당신은 당신의 가장 큰 자산이다."

- 워런 버핏 -

폭넓고 깊이 있는 실력

고용노동부에서 2018년 처음으로 운영된 '고용센터 학습조직'은 전문역량을 강화하는 데 큰 도움이 된 경험 중 하나다. 처음엔 자발적으로 참여하기보다는 조직 요구에 의해 시작했지만, 8개월간 학습리더로 학습조직을 이끌면서 전문역량을 쌓고, 더 나은 직무 수행 능력을 키우는 소중한 기회였다.

학습조직이 처음 도입되었을 때 직원들 인식이 부족하여 참여자가 적었다. 과장님이 부르셨다.

"파트장님, 오늘이 학습조직 신청 마지막 날인데, 우리 취업지원과도 하나 신청해야 할 것 같아요. 파트장님이 해 주세요."

"알겠습니다.", "서무한테 신청서류는 물어보시면 돼요."

대학원 다닐 때 학습조직에 대해 공부한 적이 있었다. 대학원 때 열심히 공부했는데 시간이 지나고 나니 '피터 센게(『학습하는 조직』의 저자)' 이름만 생각나고 배웠던 내용도 가물가물했다. 서무가 말했다.

"파트장님, 오늘까지 제출이라 시간이 좀 촉박해요. 저희는 컨소시엄형이에요.", "컨소시엄형요?", "네. 청-지청으로 팀을 구성해야 해요. 계획서를 제출할 때 팀명과 팀원 명단도 함께 넣어야 하구요." 생각했던 것보다 간단한 게 아니었다.

다른 주제를 생각해 볼 여유가 없었기에 일단 내가 현재 맡고 있는 청년 고용서비스 분야를 정하고, 지청 담당자들을 팀원으로 구성하기 위해 일일이 전화를 하여 학습조직에 대해 설명하고 동의를 구해 팀을 만들었다. 팀명은 '서울청 청년 드림팀', 선정 주제는 '청년고용서비스 전달체계 실태 및 효율적 운영방안'이었다. 본부에서 학습조직 확정 통보가 된 후 워크숍이 있었다. 워크숍에는 전국에서 학습조직으로 구성된 팀원들과 퍼실리테이터 역할을 할 고용노동연수원 팀장들도 참석했다. 학습조직에 대한 전체 강의를 들은 후, 팀 활동이 있었다. 나는 본부에 제출했던 학습조직 계획안을 바탕으로 팀의 목적과 선정 주제에 대해 설명했다. "우리는 센터 간 컨소시엄으로 구성된 팀입니다. 주제 유형은 본부 협업과 업무개선 및 제안으로 선택했습니다. 활동은 월 1회 7시간이고 활동 방법은 문헌조사, 주제발표, 사례연구, 초빙교육, 현장탐방으로 구상하였습니다."

브리핑이 끝난 후 팀원 간 역할분장을 하고 팀 규칙과 학습모임 활동 계획을 정했다. 우리팀 퍼실리테이터는 민경희 현 본부장님이었는데, 모든 구성원이 자신의 의견을 자유롭게 표현할 수 있도록 독려했고, 학습조직의 목표와 방향을 명확하게 제시하고 팀의 협력을 이끌어내는 데 큰 역할을 하였다.

- 학습리더: 팀 학습조직총괄, FT양성과정참여, 계획수립 등
- 정보수집자: 주제와 관련 필요한 정보수집, 기초자료 제공
- 문서작성자: 토의내용 및 학습자료 정리, 학습일지 작성
- 발표자: 발표자료 작성 및 발표, 사내 전파활동 수행
- 대외섭외/홍보: 외부전문가 섭외 및 응대, 교육 담당자와 소통

– 행정지원자: 학습 장소섭외, 물품관리, 학습 활동알림 등

청년드림팀에서는 '청년고용서비스'를 청년고용정책 제공, 취·창업지원, 진로지도, 직업능력개발, 청년활동지원 등을 포함하는 서비스로 정의하고, 전달체계는 6가지로 분류했다. 6가지는 대학일자리센터, 서울시 청년일자리센터, 서울숲 청년센터(고용부+신한은행), 청년재단, 서울시 무중력지대, 서울창조경제혁신센터다.

학습조직을 효과적으로 운영하기 위해 사전활동, 본활동, 마무리활동의 세 가지 주요 단계로 나눠 체계적으로 진행했다. 각각의 활동을 설명하면 다음과 같다.

1. 사전 활동: 주제 재검토와 방향 설정

    1) 학습조직을 급하게 구성하고 주제를 선정하였기 때문에 학습 주제를 재검토하고, 학습방향을 명확히 설정하는 작업 진행

    2) 최종 주제: 청년고용서비스 전달체계 실태 및 효율적 운영 방안(서울지역 청년센터 중심으로)

2. 본 활동: 실무적 경험 쌓기, 넓은 시야 및 심층적 학습

    1) 주제 관련 조사: 정책 보도자료, 인터넷 등을 통한 관련 뉴스, 연구보고서, 관련 학술지, 내부 자료 등 조사

    2) 현장탐방: 청년센터 현장 탐방을 통해 실질적 정보수집, 관계자 및 이용자 면담

3) 설문조사: 청년센터 이용실태 및 니즈분석

4) 전문가 초청특강: 프랑스 미씨옹로로컬 관련 전문가 초청 특강

    – 지역단위 청년센터의 역할과 주요 운영사항 벤치마킹

5) 사례연구: 청년층이 원하는 서비스 및 프로그램(발표+논의)

    – 청년고용정책참여단 활동사항 조사 및 발표, 인터뷰

    – 서울시 청년수당: 서울시 청년정책담당관 면담, 서울시 청년활동
      지원센터 방문

3. 마무리 활동

1) 서울지역 청년고용협의체 대상 워크숍

2) 전문가 자문(교수, 한국고용정보원 박사, 정책 담당자), 공유

    처음 서울숲 청년센터를 시작으로 현장을 매월 방문하고 전문가와 센터 이용자들을 만났다. 현장에서 실질적으로 사용되는 암묵지와 실무 지식도 자연스럽게 습득했다. 학습조직을 통해 다양한 현장과 전문가를 만나는 경험이 쌓이다 보니 새로운 시각도 얻었다. 또한 문제 해결 능력을 키우며 더 나은 직무 수행을 할 수 있는 기반을 다질 수 있었다. 학습조직 활동사항 중 알게 된 청년고용서비스에 대한 정보 공유를 위해 고용센터와 대학, 민간위탁기관 종사자들을 대상으로 워크숍을 개최했다.

"청년드림팀 활동사항과 현장에서 업무 적용사례 등 노하우를 소개하고 공유해 줘서 유익한 시간이었다."

"고용센터 현장 전문가로 구성된 학습조직이 있었다는 것도 신선했고, 현장의 생생함과 새로운 분야를 접할 수 있는 기회였다."

학습조직에 참여했던 팀원들 역시 이 경험을 통해 크게 성장했다고 입을 모았다. 발표자였던 팀원은 이렇게 말했다.

"그동안 고용센터에서 청년 고용서비스만 제공하다 보니, 청년 취업만 바라봤던 것 같다. 그런데 이번 학습조직을 통해 청년 삶 전체를 더 깊이 이해할 수 있게 됐다." 또 다른 팀원은, "청년고용서비스를 다양한 자원과 연계하는 방법을 배우면서, 내가 맡고 있는 업무 범위가 넓어졌다."라고 이야기했다. 마지막으로 한 팀원은 "이전에는 알지 못했던 것들을 이번 학습조직 덕분에 알게 되면서, 업무 능력이 한층 더 향상된 걸 느낀다."고 말했다.

이처럼 팀원들은 학습조직이 몰랐던 부분을 알게 해주고, 업무 시각을 확장시키는 기회가 되었다는 긍정적인 소감을 전했다. 학습조직에 대한 자부심과 성장에 대한 만족감이 팀원들에게 큰 동기부여가 되었다는 것이 인상적이다. 학습조직 활동을 마무리하면서 본부에 대학일자리센터, 서울숲 청년센터, 청년재단에 대해 청년들의 접근성을 높이고 효율적 운영을 하기 위한 제안도 했다. 학습조직이 끝난 후 성과발표회가 있었다. 우리팀은 우수상과 상금을 받았다.

학습조직을 처음 시작할 때 '공부하지 않으면 살아남지 못하는 서울시 오세훈'이라는 블로그 글을 읽었다. "자신이 하고 있는 업무에 대해 연구하고 고민하다 보면, 업무의 어떤 점을 개선해야 할지, 시민들이 원하는 것이 무엇인지, 창의적인 아이디어가 자연스레 나온다고 생각합니다. (중략) 가랑비에 옷이 젖는다고, 처음에는 반 강제로 시작한 학습화였지만 이제는 모두들 공부하는 '맛'을 알아가기 시작한 것입니다. 가끔 주변에서는, 왜 그렇게 공무원들의 학습 조직화에 열을 내느냐고 제게 묻습니다. 학습이 좋은 것은 사람을 진화시키기 때문입니다. 공무원이 업그레이드 될수록, 서울시 민들은 그만큼 더 편해지고 더 행복해집니다. 삶의 질이 높아집니다."[29]

나도 그랬다. 공부를 할수록 '맛'을 알아가는 즐거움, 지식과 현장 경험이 쌓여 성장하고 업그레이드 될수록 국민들에게 더 나은 도움을 줄 수 있고 함께 행복해질 거라는 기대가 있다. 2018년 시범사업 때 학습조직은 9개 팀 69명이었는데 매년 증가하여 2022년에는 59개 팀 874명이 참여했다. 놀라운 발전이고 환영할 일이다. 학습조직이 도입되기 이전, 신규 사업이 추진될 때 해당 부서 직원들이 퇴근 후 스터디를 하면서 토론하는 모습을 본 적이 있다. 이러한 활동은 단순한 학습을 넘어 직원들끼리의 유대와 협력을 강화하는 데도 중요한 역할도 한다. 학습과정을 통해 얻은 지식과 경험은 자기계발을 하고 더 나은 상담서비스 등을 제공하는 데 필수적 자산이 된다. 직원들의 성장이 곧 국민의 행복으로 이어진다는 점을 잊지 않고, 학습을 통해 끊임없이 성장하여 전문역량을 강화해 나가야 한다.

고용시장은 계속해서 변화한다. 그렇기에 고용서비스 전문가는 최신 트렌드와 기술 변화에 맞춰 끊임없이 배우고 이것들을 상담과 문제 해결에 적용하는 것이 중요하다. 디지털 전환과 AI 도구 같은 새로운 기술을 활용해 스킬을 업그레이드하는 것이 이제는 필수다. 본부 고용서비스기반과에서 3년 6개월 동안 근무하며 디지털 고용서비스를 접할 수 있었던 것은 큰 행운이었다. 지금도 여전히 관심을 가지고 강의와 교육에 꾸준히 참여하고 있다. 서울시 파견 근무를 하면서 처음 들었던 특강이 김대식 카이스트 교수님의 생성형 인공지능 강의였고 깊이 있는 통찰을 제공해 주었다. 집합

교육은 '생성형 AI, 업무에 똑똑하게 활용하는 법!' 과정에 참여하면서 서울디지털재단 메타버스룸에서 실습을 하였다. 업무특화 생성형 AI가 정말 많았다. 다른 참여자들보다 따라가기 조금 어려움이 있었지만, 보조 강사가 옆에서 수시로 도와줘서 수월하게 배울 수 있었다. 교육이 끝난 후에도 집에 와서 배운 것을 복습해가며 관련된 유튜브도 보면서 공부했다. 챗GPT-4o에도 가입하여 적극적으로 활용해 보았다.

<생성형 AI와 업무 활용>

대화형 AI: 챗GPT(오픈AI), CLOVA X(네이버), Gemini(구글)

이미지 생성 AI: 달리 Dall-E, 미드저니 Midjourney

PPT: Gamma

영상제작: Sora

검색기반: Perplexity, MS Copilot

번역특화: DeepL, Flitto

이러한 것들은 구직자와 기업 모두에게 더 나은 서비스를 제공할 수 있는 핵심 도구가 되고 있다. 고용시장과 직업상담 분야도 AI 도구를 활용해 데이터를 분석하고 맞춤형 솔루션을 제공하는 것이 점점 중요해지고 있기 때문에, 이러한 기술에 대한 이해와 활용 능력도 요구된다.

현장에서 직업상담과 취업지원을 잘하기 위해서는 직업심리와 상담에 대한 이해 및 이론적 바탕도 중요하다. 직업상담사 자격증 시험을 준비하며 기본 이론을 공부할 수도 있고, 대학원에서 심도 있게 심화 학습을 할 수도 있다. 고용노동부에서도 한국고용노동교육원과 한국기술교육대학교 등을 통해 상담 역량지원을 위한 교육도 개설해 운영하고 있다. 기회가 될 때마다 적극적으로 직무를 향상시킬 수 있는 교육에 참여하는 게 중요하다. 2023년 하반기는 '전직지원서비스 컨설팅' 교육에 참여했고, MBTI 적용과정의 '유형역동과 자기개발, 성격유형과 갈등관리, 어세스타의 MBTI® 와 팀워크/팀빌딩' 과정을 이수했다.

MBTI(Myers-Briggs Type Indicator)는 마이어스(Myers)와 브릭스 (Briggs)가 융(Jung)의 심리 유형론을 토대로 고안한 자기 보고식 성격유형 검사다. 고영재 작가의 『당신이 알던 MBTI는 진짜 MBTI가 아니다』라는 책에서도 다음과 같이 나와 있다. "MBTI는 행동이 아닌 '심리적 특성'에 대한 것이다. 마음속에 있는 '심리적 오른손(왼손잡이는 왼손)'을 찾는다고 생각하자. '선천적 심리 선호경향'은 평가나 규정이 아닌 '존중과 이해'를 위한 개념으로, MBTI는 평가나 규정을 목적으로 성격을 이야기하지 않는다. 그 사람만의 고유한 특성을 존중하고 이해하는 데 초점을 둔다."라고 말했다.

최근에는 현장에서 직접 상담하는 기회가 줄어 이론을 바로 적용하여 상담하는 것이 쉽지 않았다. 이론이 몸에 배려면 반복적 연습이 필요하다는 말처럼, 상담이나 컨설팅에 대한 열의와 실전 경험이 중요하다. 예전에 이력서나 자기소개서, 기업 컨설팅을 할때는 직무에 대한 공부와 채용시장에 대한 정보를 매일 체크하며 학습했다. 컨설팅을 하기 위해서는 단순한 상담 기술만으로는 부족하고 산업과 기업, 일자리 변화에 대한 이해가 반드시 필요하기 때문이다.

고용서비스 품질관리 컨설팅 업무를 담당하면서 고용서비스 기관 대표들과 헤드헌팅 관계자들을 자주 접했는데 그들의 전문성과 깊은 조예에 큰 자극을 받았었다. 좀 더 전문적 지식과 심도 있는 공부가 필요함을 깨달았다. 노동시장 동향과 산업 변화에 대한 깊이 있는 이해가 필요하다. 각 산업별로 채용 트렌드와 기업 구조가 어떻게 변화하는지, 그리고 그에 따라 구직자들의 요구와 기업 채용 니즈가 어떻게 달라지는지를 정확히 파악하는 것은 필수적이다. 또한 헤드헌팅처럼 고위직과 전문직을 다루는 경우 그들의 경력관리나 커리어 전환을 도와주는데 필요한 심층상담 기법에 대한 전문성도 필요하다. 기업 컨설팅도 단순히 채용을 돕는 것이 아니라, 기업이 효율적으로 인재를 관리하고 고용환경을 개선할 수 있도록 도와주는 경영 컨설팅 기법과 기업 진단 능력이 필요하다. 특히, 인사 노무나 조직 관리에 대한 이해는 기업 컨설팅에서 큰 차이를 만들 수 있다. 대학원에서 공부할 때 교수님이 강조하였던 내용들이 다시 한번 크게 와닿는 시간이었다. 이처럼 산업과 노동시장에 동향 파악, 심층 상담기법, 기업 컨설팅, 그리고 디지털 기술 활용에 대한 전문적인 지식이야말로, 고용서비스 전문가로서 중요한 역량이다.

서울특별시에 사가독서 휴가제가 있다. 세종대왕이 젊은 문신들에게 휴가를 주어 독서에 전념하게 했던 사가독서제가 떠올랐다. 서울특별시도 그런가 보다 생각했다. 사가독서 휴가를 처음 사용한 후 독서 감상문으로 송길영 작가님의 『시대예보 : 호명사회』를 제출했다. 작가님의 모든 작품을 읽어왔지만, 최근 출간된 『시대예보 : 호명사회』는 나에게 더 큰 울림을 주었다. 이 책에서 저자는 디지털 시대와 AI 기술의 발전으로 인해 이제는 사람들이 조직에 의존하지 않고도 스스로 살아갈 수 있는 호명사회가 도래했다고 말한다. 이 변화는 우리의 삶과 일하는 방식을 혁신적으로 바꿔 놓았다. 이 책에 경계해야 하는 것이 '물경력'이라고 했고, 이제 숨겨진 고수는 없다는 것이다. 우리는 더 이상 조직 이름이나 타인의 서사에 기대어 살아갈 수 없는 시대를 살고 있다. 자신의 고유한 이름을 통해 자립하고, 자신만의 이야기를 써 내려가는 것이 진정한 성공 열쇠다. 이는 곧 자신의 열정과 재능을 발견하고, 이를 기반으로 자신만의 전문성을 쌓아가는 과정을 의미한다.

"지금껏 조직과 팀의 이름으로 꽁꽁 싸매고 숨겨졌기에 이름을 드러낼 수 없었던 개인들이 응원과 더불어 더 많은 선택의 기회를 얻는 시대가 왔습니다. 업계 전문가로, 다시 사회의 네임드로 확장되는 그의 이름은 그가 속한 조직을 빛나게 하기도 합니다. (중략) 이제 새로운 지식이 갖춰야 할 덕목은 맥락을 파악하고, 현명한 질문을 하며, 그 결과를 종합적으로 이해하는 능력입니다."[30] 이 책을 통해 깨달은 바는, 나만의 서사를 만들어가는 것이 중요하며, 그것이 곧 나의 고유한 정체성을 확립하고, 새로운 시대에 적합한 인재로 성장하는 길이라는 점이다. 나의 이름을 키우고, 그 이름을 통해 나만의 길을 만들어가는 것, 그것이야말로 진정한 자립과 성장을 의미한다.

상담 역량지원

1. 민간상담역량지원(고용노동부 산하기관)

1) 한국고용노동교육원
- 교육대상: 고용서비스 민간위탁사업 및 연계 협업기관 종사자
- 교육내용: 직업기초, 직무공통, 직무특화(국민취업지원제도 수행기관 등)

2) 한국기술교육대학교
- 교육대상: 민간 고용서비스기관 종사자 및 민간직업상담원
- 교육내용: 직업상담원 보수교육, 과정평가형 직업상담사 1급 자격취득 과정

3) 한국고용정보원
- 교육대상: 위탁사업 선정기관 및 민간 고용서비스기관 종사자
- 교육내용: 직업진로지도 전문가 양성과정(CAP@, 신호탄 등)

2. 직업상담서비스 분야 공동훈련센터

소분류	세분류	구분	내용
직업 상담 서비스	01. 직업상담 02. 취업알선 03. 전직지원	정부지원 공동훈련센터	(사)한국직업상담협회 (사)전국고용서비스협회
		출처: 국가인적자원개발컨소시엄[www.c-hrd.net]	
국가인적자원개발컨소시엄은 한국산업인력공단에서 훈련계획과 승인을 수행하며, 공동훈련센터와 MOU를 체결한 협약기업은 교육훈련을 신청하고 참여할 수 있음			

3. 과정평가형 자격

1) (개요) 국가직무능력표준(NCS)에 기반하여 일정 요건을 충족하는 교육·훈련과정을 충실히 이수한 후, 내부·외부 평가를 거쳐 일정 합격 기준을 충족하는 교육·훈련생에게 국가기술자격을 부여

2) (도입배경) 산업현장 일 중심으로 직업교육·훈련과 자격의 유기적 연계 강화로 현장 맞춤형 우수 기술인재 배출을 위해 과정평가형 자격제도를 도입(국가기술자격법 10조 개정 신설, 2014.5.20)

3) 국가기술자격 검정형태

검정형 자격	과정평가형 자격
대상자	**대상자**
⇩	⇩
원서접수	교육·훈련 과정 입학
⇩	⇩
필기시험	NCS기반 교육·훈련+내부평가
⇩	⇩
실기시험	외부평가
⇩	⇩
자격증 발급	자격증 발급

chapter 4.
동심협력

"혼자 가면 빨리 갈 수 있지만

함께 가면 멀리 갈 수 있다."

- 아프리카 속담 -

소통과 협업으로 만들어가는 성과

고용센터와 함께 고용서비스 업무를 수행하는 주요 파트너 기관들은 고용복지+센터 참여기관, 민간위탁사업 수행기관, 교육과 고용24 시스템 등을 담당하는 산하기관이다.

2014년 고용센터 및 지방자치단체에서 개별적으로 제공하던 고용 · 복지서비스를 한 공간에서 제공할 수 있도록 각각의 운영주체를 통합하여 '고용복지+센터'를 개소했다. 2024년 현재 전국 102개소가 설치되어 고용 · 복지 통합서비스를 제공하고 있다. 고용복지+센터에는 고용센터(고용부), 일자리센터(자치단체), 복지지원팀(복지부, 자치단체), 여성새로일하기센터(여가부), 서민금융센터(금융위), 제대군인지원센터(보훈부) 등 다양한 기관이 참여하여 고용, 복지, 서민금융 등 서비스를 원스톱으로 제공한다.[31]

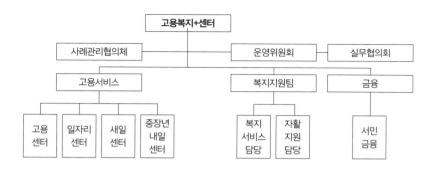

고용복지+센터가 한곳에서 모든 서비스가 해결되기 때문에 빠르고 편리하다. 여러 기관이 협력해서 운영하므로 서비스 간 칸막이 없이 연속성 있는 지원도 가능하다. 고용복지+센터 참여기관들은 '사례관리협의체'를 만들어 취업에 취약한 대상의 복합 민원을 해결하고 일자리 연계를 지원하고 있다. 이러한 고용복지+센터에 더 많은 기관이 참여하는 '고용서비스 통합 네트워크'도 만들어졌다. 이로 인해, 고용복지+센터는 지역에서 고용서비스 중심 역할을 하며, 고용서비스 통합 네트워크를 구축해 지역 고용 문제를 해결하는 핵심 기관이 되고 있다. 시흥을 시작으로 평택, 진주, 서울북부고용복지+센터가 구축되었고 추가 진행중이다. 통합 네트워크 핵심은 유관기관 협업 체계에 기반해 지역 상황에 적합한 융합 서비스를 지원한다. 평택고용복지+센터는 참여기관과 함께 반도체 기업 채용행사를 개최하고 광역 매칭을 활성화하고 있다. 고용복지+센터에는 업종별 신속 취업지원 TF도 운영되고 있다. 반도체 취업지원허브 네트워크[32]와 조선업 취업지원허브 TF[33]도 운영 중이다. 이러한 TF는 고용증가가 예상되거나 인력난을 겪는 업종에 대해 해당 지역을 넘어 광역 단위 취업지원 서비스를 제공하고 있다.

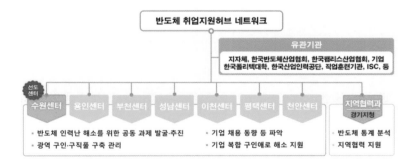

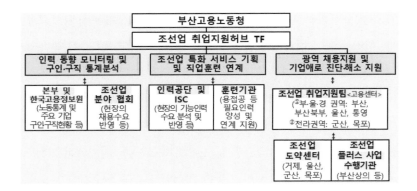

부산고용노동청

조선업 취업지원허브 TF

인력 동향 모니터링 및 구인·구직 통계분석	조선업 특화 서비스 기획 및 직업훈련 연계	광역 채용지원 및 기업애로 진단·해소 지원

본부 및 한국고용정보원 (노동통계 및 주요 기업 구인구직현황 등)	조선업 분야 협회 (현장의 채용수요 반영 등)	인력공단 및 ISC (현장의 기능인력 수요 분석 및 반영 등)	훈련기관 (용접공 등 필요인력 양성 및 연계 지원)	조선업 취업지원팀 <고용센터> ①부·울·경 권역: 부산, 부산북부, 울산, 통영 ②전라권역: 군산, 목포

조선업 도약센터 (거제, 울산, 군산, 목포)	조선업 플러스 사업 수행기관 (부산상의 등)

1985년에 발표된 다섯손가락의 〈수요일엔 빨간 장미를〉이라는 노래를 참 좋아했다. 지금도 많은 가수들이 이 노래를 리메이크하여 부르고 있고 그해 1위를 달리던 인기곡이었다. 이 노래가 인기 있었던 것처럼, 일자리 시장에서는 수요일이 다른 의미로 기억되고 있다. 바로 일자리 수요데이 다. '일자리 수요'가 있는 '기업'과 '구직자'를 연결하는 날이라는 의미와 함께, 채용면접, 취업·채용 지원 프로그램 등 참여 기회를 수요일에 집중 제공한다는 중의적 의미다. 이제는 많은 사람들이 '일자리 수요데이'를 잘 알고 있고, 그날을 기다리는 구직자들도 많다. 수요일은 단순한 한 주의 중간이 아니라, 새로운 일자리 기회를 만날 수 있는 특별한 날이 된 셈이다.

2024년 8월에는 전국 17개 고용센터에서 지역의 청년, 중장년 구직자들이 일자리와 만나는 날로 일자리 수요데이가 열렸다. 이정한 고용정책실장은 "고용복지+센터가 구직자와 기업의 일자리 어려움을 해결할 수 있도록 지역 일자리 기관과의 협업을 강화하고, 이를 통해 보다 다양한 서비스를 맞춤형으로 제공할 수 있도록 하겠다."라고 밝혔다.[34]

앞으로는 지역 특성과 그 지역 기업들을 잘 아는 고용서비스 전문가에 대한 수요가 점점 더 늘어날 것이다. 지역별 산업구조와 기업 상황을 깊이 이해하고, 맞춤형 취업지원을 할 수 있는 전문가가 필요하기 때문이다. 고용서비스 전문가들은 지역 내 기업과 구직자 요구를 정확히 파악하고, 효율적인 고용지원을 한다. 또한 지역 일자리 기관과 협업도 잘해낼 수 있어 함께 성과를 높이는 데 큰 기여도 한다.

지역마다 고용 상황이 다르고 그에 따라 지원 방법도 달라진다. 고용노동부는 2009년부터 '고용개발촉진지역'이라는 제도를 만들었고, 고용유지·신규 고용창출과 타 산업 전직 등을 위한 일자리사업을 지원해오고 있다. 예를 들면 2009년 8월 평택에 있는 쌍용자동차에서 많은 사람이 해고되었을 때, 평택을 1년간 고용개발촉진지역으로 지정하여 고용유지, 직업능력개발 등을 지원했다. 이때 쌍용자동차 파업으로 인한 실직 등 정신적 충격완화와 스트레스 해소를 위해 '위기상황 스트레스관리 프로그램'도 시범적으로 도입했고 이후 '심리안정지원프로그램'으로 명칭이 변경되어 현재까지 고용센터에서 운영 중이다. '고용개발촉진지역'은 2014년 '고용촉진특별구역'으로 다시 '고용위기지역'으로 개정되었다.

고용 문제는 특정 지역에만 나타나는 게 아니다. 때로는 산업 전체에 문제가 생길 수도 있다. 이에 2015년 '특별고용지원업종' 제도가 신설되었다. 2020년 코로나19로 여행업이나 공연업 같은 업종이 힘들어졌을 때, 근로자 생활안정과 전직지원 등도 해 주었다. 이렇게 지역과 기업, 산업특성을 잘 파악해야 취업상담이나 기업지원 같은 고용서비스를 효과적으로 제공할 수 있다. 이러한 것들에 대한 이해가 있어야만 기업과 구직자들이 어떤 도움이 필요한지 제대로 알 수 있고 적절한 지원을 할 수 있다.

지방고용노동청 지역협력과에서 담당하고 있는 업무 중에 '지역일자리 목표 공시제'와 '지역·산업 맞춤형 일자리창출 지원사업'이 있다. 지역일 자리 목표 공시제는 간단히 말하면 자치단체장이 자신의 임기동안 지역 주민들에게 일자리 계획을 알리는 제도다. 단순히 계획만 발표하는 게 아니라 지역 언론이나 자치단체 홈페이지 등을 통해 주민들에게 알린다. 그 결과 지역 주민들은 자신이 사는 지역에서 어떤 일자리 기회가 생길지 미리 알 수 있다. 고용노동부는 매년 전국 자치단체 일자리 대회를 열어 우수 자치단체의 일자리 성과도 발표하고 사례도 공유한다. 이런 행사를 통해 자치단체 공무원들의 사기도 높이고, 다른 지역에서 잘하고 있는 사례를 배워 자기 지역에 적용할 수 있게 된다.

자치단체는 지역맞춤형 고용정책도 추진한다. 지역 고용문제를 해결하기 위해 비영리법인 등과 컨소시엄을 구성하고 고용센터와 협력하여 다양한 일자리 문제를 해결한다. 서로 연계하고 협업할수록 시너지가 나고 더 좋은 성과도 낼 수 있다. 고용센터와 자치단체는 지역 주민 일자리를 위한 파트너다. 서로 협력하고 정보를 공유하면서 더 많은 사람들이 좋은 일자리를 찾을 수 있도록 노력하고 있다.

2007.1.19. 직업안정법을 일부 개정하여 정부와 민간 고용서비스기관과의 공동사업 추진 및 사업 위탁 근거를 마련하였다.(법 제3조제2항 신설)

고용노동부 '취업지원 민간위탁 사업'은 2006년 시범 실시된 후, 2007년부터 본격 추진되었다. 고용서비스 민간사업은 민간위탁사업, 민간보조사업, 일반용역으로 구분할 수 있다.

고용노동부 고용서비스 민간위탁사업 분류

1. 민간위탁사업

행정권한의 위임 및 위탁에 관한 규정 또는 개별 법령에 의해 국가사무의 일부를 지방자치단체가 아닌 법인 · 단체 또는 기관 등에 민간위탁(국민취업지원제도 등)

> * 민간위탁의 기준 및 대상기관의 선정기준, 계약체결, 지휘·감독 등 민간위탁 사무에 관하여 다른 법령에 특별한 규정이 없으면 「행정권한의 위임 및 위탁에 관한 규정」에서 정하는 바에 따름

2. 민간보조사업

보조금 관리에 관한 법률에 의해 국가외의 자가 행하는 사무 또는 사업에 대하여 국가가 이를 조성하거나 재정상의 원조를 하기 위해 민간사업자에게 교부하는 사업(중장년내일센터, 대학일자리플러스센터 등)

> * 국고보조금을 사용하는 보조사업자 또는 간접보조사업자는 국고보조금통합관리시스템(17.1월 개통, e나라도움)을 의무적으로 사용하여야 함

3. 일반용역

기관의 업무추진 과정에서 전문성이 필요한 행사운영, 채용 등의 일반

업무를 용역계약을 통해 대행(구직자취업역량강화프로그램, 심리안정지원 프로그램 등)

고용노동부에서는 통상적으로 고용센터에서 직접 수행하지 않고 민간기관을 통해 수행되는 사업들을 '민간위탁사업'이라고 통칭하여 부르고 있다.

국민취업지원제도, 일자리도약장려금, 대학일자리플러스센터 등 사업공모를 통해 선정된 수행기관들은 고용센터 주무관들과 긴밀하게 소통하며 사업을 운영한다. 하지만 때로는 민간위탁기관 종사자들이 고용센터 주무관들을 어려워하거나, 심지어는 '갑'이라고 생각하기도 한다. 그 이유는 주무관마다 지침이나 매뉴얼 해석이 조금씩 다른 부분이 있기 때문이다. 현장에서 사업을 운영할 때 명확한 지침과 해석의 일관성을 유지하는 것은 중요하다. 이를 위해 정기적 교육이나 간담회 등을 통해 주무관들이 같은 기준으로 지침을 해석하고, 이를 수행기관에 전달할 수 있는 것이 필요하다. 나는 2016년 서울청에서 청년사업을 담당하고 있었고, 신규로 '중소기업 취업연수사업'이 신설되었다. 신규사업 진행과정에서 센터별로 운영관리가 달라 현장에서 혼선이 발생하고 있었다. 2차례 현장 간담회를 통해 가이드라인을 마련하고 보고 자료를 통일하였다. 이렇게 정리된 내용을 본부에 건의했고, 즉시 반영되어 전국 고용센터에서 동일하게 활용할 수 있었다.
본부에서 '우수기관 인증'을 담당할 때 사업개편으로 인해 사업공고와 설명회 과정에서 질의가 많았다. 공통적인 질문이나 혼란이 있는 사항들에 대해선 FAQ와 Q&A를 만들어 시스템에 게시했다. 이를 통해 운영사항에 대한 혼란을 줄이고 신속한 업무처리가 가능했다.

고용센터에서는 위탁기관과 주기적인 소통 채널을 통해 민간위탁기관들이 주무관에게 자유롭게 질문하고 답변을 받을 수 있는 협력 관계를 형성하는 것이 중요하다. 이를 통해 주무관이 함께 일하는 파트너로 여겨지며, 민간위탁기관과 고용센터가 같은 목표를 위해 협력하고 있다는 공감대를 형성할 수 있을 것이다.

본부나 고용센터 주무관들이 민간위탁사업을 담당할 때, 국정감사나 언론 보도 등에서 예산 낭비, 낮은 취업률 또는 사업 집행 저조 등의 지적이 나올 때가 있다. 이러한 지적들은 업무 담당자에게 큰 압박과 부담으로 다가온다. 고용센터 주무관들은 실적을 챙기고 사업 관리를 더 꼼꼼히 할 수밖에 없다.

예산 증액 과정에서도 사업 효과성이나 성과가 좋다는 것을 긴급하게 국회나 기획재정부 등에 입증해야 할 때도 있다. 이럴 경우 본부나 고용센터 담당자들은 위탁기관에 급하게 자료를 요청하면서 미안함과 불편함을 느끼기도 한다.

한편 민간위탁사업을 수행하면서 부정수급이 발생할 가능성이 있으며, 이에 대한 사후 조치가 필요하기 때문에 고용센터는 사전에 사업관리를 철저히 한다. 위탁기관에 대한 제보가 있으면, 이를 조사하고 확인하는 과정이 필요하다. 이런 과정에서 주무관들은 위탁기관에 자료들을 요청할 수밖에 없다.

고용센터는 역량 있는 기관들이 민간위탁사업을 성공적으로 운영하기를 기대한다. 그래서 더 많은 참여자들에게 양질의 고용서비스를 제공하고, 사업성과가 뛰어난 기관들 또는 '고용서비스 우수기관'으로 선정된 사업자에게는 선정 과정에서 우선권을 부여한다. 기관의 역량 중 하나로 직업상담사의 역할이 중요하다. 상담사가 자주 바뀌면 내담자와의 신뢰 형성에 문제가 생기기 때문에, 상담사들이 안정적으로 근무할 수 있는 여건 마련이 필요하다. 민간위탁기관과 고용센터는 같은 배를 타고 있다. 서로의 입장을 이해하고, 왜 실적을 챙기고 자료를 요구하는지 그 이유를 알게 되면 주무관을 불편해 하거나 어려운 상대로만 보지 않고 협력적인 파트너로 인식하게 될 것이다.

고용서비스 주요 민간위탁사업

1. 각 사업별 개요

1) 국민취업지원제도

- 저소득 구직자, 청년 실업자, 경력단절여성 등 취업취약계층을 대상으로 취업지원서비스와 생계지원을 함께 제공하는 '한국형 실업부조' 제도
- 구직촉진수당+취업지원서비스가 결합된 Ⅰ유형과, 취업지원서비스에 취업활동비용을 지원하는 Ⅱ유형으로 운영

2) 구직자 취업 역량강화 프로그램

- 구직자를 대상으로 집단상담(CAP@·신중년 재취업설계 등), 단기 집단상담(표준 7종) 등을 운영하여 취업지원 대상자의 취업의욕 고취·구직기술 향상을 통해 빠른 취업에 이를 수 있도록 지원하는 사업
- 구직자 취업역량강화 프로그램 운영을 민간기관에 위탁하여 고용센터 또는 고용센터가 지정하는 장소에서 과업을 수행하고 이에 소요되는 경비를 지원

3) 심리안정지원프로그램

- 구직자가 실직으로 인한 스트레스를 극복하고, 심리적 안정을 찾아 궁극적으로 취업가능성이 향상되어 빠른 재취업에 이를 수 있도록 지원하는 사업

- 심리상담사는 프로그램 참여자를 대상으로 상담을 통한 스트레스 및 심리상태 측정, 개인별 문제 확인, 후속 심층상담 및 스트레스 관리와 관련된 집체교육을 실시하며, 이와 별도로 찾아가는 상담서비스도 운영

4) 대학일자리플러스센터

- 대학 취업지원 기능 및 인프라를 통합·연계하는 전달체계를 구축하여 대학의 청년 특화 고용서비스 지원 역량을 강화하고 청년의 노동시장 진입을 위한 사업

5) 재학생맞춤형고용서비스

- (대학) 재학 단계부터 맞춤형 고용서비스를 조기에 지원하여 청년의 원활한 노동시장 진입 촉진(빌드업, 점프업)
- (고교) 대학일자리플러스센터를 활용하여 고교 재학 단계부터 맞춤형 고용서비스를 조기에 지원하여 고졸청년의 원활한 노동시장 진입 촉진

6) 청년일자리도약장려금

- 5인 이상 우선지원대상 기업에서 취업애로청년을 정규직으로 채용하여 6개월 이상 고용 유지시 2년간 최대 1,200만 원 지원(2024년 173개소 민간위탁 운영기관 선정)

7) 일자리채움 청년지원금

- 빈일자리 업종 중소기업의 채용을 촉진하고 취업청년의 임금 격차 해소 및 생계부담 완화를 지원(2024년 30개 운영기관 선정)

- 빈일자리 업종에 2023.10.01.~2024.09.30. 정규직으로 채용되어 3개월 이상 중단 없이 근속한 청년에게 3개월·6개월에 각 100만원(최대 200만 원) 지원

8) 청년도전 지원사업

- 구직단념청년 등을 대상으로 맞춤형 프로그램을 통한 청년의 구직의욕 고취, 노동시장 참여 및 취업 촉진 지원(2021년~)

9) 청년성장 프로젝트

- 고용노동부·지방자치단체가 협업하여 미취업 청년 등의 구직단념을 사전 예방하고, 입직 초기 적응 곤란으로 인한 쉬었음 전환 방지 지원 추진

10) 미래내일 일경험사업

- 인턴형: 기업에서 직접 과업 또는 현업을 수행하면서 직무역량 강화를 지원(1~5개월 내외)
- 프로젝트형: 4인 내외 프로젝트팀이 직무 기반 실전형 프로젝트를 수행하고 전문가 코칭을 받아 결과물을 제출하는 방식의 일경험 프로그램(2개월 내외)
- ESG지원형: 취업역량을 제고할 수 있는 직무훈련, 일경험으로 구성된 혼합유형 일경험 프로그램(6개월 이내)
- 기업탐방형: 기업에 방문하여 직무탐구, 현직자 멘토링, CEO·인사담당자 대화 등을 통해 청년의 진로설정 및 직무탐색을 지원(5일 내외),

2024년 고용센터에서 50개 운영기관 선정

11) 중장년 내일센터

 - 중장년의 원활한 이·전직을 지원하기 위해 일정한 경력 및 필요한 전문
   인력·시설을 갖춘 단체를 중견전문인력 고용지원센터로 지정(노사발
   전재단 12개, 민간 23개)

12) 인재채움뱅크(구, 대체인력뱅크)

 - 육아휴직, 육아기 근로시간 단축 등 출산·육아기 지원제도 사용에 따른
   업무공백을 메울 수 있는 인재를 적시에 찾아주는 채용지원서비스를
   제공함으로써 일·가정 양립 및 모성보호에 기여(2024년 5개소 민간 운
   영기관 선정)

13) 인재채움 전용관

 - 민간 취업지원기관의 자체 보유 구인·구직 목록을 활용하여 육아휴직
   등 출산·육아기 지원제도 사용에 따른 대체인력 일자리를 추출하여 다
   수 구직자가 구인정보에 접근할 수 있도록 공개하고, 필요시 AI 또는 전
   담인력을 통한 채용지원서비스를 제공(2024년 3개소 민간 운영기관
   선정)

2. 국민취업지원제도(고용서비스 대표 민간위탁사업)

1) 위탁대상: 국민취업지원제도 수급 대상 중 청·장년층, 특정계층 등

2) 위탁업무: 취업활동계획 수립을 포함한 취업지원 및 구직활동지원 프로그램 제공·관리, 취업지원서비스 기간 및 사후관리에 관한 업무 수행

   * 위탁사업 수행기관 세부내용: 심리검사 및 집단상담프로그램 등 제공, 취업역량 평가 및 취업활동계획 수립, 직업훈련·일경험 등 취업지원, 금융·복지서비스 연계, 동행면접 취업알선 등 제공, 구직촉진수당 및 취업활동 비용 등 신청서류 접수·확인 후 고용센터에 제출, 사후관리

3) 위탁기관 역할과 책임: 위탁기관이 수급자에게 필수로 제공하여야 하는 취업지원 및 구직활동지원 내용은 「구직자 취업촉진 및 생계안정지원에 관한 법률」, 국민취업지원제도 업무매뉴얼에서 정한 세부사항을 철저히 이행

4) 2024년 국민취업지원제도 민간위탁 기관 선정 원칙 및 선정 심사 세부 기준

   - 선정 원칙: 지방고용노동지청별로 그 간의 사업수요, 성과우수·전문적 역량을 갖춘 적정기관 선정

   - 성과 우수기관은 신청자격을 갖춘 경우 우선선발 가능

   - 선정 심사 세부기준(기존기관, 배점 제외)

심사항목	세부 평가영역	
사업계획 적절성	사업계획(지원목표 인원) 및 적절성, 3년간 사업운영 능력 및 향후 운영방향, 위탁기관 접근성 및 시설 인프라/정성(상대)	
사업 수행능력	기관역량	2023년 위탁기관 수행역량(평가등급)/정량(절대)
	참여자 모집	참여자 모집 및 홍보 방안/정성(절대)
		2023년(1~11월) 자체모집 인원/정량(상대)
	상담사 역량	신청일 기준 상담사 인원/정량(상대)
		신청일 기준 상담사 1인당 평균 경력(이전기관 포함)/정량(상대)
		신청일 기준 상담사 1인당 평균 해당 기관 근속경력/정량(상대)
	취업지원 프로그램 기획·제공	최근 3년 및 향후 자체 취업지원프로그램 특화역량/정성(절대)
		최근 3년 및 향후 유관기관(대일센터 등)과 취업지원프로그램 협업·운영 역량/정성(절대)
		최근 3년 및 향후 심리상담 및 복지 프로그램과의 연계·제공 역량/정성(절대)
		2023년(1~11월) 일경험프로그램 연계인원수/정량(상대)
	구인처 발굴 및 매칭역량	적극적 취업알선을 위한 사업체 발굴 및 관리 계획 적절성/정성(절대)
		2023년 신규참여자의 취업인원(1~11월)/정량(상대)
인적자원 투자계획	신청일 기준 상담사 평균임금수준 및 2024년 계획수준/정량(상대)	
	신청일 기준 상담사 평균교육이수수준 및 2024년 운영계획/정량(상대)	
	안정적 전문인력 확보 및 장기근속 방안 적절성/정성(절대)	
	상담사 만족도, 취업성과향상을 위한 사기진작·동기부여방안 및 악성 민원으로부터 상담사보호방안 적절성/정성(절대)	
가점	2023년 우수사례 컨퍼런스 장관상 이상 수상(건당 1점), 직업상담사 1급 보유자(1인당 1점), 2021~2023년 국취 위탁기관 평가결과 A~B등급 이력(연도별 A등급 1점, B등급 0.5점), 2021~2023년 민간 고용서비스 우수인증기관(0.5점)	
감점	워크넷 부적정 취업알선 업무처리 등 주요 지적사항(건당 1점)	

Part 4

성과로
증명하라
: 장관상 4회 수상의 비결

"성과는 결코 혼자서 만들 수 없다. 장관상을 네 번 수상한 경험
은 동료들과 민간 고용서비스기관과의 긴밀한 협업이 만들어낸
값진 결실이다. 이들과의 혁신적 협력이 어떻게 실질적인 성과로
이어졌는지, 그 과정을 들여다보면 벤치마킹할 유용한 사례들이
가득하다."

chapter 1.
여성고용안정지원

"한쪽 문이 닫히면 또 다른 문이 열린다."

- 알렉산더 그레이엄 벨 -

여성새로일하기센터와 함께

여성새로일하기센터는 언제부터 운영되었을까?

2009년 노동부와 여성부가 여성인력개발센터, 여성회관 등을 '여성새로일하기센터'로 지정하고 경력단절여성 취업지원사업을 지원하고 있다.

2008년, 경력단절여성 등의 경제활동 촉진법이 제정·시행되면서 실제 현장에서 경력단절을 방지하고 미취업 여성들의 취업을 지원하는 구체적이고 실질적인 구인·구직 및 직업훈련 프로그램의 필요성이 대두되었다. 일반 구직자들과는 다른 특성을 가진 경력단절여성의 취약점을 고려해, 상담·정보·취업 및 복지 서비스를 종합적으로 제공하는 여성새로일하기센터를 설치하는데 여성부와 고용노동부가 최종 합의했다. 당시 국내 경제위기에 영향을 준 세계적 금융위기가 이러한 결정에 중요한 배경으로 작용했다.

여성새로일하기센터는 혼인·임신·출산·육아·가사 등으로 경력이 단절된 여성 등을 대상으로 구직상담, 직업교육, 인턴, 취업연계 및 사후관리까지 종합 취업지원서비스를 원스톱으로 지원한다.

운영 현황은 2009년 72개소를 시작으로 2022년 말 기준 전국 159개소 지정·운영 중으로 광역센터 13개소, 지역센터 146개소다.(2023년 여성경제활동백서)

(단위: 개소)

구분	소계	서울	부산	대구	인천	광주	대전	울산	세종	경기	강원	충북	충남	전북	전남	경북	경남	제주
지역센터	146	25	10	5	8	5	2	4	1	27	9	5	10	8	8	8	8	3
광역센터	13	1	1	0	1	0	1	0	0	2	1	1	1	1	1	1	1	0
총계	159	26	11	5	9	5	3	4	1	29	10	6	11	9	9	9	9	3

〈여성새로일하기센터 주요 취업지원서비스〉

1. 직업상담 및 집단상담

- 개인별 · 단계별 맞춤형 직업 · 진로 상담, 취업의욕 상실 및 자신감이 부족한 구직자를 대상으로 집단상담 프로그램 운영

2. 직업교육훈련

- 구직자의 직업경력 및 능력수준 등을 고려한 직업교육 및 기업체 인력수요와 여성 유망 직종 등을 토대로 한 맞춤형 교육과정 개발 · 운영

3. 인턴십 지원

- 경력단절여성 등에게 일경험 기회를 제공하고 취업 및 고용유지를 지원

4. 새일센터 창업 지원

- 창업상담사 배치(2022년 40개소) 및 예비창업자 발굴, 정보 제공, 초기 상담 및 직업교육훈련 지원

5. 경력이음 사례관리

− 경력단절여성 등의 개인별 특성을 고려한 통합적 취업지원(2022년 28개소)

6. 취업연계 및 사후관리지원 서비스

− 구직자—구인처간 취업연계, 새일센터 구직등록여성 및 취업자, 직업교육훈련 수료생 등을 대상으로 안정적으로 직장생활을 유지할 수 있도록 여성친화적 기업환경 개선, 취업강화 및 고용유지 등을 지원

7. 경력단절 예방지원

− 심리·노무·경력개발상담, 직장문화 개선 컨설팅·교육 등 재직여성 및 기업 대상 경력단절예방서비스 지원(2022년 75개소)

2009.1.21. 노동부와 여성부가 공동으로 새일센터 50개소를 선정했다고 보도되었다. 그때 나는 서울북부고용센터에서 민간위탁사업을 담당하고 있었는데, 갑작스러운 발표에 당황스러움을 감추기 어려웠다. 새일센터 추진에 대한 별도의 사전 설명이 없었기 때문이다. 보도자료와 본부에서 내려온 공문을 읽어 내려갈수록 머릿속이 점점 더 복잡해졌다. '이 사업이 정확히 어떤 내용이지?' 제공된 자료만으로는 사업 핵심을 파악하기 어려웠다. 다른 고용센터 업무 담당자들과 통화를 했다. 추진 방향과 현 시점에서 해야할 중요한 포인트를 찾아내려고 애썼다. 새일센터로 지정된 기관은 공모절차, 위탁약정서 체결 과정을 생략하고 바로 수탁기관으로 인정된다고 했다. 우리 고용센터에는 동대문, 중랑, 서울북부 3개센터가 포함되어 있었다.

본부에서 2009년 1월 말에 경력단절여성고용촉진지원사업 운영지침을 그로부터 3일 후에 여성새로일하기센터 사업 지침을 시달했다. 지금 할 수 있는 건 이 지침들을 완벽하게 숙지하는 것뿐이었다. '사업목적이 이렇구나. 이런 절차를 따라야 하고, 이 부분은 세부 검토가 필요하겠구나.' 서서히 사업 윤곽이 그려졌다. 시간이 촉박했지만, 본부와 수시로 연락하며 추가 설명을 요청했다. 필요한 자료는 요청하면서 적극적으로 움직였다. 팀장님께 수시로 진행사항을 보고했다. 2월 중순쯤에 본부에서 예산이 배정되었는데, 직업상담원 인건비와 집단상담 프로그램 운영비, 사후관리비였다. 새일센터에서 제출한 사업계획서는 검토하여 3월에 계획을 승인하고 지원금을 지급했다. 이후 6월 16일 추가로 새일센터 22개소가 지정되었다는 보도자료가 배포되었다. 관할지역에서는 노원과 강북 2개 센터가 추가되었다. 전국 고용센터 중 관내에 새일센터가 5개로 가장 많았다. 나는 여성취업지원 민간위탁사업을 수행하는 서울북부종합사회복지관도 담당하고 있었기에, 맡은 사업을 어떻게 효율적으로 운영할지 끊임없이 고민했다.

신규 사업인 새일센터는 조기 안착과 내실 있는 운영이 필요하다. 아울러 '기존에 운영하고 있는 여성취업지원사업과 시너지를 낼 수 있으려면 어떻게 할까?' 현장의 현실을 잘 반영하기 위해 다양한 자료를 수집하고, 이를 바탕으로 현장 요구를 반영한 전략을 세웠다. 여성들이 필요한 것이 무엇인지 알기 위한 설문 조사지를 만들어 현장을 찾았다. "이력서 작성법과 면접 준비가 막막합니다.", "아이들 때문에 시간제로 일할 수 있는 직장이 필요해요." 여성들의 다양한 요구와 어려움을 파악했다. 동시에 고용센터 빈일자리 등 고용촉진사업을 병행하여 홍보했다. 고용센터와 새일센터 등과 업무 연계를 위한 간담회를 수시로 개최했다. 여성 취업지원 담당자들의 전자우편 주소록 배포 등 유기적 협조가 이루어질 수 있도록 조직화했다. 기관들이나 취업지원과 집단상담 프로그램 참여자들의 요청이 있는 경우 지속적인 취업정보 서비스를 제공했다. 특히 취업이 어려운 결혼 이민자들에 대해선 취업지원팀과 협업했다. 코칭 프로그램이라는 취업교육 특별반을 운영했다. 주요 내용은 취업정보 검색방법, 고용센터 활용법, 모의면접 교육, 심층상담이다. 1:1 취업상담이 가능하도록 전담 취업 후견인을 배정하여 빈일자리에 집중알선 할 수 있도록 하였다. 취업교육 과정이 끝나면 참가자들의 피드백을 수집했다. 피드백을 반영해 프로그램 내용을 일부 조정하거나 선호도가 높은 내용의 시간을 더 효율적으로 배분했다. 매번 시행 후, 계속해서 프로그램을 개선해 나갔다. 취업지원 팀원들의 협력 덕분에 프로그램은 참여자도 늘었다. "다시 취업할 용기를 얻었어요." 참여자들의 긍정적 반응은 우리에게 큰 힘이 되었다. 고용센터에서 운영되는 진로프로그램에는 각 위탁기관과 새일센터에 일정 시간을 배정하여 적극 홍보할 수 있도록 하였다. 취업률이 낮은 위탁기관과 새일센터에 대해서는 특별 정기점검 등을 통해 취업률 제고를 위해 노력했다. 1년 동안 총 12번의 현장지도를 나갔다. 외부교수와 서울시가 공동 실시하는 현장 실태조사와 평가에도 참여하였다. 각 기관에서 잘하는 점도 어필하고 제도적 보완점에 대한 의견도 냈다. 이런 적극적인 현장 활동과 지역 기관들과의 연계를 통한 협업은 취업률 향상을 가져왔다.

신규 사업인 새일센터가 처음 혼란과 어려움이 있었지만, 안정적으로 정착해 나갔다. 고용센터와 여성취업지원사업 기관과도 잘 협업하여 지역에서 여성고용안정을 위한 중요한 기관으로 자리매김했다. 2009년 이러한 공을 인정받아, '직업지도부문' 고용서비스 달인으로 선정되었고 연말에는 '여성고용안정지원' 유공 분야로 장관상을 받았다. 아울러 내가 담당하고 있는 새일센터 서울북부여성발전센터도 좋은 성과를 내어, 함께 노동부장관상을 수상했다.

여성새로일하기센터 사업

출처: 여성가족부

1. 목적

경력단절여성 등에게 취업상담, 직업교육훈련, 취업연계, 사후관리 등 종합
적인 취업지원 및 경력단절 예방을 통해 여성 경제활동 촉진 지원

2. 사업추진체계

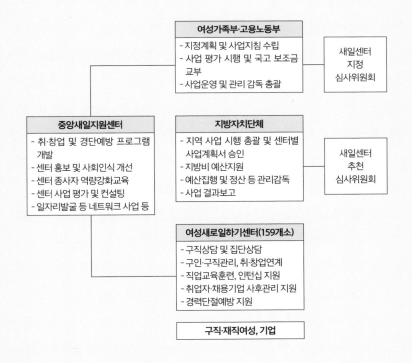

\<자격기준>

1) 새일 센터장

- 국가기술자격법에 따른 직업상담사 또는 국민 평생 직업능력 개발법에 따른 직업능력개발훈련교사 자격증 소지자로서 인력개발, 취업지원 및 여성사회참여 관련 업무에 종사한 경력이 2년 이상인 사람
- 국가나 지방자치단체의 6급 이상 공무원
- 여성의 경제활동 촉진 또는 경력단절 예방 관련 단체의 임직원으로서 인력개발, 취업지원, 여성사회참여 관련 업무에 종사한 경력이 2년 이상인 사람
- 인력개발, 취업지원 및 여성사회참여 관련 종사한 경력이 3년 이상인 사람

2) 취업상담사

- 국가기술자격법에 따른 직업상담사 또는 국민 평생 직업능력 개발법에 따른 직업능력개발훈련교사 자격증을 소지한 사람
- 직업상담, 직업교육훈련 관련 업무에 종사한 경력이 1년 이상인 사람
  ※ 단, 경력개발형 센터에 한하여 취업상담사 자격 기준을 충족하는 종사자 3명(최소 인력기준)외 인원에 대해서는 센터 특화 분야 경력자를 채용할 수 있음
- 사회복지사업법에 따른 사회복지사 자격증을 소지한 사람
  ※ 단, 새일센터장은 '사회복지사업법에 따른 사회복지사' 자격요건을 갖춘자를 신규 채용시, 조속한 시일 내 직업상담사 또는 직업능력개발훈련교사 자격증을 취득하도록 독려해야 함

3) 창업 상담사

- 경영지도사, 한국창업보육협회에서 발급하는 창업보육매니저 등 창업 지원 관련 자격증을 소지한 사람
- 창업지원기관에 1년 이상 근무 또는 취창업지원 · 직업교육훈련 관련 업무에 종사한 경력이 1년 이상인 사람

4) 경력단절예방전담인력

- 국가기술자격법에 따른 직업상담사 또는 국민 평생 직업능력 개발법 에 따른 직업능력개발훈련교사 자격증을 소지한 사람
- 직업상담, 직업교육훈련, 사회복지 등 관련 업무에 종사한 경력이 1년 이상인 사람
- 단체 및 대학 등에서 정부 또는 지자체 지원 사업 기획 · 운영 관련 업무 에 종사한 경력이 1년 이상인 사람 또는 그에 준하는 경력이 있는 사람

5) 직업상담사

- 국가기술자격법에 따른 직업상담사 또는 국민 평생 직업능력 개발법 에 따른 직업능력개발훈련교사 자격증을 소지한 사람
- 직업상담 또는 직업교육훈련 관련 업무에 종사한 경력이 1년 이상인 사람

<배치>

1) 센터장(1명) *필수 인력

   - 새일센터 운영 총괄

   - 세부 사업 계획 수립 및 집행, 사업 수행 지휘 · 감독

   - 직원 업무 부여 및 관리, 기타 새일센터 운영을 위해 필요한 사항

2) 취업상담사(3~8명) *필수 인력

   - 구인 · 구직상담, 취업연계 및 알선(동행면접 등)

   - 구인 · 구직자 발굴, 직업교육훈련, 사후관리 등 사업담당자

3) 창업상담사(배치 시 1명) *필수 인력

   - 예비창업자 발굴, 창업 지원 프로그램 운영. 창업유관기관 연계 등 창업지원

4) 경력단절예방 전담인력(배치 시 1~3명) *필수 인력

   - 여성 고용유지 지원, 직장 문화 개선, 협력망 구축 및 홍보 등 경력단절예방지원사업

5) 경력이음사례 관리전담인력(배치 시 1~2명) *필수 인력

   - 구직자 심층상담, 개인별 취업활동 계획 수립, 경력개발 및 취업지원, 사후관리, 복지서비스 연계 등 경력단절여성 특성 맞춤형 경력이음사례관리 서비스 제공

6) 직업상담사(3명 이내)

- 집단상담 프로그램을 통한 직업지도

   ※ 프로그램 참여자를 위한 구인·구직발굴, 취업알선 및 사후관리 포함

   ※ 새일센터별 여건에 따라 담당 업무 내용 조정이 가능하며, 경력개발형 및 농어

   촌형 센터의 경우 직업상담사를 배치하지 않을 수 있음

7) 사업지원인력(1명 이상)

- 구인·구직상담, 취업알선, 직업훈련, 인턴십 등 사업 지원

   ※ 사업 지원 인력은 기존 시설의 인력 활용 가능

chapter 2.
올해의 고용서비스 상

"성공은 작은 노력들의 반복이다."

- 로버트 콜리어 -

올해 가장 빛나는 별

본부에서 정책이 만들어지면 전국에 있는 지방 관서들이 동일하게 업무를 진행한다. 그렇기 때문에 전국 어디를 가나 같은 프로세스로 업무가 운영된다. 하지만 다른 서비스도 있다. 각 지방관서가 지역과 산업 특성에 맞춰 특화사업을 하기 때문이다. 강남지청은 IT와 병원이 많고, 영등포구는 여의도를 중심으로 금융과 비즈니스 서비스가 특화되어 있다. 이런 특성을 살려 지청은 다양한 일자리사업을 추진한다. 서울청도 기본적으로 지청과 비슷한 업무를 한다. 하지만 중요한 건 서울청이 지청들 사이에서 협업을 조율하고 정책 목표를 달성할 수 있도록 리더 역할을 한다는 것이다. 또한 지청에서 처리하기 어려운 일이 생기거나, 좀 더 큰 규모의 프로젝트를 추진할 때는 '청'이 나서서 그 일을 총괄한다. 큰 형님 같은 존재다. 지청들이 열심히 할 수 있도록 돕기도 하고, 어려운 상황에서는 해결책을 제시하기도 한다.

"열린고용 프로젝트(아카데미, 인재한마당, 채용박람회), 리얼 캠퍼스 리크루팅, 커리어 페스티벌, Good Job Project, 힐링콘서트."

서울청에서 2012년 근무할 때 추진했던 특화사업이다. 서울고용청에서 직접 기획하여 공동 협업프로그램으로 운영한 점이 핵심이다. 서울청-지청이 함께 손을 잡고, 다양한 취업지원 기관과 협력을 강화했다. 이를 통해 많은 구직자들이 맞춤형 취업지원을 받을 수 있도록 도움을 주었다. 각 기관 협력 덕분에 큰 성과를 낼 수 있었다.

커리어 페스티벌과 박람회, 힐링콘서트 등 공개 프로그램은 이상은 팀장이, 열린고용 프로젝트와 취업프로그램은 내가 기획해서 추진했다. 이러한 프로그램에 더 많은 구직자들이 쉽게 접근할 수 있도록 홍보에 중점을 두었다. 특히 블로그 서포터즈 활동과 SNS 홍보를 강화하여 온라인 플랫폼을 적극적으로 활용했다. 블로그 서포터즈는 다양한 참여자의 경험을 나누고, 프로그램에 대한 생생한 후기를 작성하는 방식으로 운영했다. 이를 통해 프로그램에 대한 신뢰를 높이고 성공사례를 자연스럽게 홍보할 수 있었다.

열린고용 아카데미는 현장 경험이 풍부한 고용센터 취업 매니저와 근로감독관으로 강사풀을 구성해서 취업특강과 노동관계법을 운영했다. 서울시 교육청과 연계하여 방학 전에, 현장실습 전에, 그리고 본격적인 취업에 앞서 사전교육 형태로 추진했다. 전문가들을 통해 현장사례와 취업 준비과정, 기업에 대한 생생한 정보를 제공해 학생들은 취업에 대한 자신감을 얻고 취업 능력을 향상시킬 수 있었다. 또한 노동관계법 전반에 대한 이해를 높여 자신의 권익을 보호받을 수 있는 기회도 제공했다. 서울청 30개교 4,905명의 학생들이 참여했다.

커리어 페스티벌은 통합진로 특화프로그램으로 총 12회를 개최했다. 32개 특성화고 1,181명이 참여했고, 매회 연합뉴스 등 25회 언론에 보도되었다. 산업분야별로 전문가 특강과 멘토단이 성공스토리를 설명하고 질의응답과 실습 등으로 구성된 공개 진로프로그램이다. 대한민국 명장 특강, 트로이카 성공기 등 전문가 특강, 스타 셰프 Food talk 등 선배와의 멘토링을 통해 다양한 직무를 경험할 수 있는 기회를 제공했다. 행사 전 특성화고 재학생 기부공연(춤, 댄스), 한빛 예술단, 서울문화예술대 예술공연단 재능기부, B-Boy 공연 등 다양한 재능기부 참여도 이루어졌다.

청년대상 리얼 캠퍼스 리크루팅 '우리는 Job으로 간다!' 프로그램은 서울지역 대학과 우수기업 매칭을 위해 거점학교를 선정, 民·官·學이 협업하는 수요자 중심의 캠퍼스 리크루팅으로 추진했다. 4년제는 기업 채용설명회 중심(동덕여대 거점)으로 15개 기업이 참여했고 전문대는 채용중심의 박람회(배화여대 거점)로 채용부스 20개를 운영했다. 대학생 취업지원을 위해 전국 대학협의회와 서울지역 대학협의회(서울지역 40개 대학 취업부서 실과장급으로 구성된 협의체), 수도권 전문대학협의회 정기모임 등에 참석하여 현장에서 필요로 하는 것을 파악하고 정보를 교류하며 청년취업의 길을 함께 모색하였다.

열린고용 채용박람회는 구인난 속 구직난을 해결할 수 있도록 지방강소기업(거제 등)을 참여시켰다. 또한 교육청 등과 연계하여 범정부적인 시각으로 일자리 문제를 해결하고자 노력했다. 이날 행사에는 대통령도 참석하여 기업과 구직자를 격려하였고, 115개 기업과 30,150여 명의 구직자가 참여하여 780명이 넘는 인원이 채용되었다. '열려라 취업문'이라는 명칭의 열린 인재 한마당은 2일 동안 운영하였다. 1일 차는 기업 채용설명회로 회사

소개, 채용 프로세스 및 tip, 질의응답, 사업장 견학으로 진행되었고, 2일 차는 현장면접과 취업 경진대회로 운영하여 19명을 채용했다.

홍보 활동 성과로 고용노동부 SNS 최강 활용자로 금메달 개인상을 수상했고, 블로그 서포터즈 우수활동자로 5회 선정되었다. 블로그 서포터즈 활동사항은 '서포터즈 현장24시'에 게시되었고, 구직자들이 응원해 준 댓글에 뿌듯함도 느꼈다. 2012년 당시 게시되었던 내용 중에 '서울청 열린고용 프로젝트'를 소개한다.

서울청에는 독수리 5형제가 있다!!! 서포터즈 현장24시

서울청 드림하이(Dream high)를 아시나요?

열린고용 '드림하이' → 학력보다는 능력				
고졸(예정)자들이 학력의 벽을 넘어 더 좋은 내일(my work, tomorrow)을 꿈꿀 수 있도록 우수 강소기업 발굴, 맞춤형 취업지원, 채용박람회 등을 추진하여 열린고용 확산에 기여				
1단계	2단계	3단계	4단계	5단계
협력체계 구축	취업 희망자 발굴	고졸 채용 우수 강소기업 발굴 및 선정	맞춤형 취업 프로그램 운영	사후지도 후 진학

수지랑 김수현이 출연하여 인기리에 방송되었던 〈드림하이〉와 이름이 같죠. 올해는 '학력보다는 능력으로 승부한다'는 열린고용이 대세인데요, 서울청에는 열린고용을 위해 뛰고 있는 '독수리5형제'가 있습니다. 1호 강영희, 2호 황지훈, 3호 최호준, 4호 강신환, 5호 채정오입니다.

1호는 왕언니답게 하는 역할도 많아요.

진로탐색과 취업준비를 위해 진행되는 집단상담프로그램인 드림하이 프로그램, 자녀 진로지도를 위한 학부모 교육인 커리나비, 심층상담까지… 참여 학생들을 압도하는 카리스마에 엄마처럼 하나하나 챙겨주는 따뜻하고 세심한 마음, 진로에 대한 열정적 강의로 감동시키고, 때론 따끔한 충고에 눈물 쏘옥~ 자기이해부터 진로설정, 구직기술, 그리고 직장예절, 매너까지 완벽하게!!!

2호는 사범대를 나오고 고등학교에서 교생실습 경험이 있어서인지, 학생들을 너무나도 잘 알아요. "워크넷이 뭐죠?", "사이트 주소 아는 친구는 사탕선물.", "기업정보를 탐색해 봅시다.", "희망 일자리 정보를 등록해 두세요." 학생들이 취업을 하기 위해 필요한 구직 신청하는 방법도 알려주고, 고졸 예정자들이 취업할 수 있는 기업체 현황 파악도 해서 알선도 해 주는 역할을 하고 있죠. 취업매니저 2호와 엄청 만나고 싶죠?

3호는 금년 신규 감독관으로 임용되어 근무 중인데, 일에 대한 열정에 눈에 총기가 가득합니다. '근로기준법 특강은 최 감독관, 내가 제일 잘 나가'입니다. 고등학생이지만 아르바이트 하는 친구들이 많아서, 최저임금이라든지 연소자 근로관련 강의는 꼭 필요하고, 특성화고에서 요청도 많거든요. 학생들 눈높이에 맞게 설명을 잘하는데, 그게 다 이유가 있습니다. 강의 준비를 하면서 새벽에 잠이 덜 깬 백일도 채 안 된 아들한테까지 연습을 했다는데, 그게 통했나 봐요. 최 감독관이 고등학교 다닐 때 '게스 청바지가 너무나도 입고 싶어서 시작한 편의점 아르바이트 사례, 너무 닳도록 입어서 청바지가 해어져 버릴 때도 게스 상표를 떼어서 뱅뱅 청바지에 붙여서 입었다'고 했을 때 학생들 완전 빵 터졌어요. 형편상 학교 공부 외에 아르바이트를 많이 하는 친구들에 대한 공감도 같이하고 그러면서 알아야 권익보호를 받을 수 있기 때문에 최 감독관은 "너희 뒤에는 내가 있으니까, 열심히 생활해. 그리고 무슨 일 있음 다 나한테 전화해." 3호 너무 든든하지 않나요?

4호는 일에 대한 애정도 많고, 배려 깊고, 공감과 경청의 달인입니다. 목소리는 성우보다 더 멋집니다. 탁구를 좋아하는 만큼 학생들도 너무 좋아하는, 알면 알수록 좋은 감독관입니다. 고졸예정자들이 취업할 수 있는 사업장을 직접 다니면서 인사담당자를 만나 귀를 쫑긋하고 열심히 들으면서 질문도 합니다. 감독업무 전담자로, 평소 접할 기회가 없었던 청년 취업인턴 등 센터 취업지원 업무에 대해 공부하고, 사업장에 대한 현황 파악에서부터 정리 마무리까지, 강 감독관 열정이 뜨겁네요. "특성화고에서는 이렇게 준비하고 있어요.", "고졸예정자들이 일할 수 있는 직무를 검토해주세요.", "채용된 친구들이 잘하고 있으니까 채용인원을 더 확대할 수 있지 않을까요?" 이렇게 멋진 목소리로 이야기를 전하니 기업체 인사담당자의 얼굴에 미소가 번졌다… 여천 NCC(하반기 고졸 20여 명 채용예정), 대우건설(본사 정규 사무직 10명 상반기 채용완료), 대한전선 등 사업장을 방문할 때 강 감독관 눈이 얼마나 반짝반짝 빛나는지 모를 겁니다. 사업장 현장 방문 시 마지막 멘트는 직원 건강검진이고 특히 건설관련 현장은 안전모 착용 생활화로 마무리합니다. 건강과 안전관리를 지도하는 생명지킴이 4호입니다.

5호는 궁금하시죠? 저예요!!!

열린고용을 기획하고 잘 작동될 수 있도록 1호부터 4호까지 함께하고 있
죠. 에피소드가 많은데… 자주자주 글 올리면서 만나뵐게요… 현장에서 이
렇게 열심히 뛰고 있는 한 명 한 명의 노력들이 변화를 일으키고 사회적 이
동의 물꼬를 트게 만들 것입니다.

예전에 MBC 방송에서 나왔던 〈고졸인생 생존기〉 학생들 인터뷰가 생각
납니다. '길은 달라도 희망의 크기는 같아야 하지 않을까.', '당신은 당신이
생각하는 것보다 아주 큰 능력을 가진 사람이다.'라고 말하는 학생들의 자
신감에서 저도 희망을 함께 봅니다. 서울청 열린고용 드림하이 파이팅!!!

chapter 3.
청년고용촉진지원

"진로나 취업 준비 등으로 고민이 많거나

취업 정책 정보가 필요한 청년이라면

재학생, 졸업생, 타대생, 지역 청년 모두

지역에 위치한 대학일자리플러스센터를 무료로 이용 가능하다."

- "취업 준비, 대학일자리플러스센터에서 도움받았습니다." <대한민국 정책브리핑> 2024.4.25. -

청년, 취업 Start

대학에서 청년 취업을 돕는 정책은 오랜기간 변화를 거쳐왔다. 초창기 대학들은 개별적으로 취업지원센터를 운영하고 있었지만 취업지원 인프라가 부족하였다. 노동부는 2006년 '대학취업지원기능 확충사업'을 통해 재정적 지원을 시작했다. 지원 조건에는 대학 25% 이상 부담 조건의 매칭펀드 방식을 적용했다. 학생들에 대한 직업진로지도를 강화하여 취업률을 올리는 것은 청년실업 해결을 위해 정부 개입이 필요하다. 하지만 대학 자체 경쟁력 향상을 위한 대학 고유 업무이기도 했다. 그렇기에 대학이 일부 비용을 부담함으로써 책임을 강화할 수 있도록 하였다.

확충사업 이후 대학 취업부서에 대한 위상은 높아졌다. 그렇지만 취업지원센터 직원들의 잦은 인사이동으로 취업분야 전문성을 갖기 힘든 여건이 많았다. 대학생에게 진로·취업을 지도해 줄 수 있는 전문상담 인력에 대한 필요성에 따라, 2010년 '취업지원관'이 도입되었다. 이후 2011년 '대학청년고용센터(잡영플라자)' 사업이 추진되면서 대학이 캠퍼스 내에 민간전문기관과 '대학청년고용센터'를 설치하여 대학생들의 진로상담, 취업알선을 실시했다.

2015년 10월에는 대학 취·창업 기능을 연계한 원스톱 고용서비스 전달체계인 '대학창조일자리센터'를 설치했다. 정부, 대학, 지자체가 매칭으로 예산을 부담하고 창조경제혁신센터와 협력하였다. 대학사업은 매년 평가가 이루어졌고, 지원기간은 최대 5년이었다. 대학사업 지원기간은 회계연도를 적용하는 타 사업과 달리 3월부터 시작하여 다음연도 2월까지 이루어진다. 나는 2016년 서울고용센터에서 대학청년고용센터, 취업지원관, 대학창조일자리센터 3개 대학사업을 담당하고 있었다. 사업운영 프로세스는 사업공고, 심사위원회 개최, 예산배정, 선정, 사업관리, 지도점검, 사업평가, 정산 등으로 진행된다. 2016년 신규 사업으로 '중소기업 취업연수사업'도 신설되었다. 이 사업은 일 경험의 기회가 적은 인문계 재학생 등에게 신기술·신성장 유망 기업체험 등을 제공하는 것이다. 이처럼 여러 청년취업지원사업 업무를 단독 수행하면서 사업목적에 따라 잘 관리하여 운영 대학들이 좋은 성과를 냈다.

서울지역 내 청년취업지원을 활성화하기 위해 고용센터를 중심으로 '서울지역 청년고용 협의회'를 구축했다.

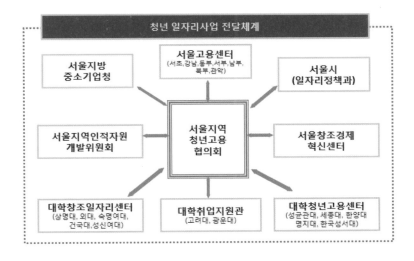

청년 일자리사업 전달체계

서울지방
중소기업청

서울고용센터
(서초,강남,동부,서부,남부,
북부,관악)

서울시
(일자리정책과)

서울지역인적자원
개발위원회

서울지역
청년고용
협의회

서울창조경제
혁신센터

대학창조일자리센터
(상명대, 외대, 숙명여대,
건국대,성신여대)

대학취업지원관
(고려대, 광운대)

대학청년고용센터
(성균관대, 세종대, 한양대
명지대, 한국성서대)

　추진방향은 청년고용협의회와 대학사업이 서로 시너지를 낼 수 방안을 고려했다. 고용서비스 담당자 전문역량과 내실 있는 협력을 위한 '서울고용 아카데미'를 기획했다. 실무자로 구성된 학습연구회와 관리자로 구성된 정책포럼으로 구분하여 최근 노동시장 정보와 고용 이슈 등을 중심으로 운영하였다. 아울러 공동 협업 프로그램으로 서울고용센터에서는 '청년들의 기업설전', '대한민국 취업박람회', '잡 프로듀스 200', '대학 순회설명회', '청년채용의 날'을 운영했다. 특히 '우수기업 채용설명회'는 대학에서 매우 호응이 좋았다. 고용센터에서 우량한 강소기업을 발굴하여, 대학 취업컨설턴트와 인사담당자가 함께하는 자리를 마련했다. 인사담당자가 회사 소개와 채용 프로세스에 대한 설명을 하고, 질의 응답을 받는 시간을 가졌다. 현장에 참석한 컨설턴트가 적극 추천한 학생에게는 서류전형에서 가점을 줄 수 있도록 사전 협의하였다. 또한 대학 내에서 채용설명회를 별도로 희망할 경우 고용센터로 설명회를 신청하여 기업과 연계될 수 있도록 하였다.

다수 청년취업지원사업을 추진함에 있어 정확하고 적극적 업무처리, 사업목적 달성을 위한 성과관리, 유관기관들과의 협업과 협력사업이 좋은 평가를 받아 청년취업지원 분야에서 장관상을 수상했다. 대학에서 성과가 우수했던 김재호 차장도 나와 함께 장관상을 받았다.

대학 일자리사업

<대학지원사업 흐름 작성>

2006년	'대학취업지원기능확충지원' 시행(96개 대학 105억원)
2010년	'취업지원관' 제도로 변경 - 취업지원과 취업상담을 전문적으로 수행하는 인력 지원사업
2011년	대학청년고용센터(잡영플라자)
2015년	대학창조일자리센터(청년특화 원스톱 전달체계) 신규 추진(시범), 2015년 10월 21개 대학 선정
2016년	2월, 20개 대학 추가선정(전국 41개교, 사업비5억)
2017년	2월, 20개 대학 추가선정(전국 61개교) - 10월 소형사업 10개 대학 선정(소형사업 시범실시) - 대학일자리센터로 사업 명칭 변경(전국 71개교 운영(대형6억, 소형2억))
2018년	대학일자리센터로 일원화(101개교) - 취업지원관, 대학청년고용센터 폐지
2021년	대학일자리센터플러스 사업 추진 - 기존 대학일자리센터 사업을 확대·개편* * 대학일자리센터 2021년부터 지원종료 대학 발생으로 인한 청년고용서비스 전달체계 축소 우려, 후속사업 추진(졸업 2년 이내 미취업 청년까지 서비스 대상 확대, 일자리발굴·매칭 등 취업지원 강화, 전문상담 지원 강화)
2023년	대학일자리플러스센터 사업(신규, 일반전환, 교차전환) - 재학생 맞춤형 고용서비스 시범 사업 12개 선정
2024년	재학생 맞춤형 고용서비스(대학 본사업, 고교 시범사업) - 대학일자리플러스센터 121개교, 대학 재학생 맞춤형 고용서비스 53개교, 고교 재학생 맞춤형 고용서비스 20개교

<대학일자리(플러스)센터>

1. 목적: 대학의 분절된 취업지원 기능 및 인프라를 통합·연계하는 전달체계를 구축하여 대학의 청년 특화 고용서비스 지원 역량을 강화하고 청년의 노동시장 진입을 지원

2. 사업추진체계

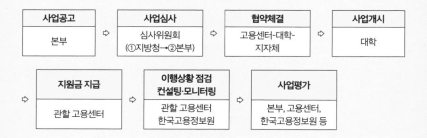

3. 사업방식: 정부·대학·지자체 매칭, 대학은 민간위탁 기관과 컨소시엄 또는 단독 운영. 지원대학은 교내 연계 및 외부 협업 등 적극적 취업지원을 위해 노력하고, 센터 내에 전문 컨설턴트 및 취업지원 전담자를 배치하여야 함

<컨설턴트 자격요건>
① 직업상담사 자격증을 소지하고, 관련 업무에 1년 이상 종사한 자
② 청소년상담사 1~2급 자격증을 소지하고, 관련 업무에 1년 이상 종사한 자
③ 직업안정법에 의한 유·무료 직업소개 업무 및 직업정보제공 분야에 2년 이상 종사한 자(관련 업무를 직접 담당한 경우에 한함)

④ 기업체에서 인사·노무 등 HRD 업무에 3년 이상 혹은 최근 2년 연속 종사
한 자(관련 업무를 직접 담당한 경우에 한함)

⑤ 경영자 단체, 노동조합 등 근로자 단체, 고용 관련 공공·민간 연구기관
등에서 인사·채용 및 취업지원 업무 경험이 3년 이상인 자

⑥ 그 밖에 전공·경력 등을 고려할 때, 취업지원에 관한 식견과 경험을 갖추
었다고 관할 고용센터장이 인정한 자

<취업지원 전담자업무(예시)>

① (일자리 발굴 및 매칭) 대학 내 산학협력단·학과, 협회·고용센터 등 외부
기관과 협업을 통한 일자리 및 일경험 사업체 발굴, 기업의 인재추천 매
칭 지원, 청년구직자 매칭 등

② (기업·채용정보 통합관리) 대학 내 분산되어 있는 기업정보 수집·관리,
자체 발굴 일자리 및 대학 내 기업정보 등을 기업정보시스템에 입력 관
리, 채용정보 모니터링 등 사후관리, 발굴된 정보의 공유를 통한 활용도
제고

③ (유관기관 협업) 지역·산업별 협의체, 고용센터 등 유관기관과의 연계·협
업을 통해 채용정보 및 동향 파악, 기업별 인재상 및 인력수요 정보 등의
파악

④ (기타) 그 외 적극적 취업 매칭을 위한 기업 및 청년 구직자 관리와 지원

대학일자리플러스센터 현황('24년, 121개교)

① 서울(20): 상명대, 성균관대, 한국외국어대, 서울시립대, 세종대, 건국대, 한양여대, 숙명여대, 명지대, 삼육대, 서울과학기술대, 한성대, 국민대, 성신여대, 서일대, 인덕대, 덕성여대, 서경대, 서울여대, 숭실대

② 경기(22): 단국대, 한신대, 가천대, 경기대, 대진대, 부천대, 수원대, 아주대, 성결대, 연성대, 한국공학대, 동서울대, 강남대, 한경국립대, 한국항공대, 계원예술대, 유한대, 경복대, 안산대, 안양대, 오산대, 한세대

③ 인천(3): 인천대, 인하대, 재능대

④ 강원(5): 가톨릭관동대, 강원대, 한림대, 상지대, 한라대

⑤ 대전, 충북, 충남, 세종(16): 배재대, 국립한밭대, 한남대, 충남대, 목원대, 세명대, 서원대, 건국대글로컬캠퍼스, 국립한국교통대, 청주대, 순천향대, 백석대, 청운대, 남서울대, 나사렛대, 고려대세종캠퍼스

⑥ 광주, 전남, 전북, 제주(17): 전남대, 조선대, 호남대, 조선이공대, 광주대, 광주여대, 동신대, 국립목포대, 한양대, 국립순천대, 순천제일대, 우석대, 원광대, 전주대, 국립군산대, 전주기전대, 제주대

⑦ 대구, 경북(19): 계명대, 영남이공대, 계명문화대, 영진전문대, 대구가톨릭대, 대구대, 동국대WISE캠퍼스, 영남대, 경일대, 국립금오공과대, 구미대, 대구한의대, 경운대, 국립안동대, 동양대, 위덕대, 포항대, 한동대, 호산대

⑧ 부산, 울산, 경남(19): 경성대, 동아대, 동의대, 국립부경대, 동명대, 동서대, 고신대, 부산여대, 부산외국어대, 신라대, 울산대, 울산과학대, 경남대, 경상국립대, 영산대, 인제대, 창원문성대, 경남도립거점대, 국립창원대

<재학생 맞춤형 고용서비스>

1. 목적: 고용서비스 사각지대에 있는 재학청년에게 맞춤형 고용서비스를 조기에 지원, 원활한 '학교-노동시장 이행'을 촉진

2. 전문 컨설턴트 배치 및 운영: 대학은 자체 고용 또는 민간전문기관을 활용하여 센터 내에 취업상담, 비교과 프로그램 운영 등을 지원하는 전문 컨설턴트를 배치

3. 주요내용(전달체계: 대학 일자리플러스센터)
  1) 빌드업 프로젝트(대학 저학년(1~2학년) 중심)
    - 개인별 직업지도 및 진로탐색 역량제고(관심 직업정보 제공 → 직업 포트폴리오 설계 → 다양한 진로탐색 기회제공)
  2) 점프업 프로젝트(대학 고학년(3~4학년)중심)
    - 취업역량진단 → 목표직업설정 → 개인별 취업활동계획수립 → 훈련·일경험·취업스킬 프로그램 패키지 제공+수당지원

대학 재학생 맞춤형 고용서비스 대학교, '24년 53개교

① A유형(11,000명 이상) 18개교

- 명지대, 세종대, 가천대, 경기대, 단국대, 원광대, 전남대, 조선대, 배재대, 순천향대, 한남대, 계명대, 대구대, 영남대, 경성대, 국립부경대, 동아대, 동의대

② B유형(7,000명 이상 11,000명 미만) 16개교

- 삼육대, 서울과학기술대, 숙명여대, 강남대, 대진대, 부천대, 수원대, 아주대, 국립목포대, 전주대, 국립한밭대, 남서울대, 목원대, 대구가톨릭대, 동서대, 인제대

③ C유형(7,000명 미만) 19개

- 덕성여대, 서일대, 인덕대, 한성대, 동서울대, 한경국립대, 한국항공대, 한신대, 가톨릭관동대, 상지대, 우석대, 호남대, 서원대, 세명대, 구미대, 대구한의대, 동국대WISE캠퍼스, 영남이공대, 동명대

고교 재학생 맞춤형 고용서비스 대학교, '24년 20개교

서일대, 인덕대, 계원예술대, 단국대, 동서울대, 유한대, 한신대, 우석대, 원광대, 조선이공대, 한영대, 배재대, 세명대, 계명대, 계명문화대, 구미대, 대구가톨릭대, 대구대, 영남이공대, 창원문성대

chapter 4.
민간 고용서비스 품질관리

"정부는 올해부터 고용서비스 우수기관 인증제도를 대한민국을 대표하는 역량 있는 기관을 선정하는 방식으로 전면 개편할 방침이다. 이와 동시에 우수기관에 대한 인센티브도 확대된다."

- 정부, "'고용서비스 우수기관 인증제' 전면 개편한다" <잡포스트> 2024.4.23. -

민간 고용서비스 품질을 높이다

고용정책을 수행하는 조직들은 다양하다. 고용노동부를 포함한 중앙부처, 특별행정기관, 지방자치단체, 유관 공공기관, 민간 고용서비스 위탁기관 등이다. 고용정책 집행기관으로 민간의 고용서비스 기관들이 공공 위탁사업에 참여하고 있다. 그동안 고용서비스 민간위탁 기관의 서비스 품질관리 필요성이 지속적으로 논의되어 왔다. 나는 본부에서 이러한 품질관리에 대한 전반적인 운영 관리를 맡았다. 쉽게 말하면 사람들에게 일자리를 연결해 주는 민간 고용서비스 기관들이 더 나은 서비스를 제공할 수 있도록 돕는 역할이다. 하지만 서비스 제공 인력의 전문성 부족 등으로 인해 기관 간 서비스 질의 차이가 크게 나타나고 있었다. 우수한 고용서비스를 제공하는 기관도 있었지만, 그렇지 못한 기관들도 존재했기 때문이다. 고용서비스 품질을 효과적으로 높이는 방안으로 고용서비스 품질관리 컨설팅과 고용서비스 우수기관 인증제에 집중했다.

고용서비스 우수기관 인증제는 구인·구직자들이 신뢰할 수 있는 기관을 선택하도록 돕고, 우수 고용서비스 모델을 민간시장에 널리 확산하기 위해 2008년부터 시행했다. 15년 넘게 오프라인 방식으로 운영되던 이 제도는 2023년 전산화를 도입하여 일부 운영했고, 다음 해부터 본격 적용하였다. 신청 절차는 간소화되고, 구비서류도 최소화되어 참여 기관들이 쉽게 접근했다. 인센티브 역시 강화되었다. 다양한 유사 제도의 혜택을 분석해 실효성 있는 인센티브를 추가하였고, 이를 통해 기관들이 적극적으로 참여할 수 있도록 제도를 개선했다. 이러한 변화와 혁신은 '신청은 간편히, 인센티브는 더 많이'라는 슬로건 아래 적극행정 경진대회에 사례로 제출했고, 입선하여 포상휴가를 받았다. 비록 큰 상은 아니었지만 의미 있는 성과로써 고용서비스 개선에 대한 자부심을 더했다.

고용서비스 품질관리 컨설팅은 현재 기관이 어떤 문제점을 가지고 있고, 이것들을 어떻게 개선할 수 있는지를 전문 컨설턴트가 도와주는 프로그램이다. 컨설팅은 컨설턴트 역할이 무엇보다 중요하기 때문에 전문 컨설턴트 구성에 신경을 많이 썼다. 컨설턴트는 위탁사업과 관련된 사업 특수적 이해와 심사 절차 등 해당 분야 전문가로 실무 이해도가 높은 자를 우선 고려했다. 특히 고용센터에서 위탁사업 심사와 운영 경험이 풍부한 실무자를 컨설턴트로 추가 선발했다. 컨설턴트 확정 후에는 워크숍 등을 개최하여 고용서비스 민간위탁사업 소개, 컨설팅 추진 방향 설명과 컨설팅 내용·방법을 교육했다. 취업지원컨설팅에는 민간위탁사업 수행기관의 상담원들이 참여하였고, 이들 중에는 중간 리더급인 선임상담원도 포함되었다.

한편 고용서비스 우수 인증기관 집합 컨설팅은 주로 헤드헌팅 분야에서 참여하였다. 컨설팅 실시 전 헤드헌팅 업체 특성과 역량개발 수요를 파악하기 위해 사전 인터뷰를 진행했다. 헤드헌팅 업체는 중견기업 이상과 공기업을 대상으로, 경력직 및 전문 분야 인재 알선이 대부분을 차지하고 있다. 이들은 특정 기술이나 경험을 갖춘 고급 인재를 발굴하여 기업에 추천하는 방식으로 대다수 운영된다. 근로계약이 아닌 사업계약을 통해 자영업자 신분으로, 기관에 소속된 형태의 근무 비중이 높다. 헤드헌터들은 네트워킹과 직접 접촉을 통해 인재를 발굴하는 등 적극적으로 활동하고 있었고 대기업 근무 경력 등을 통해 기본적인 현장 지식과 업무 역량을 갖추고 있어, 추천 과정에서 높은 신뢰성을 유지하고 있음을 보여준다. 이들의 컨설팅에 대한 수요는 정부 고용서비스 정책 현황과 통계 활용, 개인정보보호, 주요 업종 및 직종의 특성, 전문직 상담과 소통 기술 등이 있었고 기관과 종사자의 역량 개발을 지원하는 차원에서 운영되었다.

품질관리 컨설팅에 참여한 직업상담사들 중 상당수는 초기 경력을 직업훈련 기관이나 여성새로일하기센터에서 시작한 경우가 많았다. 직업훈련 기관에서는 직업훈련생 모집과 상담, 훈련과정 전반의 지원, 취업알선 등의 실무를 담당하며, 고용노동부 연계 사업을 운영하면서 행정 업무까지 경험할 수 있다. 이는 직업상담사로서의 기본 역량을 쌓는 데 매우 유리한 출발점이다. 한편, 여성새로일하기센터는 경력단절 여성들의 취업 준비와 복귀를 돕는 과정에서 다양한 취업지원 업무를 수행한다. 이와 함께 여러 구직자들과의 소통을 통해 상담 능력을 키울 수 있는 좋은 기회를 갖기도 한다.

컨설팅에 참여한 직업상담사들 중 다수가 활동하는 국민취업지원제도는 구직자들에게 종합적인 취업지원 서비스를 제공하며, 직업상담사의 역량을 발전시키기에 유리한 환경을 제공한다. 구직자 모집, 취업 알선, 집단상담 프로그램 운영 등의 업무를 수행하며, 성과 인센티브 등의 보상을 통해 직무 성과를 경험할 수 있다. 국민취업지원제도에서 경력을 쌓은 상담사들은 점차 대학일자리센터나 중장년내일센터로 이동하거나, 프리랜서 강사 또는 헤드헌터로 활동을 확장하기도 한다. 대학일자리센터는 대학생들의 진로 상담과 취업 지원을 중점적으로 다루며, 다양한 취업 프로그램 기획과 취업처 발굴을 통해 컨설턴트로서의 전문성을 강화할 수 있는 곳이다. 반면, 중장년내일센터는 중장년층을 대상으로 한 생애설계 상담과 취업 알선을 담당하며, 고령화 사회에서 특히 중요한 직무 경험을 제공한다. 따라서 직업상담사로서의 성공적인 커리어 경로를 위해서는 각 단계에서 직무 성과를 달성하고, 자격과 경력을 지속적으로 관리하며, 전문성 향상과 실무 역량을 꾸준히 강화하는 것이 필수적이다.

고용서비스 기관 현황

출처: 각 기관 홈페이지

1. 공공고용서비스기관 현황

1) 고용노동부

- 고용센터: 174개
- 한국장애인고용공단: 장애인의 직업생활을 통한 자립지원, 사업주 의 장애인 고용을 전문적으로 지원
- 여성새로일하기센터: 159센터(여성가족부 공통 지정)

2) 보건복지부

- 지역자활센터: 250개(근거: 국민기초생활보장법 제16조)
- 한국노인인력개발원: 본원과 12개 지역본부(노인복지법 제23조의2 에 따라 설립)

3) 통일부

- 남북하나재단: 탈북민들의 경제적 자립과 사회적 통합 지원
- 하나센터(지역적응센터): 전국 시·도별(남북하나재단, 사회복지법인, 비영리법인 등 북한이탈주민 하나센터 25개 지정

4) 법무부

- 한국법무보호복지공단: 보호관찰 등에 관한 법률과 사회복지사업법 등에 의거 건전한 사회복귀 등
- 범죄피해자 원스톱 솔루션센터: 범죄피해자가 법률·경제·심리·고용· 복지 등의 다양한 지원을 한곳에서 종합적으로 받을 수 있는 공간 (2024.7.22. 서울에 전국 최초 개소)

5) 해양수산부

- 한국선원복지고용센터: 선원 복지 증진과 고용 촉진, 직업안정 사업
  (선원법 제142조에 따라 2001년 6월 설립)

6) 국방부

- 국방전직교육원: 2015.1.1. 개원, 전역예정장병 대상 재취업과 안정적
  인 사회 복귀지원(국방전직교육원법에 의해 설립)

7) 국가보훈부

- 제대군인센터: 10개 지역별 센터, 4개 고용복지+센터 내 제대군인 전
  직지원 상담팀 운영

8) 지방자치단체

- 서울시일자리지원센터: 본청, 25개 자치구
- 서울시50+재단: 재단(2016.4월 설립). 캠퍼스(5), 센터(13)
- 경기도 일자리재단: 2016년 9월 공식 출범

2. 민간 고용서비스기관 현황

(단위: 개소)

구분		2019	2020	2021	2022	2023
총계		16,459	17,040	17,302	17,957	18,911
직업 소개사업	국내무료	1,603	1,587	1,637	1,713	1,728
	국내유료	13,368	13,883	14,138	14,706	15,548
	국외무료	35	34	29	23	26
	국외유료	198	186	172	185	201
직업정보제공사업		1,209	1,305	1,280	1,285	1,364
근로자 공급사업	국내	46	45	46	45	44
	국외	-	-	-	-	-

1) 무료직업소개사업: 수수료, 회비 또는 그 밖의 어떠한 금품도 받지 아니하고 하는 직업소개사업(직업안정법 제2조의2제4호, 제18조)

2) 유료직업소개사업: 무료직업소개사업이 아닌 직업소개사업 (직업안정법 제2조의2제5호, 제19조)

3) 직업정보제공사업: 신문, 잡지, 그 밖의 간행물 또는 유선·무선방송이나 컴퓨터통신 등으로 구인·구직 정보 등 직업정보를 제공하는 사업(직업안정법 제2조의2제8호, 제23조)

4) 근로자공급사업: 공급계약에 따라 근로자를 타인에게 사용하게 하는 사업. 다만, 파견근로자 보호 등에 관한 법률 제2조제2호에 따른 근로자파견사업은 제외(직업안정법 제2조의2제7호, 제33조)

5) 근로자파견사업: 근로자파견을 업(業)으로 하는 것을 말함(파견근로자 보호 등에 관한 법률 제2조제2호)

* 근로자파견이란 파견사업주가 근로자를 고용한 후 그 고용관계를 유지하면서 근로자파견계약의 내용에 따라 사용사업주의 지휘·명령을 받아 사용사업주를 위한 근로에 종사하게 하는 것을 말함(파견근로자 보호 등에 관한 법률 제2조 제1호)

<연도별 근로자파견사업 현황>

(단위: 개소, 명, 천원)

연도별	파견사업체		파견 근로자수	파견근로자 평균임금
	허가 업체수	실적 업체수(%)		
2023(하)	2,194	1,272(58.0)	98,312	2,023(2,324)*
2023(상)	2,148	1,297(60.4)	91,242	2,357
2022(하)	2,258	1,390(61.6)	97,001	2,283

* 특정파견업체가 파견허용업무에 단기 파견근로자를 다수 파견(13천여 명)하여 월 평균 임금이 다소 감소(해당업체 제외 시, 월 평균 임금은 2,324천 원으로 전년 동기 대비 41천 원 증가)

Part 5

고용서비스
25년 차,
나의 성장

"고용서비스에 몸담은 25년 동안, 승승장구한 시간만 있었던 것은 아니다. 좌절의 순간도 있었고, 이를 극복하도록 도와주고 함께해준 고마운 사람들도 있었다. 그간의 경험 속에서 깨달은 것은 오랫동안 자신이 좋아하는 일을 하기 위해선 제대로 된 충전도 필요하다는 것. 성장의 비결과, 25년간의 인생 여정을 통해 내가 배운 것들이 여기 담겨 있다."

chapter 1.
잘했어

"훌륭한 일을 하는 유일한 방법은

당신이 하는 일을 사랑하는 것입니다."

- 스티브 잡스 -

고용노동부와 나, 함께 성장한 시간

지금 이 순간, 나를 성장시키고 성숙하게 해준 고용노동부에게, 그 과정을 묵묵히 견뎌낸 나 자신에게 진심으로 고마운 마음이 든다.

유튜브 하와이 대저택에 출연한 김민식 작가가 '일을 잘하는 사람은 어떤 사람이냐'는 질문을 받았다.

"일을 잘하는 사람은 정이 많은 사람이라고 생각하는데요. 사람에 대한 애정, 일에 대한 열정, 내가 몸담고 있는 회사에 대한 충정이라고 생각해요." 이 3가지 중 '충정'에 대한 사례로 김태호 PD에 대해서 이야기했다. 김민식 작가가 MBC 〈일밤〉 연출하던 시절 현장 상황이 좋지 않아 영상을 잘못 찍어 불방할 수도 있었다. 하지만 조연출인 김태호 PD가 밤을 새워 볼 만한 상태로 편집을 해서 내 놓았다고 한다. 이렇게까지 한 이유를 물으니 "우측 화면 상단에 MBC 로고가 박혀서 나가는 화면인데 제가 할 수 있는 최선을 다해서 내보내야죠." 김민식 작가가 생각할 때 김태호 PD는 MBC에 대한 충정이 커서 내가 어떻게 하면 더 잘할 수 있을까를 끊임없이 고민하는 친구라고 했다. 이어서 말하기를 "저도 회사를 너무 좋아하다 보니까 저쪽에서 누가 '어제 그 MBC 말이야.'라고 말하는 소리가 들리면 나도 모르게 귀가 쫑긋해요. 궁금하죠, 사람들은 내가 사랑하는 나의 회사에 대해서 뭐라고 얘기하는지."[35]

나도 누군가가 고용노동부, 아니 '고용', '노동', '일자리' 등 관련 얘기를 하고 있으면 귀가 쫑긋한다. 대학원 다닐 때도, 강의할 때도, 서울특별시 파견근무 하면서도 '고용노동부' 대표 선수라는 생각으로 임했다. "역시 고용노동부 사람은 달라." 이 말을 듣고 싶었는지도 모른다. 그냥 채정오라 생각하는 게 아니라, '고용노동부 채정오'라고 사람들이 생각하기 때문이다. 그래서 할 수 있는 한 최선을 다했다. 대충할 수는 없었다.

　'나는 고용노동부를 사랑한다.' 가끔 혼잣말로 이렇게 말하곤 했다. 나의 커리어는 이곳에서 피어났고, 내가 성장할 수 있도록 발판을 마련해 준 곳이다. 내 능력을 인정해 주고 내가 발전할 수 있도록 많은 기회를 주었다. 물론 직장 생활이 늘 순탄하지만은 않았다. 때로는 직업상담 직렬에 대한 차별이나 배려 부족으로 서운함을 느끼기도 했다. '왜 이렇게 서자(庶子) 취급할까? 조직은 나의 가치를 모르는 걸까?'라고 생각한 순간들도 있었다. 그럴 때는 고용노동부를 떠나고 싶다는 생각이 들기도 했다. '차별 때문에 힘들 때도 있었지만, 그럼에도 이곳은 나에게 많은 기회를 주었어.' 스스로 그렇게 다짐했고 그 다짐을 잊지 않으려고 애썼다. 그 모든 서운함을 극복하고 이 자리까지 올 수 있었던 이유는 내가 고용노동부와 함께 성장해 왔다는 사실을 잊지 않았기 때문이다.

　"고용노동부 약칭은 '고용부'입니다."(중략) 부처명이 세 글자에서 다섯 글자로 늘어남에 따라 약칭을 놓고 거론됐던 노동부, 고용부, 고노부 등 3가지 안 중 고용부를 낙점한 셈이다. [36] 약칭은 고용 정책을 강조하고 일자리와 고용안정에 대한 정부 의지를 반영한 것이다. 내가 이렇게 중요한 일에 조금이나마 역할을 할 수 있다는 것이 감사했다.

나에게 직장은 단순한 일터 그 이상이었다. 커리어뿐만이 아니라 인간적
으로도 성장할 수 있었다. 고용노동부도 많은 변화를 겪어왔다. 그 변화와
함께 고용노동부에 대한 애정과 자부심을 키워왔다. 변화 과정 속에 조직
이 힘들 때도 있었고, 구성원들 간에 갈등을 겪을 때도 있었다. 하지만 그
런 과정을 함께 하며 고용노동부 역사 속에서 작은 부분이라도 기여할 수
있었다는 것이 자랑스러웠다. "고용노동부도 변하고, 나도 변했다. 그 속에
서 우리는 함께 성장했다."

이 책을 읽고 나와 같은 길을 걸어가는 동료나 입사를 희망하는 사람들
이 '나도 이 곳에서 더 성장할 수 있겠구나.'라는 희망을 가졌으면 좋겠다.

"힘든 시간도 많았고, 서운한 마음이 들 때도 적지 않았지만 결국 고용노동
부가 지금의 나를 있게 했고 여기서 많은 것을 배우고 이루며 그만큼 성장
할 수 있었다."

이와 함께 한마디 더 말하고 싶다.

"정오야 정말 잘해왔어. 여기까지 오느라 고생 많았다."

chapter 2.
괜찮아

"당신은 하늘입니다.

다른 모든 것들은 단지 날씨일 뿐입니다."

- 페마 초드론 -

그때 왜 울었어?

"일을 잘한다.", "일머리가 있다."

내가 직장에서 받은 평가들이다. 성과도 좋았고 늘 인정받아왔다. 하지만 나를 시기하고 질투하거나, 악의적 소문을 내어 나를 곤란하게 만드는 동료들도 있었다.

"걔는 생색나는 업무만 해.", "항상 운이 좋은 것 같아."

때로는 나쁜 소문이 돌기도 했고, 일부 동료들은 자신의 생각을 진실처럼 퍼뜨리기도 했다. 처음에는 그런 말들에 상처받기도 했지만 일일이 대응하고 싶지 않았고, 괜히 휘말리기도 싫었다. 그냥 묵묵히 견디며 내 길을 걸어왔다. 그러던 어느 날, 내 인생에서 가장 큰 위기를 맞았다. 아빠가 교통사고를 크게 당해 중환자실에 입원하셨는데 '경막하 출혈'이라는 진단을 받았다. 수술을 앞두고 의사선생님이 나에게 말한 그 한마디가 아직도 생생하다.

"마음의 준비를 하셔야 합니다."

그 말을 듣는 순간, 앞이 깜깜했다. 늘 우리 곁에 당연히 계실거라 생각했던 아빠를 보지 못할 수도 있다는 생각이 나를 아찔하게 했다. 두렵고 눈물이 멈추지 않았다. 수술 들어가기 전 아빠와 대화를 나눴다. 예전에 가족들과 함께 통영으로 여행을 갔던 것이 참 좋았다고 말씀하시며, 이야기를 계속 이어나갔다.

"아침에 반신욕 하면서 세상 사람을 위해 기도해. 나는 여러 사람과 자주 모임을 갖다보니까 사람을 많이 만나잖아. 만나는 사람마다 채남수 만나서 원망하거나 피해보는 일 없게 해 달라고 기도해. 눈뜨면 행복해. 볼 수 있음에 감사하고, 들을 수 있어 감사하고, 걸을 수 있어 감사하고, 말할 수 있어 감사하고, 매일 감사한 일이 너무 많아. 니 엄마한테 편지를 썼어. 웃어도 하루, 찡그려도 하루인데 이왕이면 웃으면서 행복하게 살자고. 나는 연명치료 안 받아. 내가 어떻게 갈지는 모르지만 산소 호흡기까지 하지 않게 해줘. 아프면 안 아프게 주사를 놓아서 편하게 가게 해줘. 그게 현명하다고 생각해. 살 만큼 살았어. 어떨 때는 심장이 아파서 위급할 때 먹는 약을 먹어. 심장에 스텐트들을 박아 놓은 자리가 가끔 아팠어. 그럴 때마다 주위에서 테니스 하지 말라고 하는데, 나는 테니스 하다가 숨을 거두어도 그것이 나의 행복이라 생각해. 내가 가장 좋아하는 테니스를 마지막까지 할 수 있었으니까. 지금까지 부끄럼 없이 베풀면서 살아왔고, 때로는 많은 손해도 봤어. 그렇지만 너네들이 잘 자라 줬고, 나도 늘 배우고 나누면서 행복한 인생을 살았기에 행복했다."

수술하는 동안 그 자리에 서서 그저 울기만 했다. '늘 바쁘다는 핑계로 안부 전화조차 자주 못했는데….' 스스로를 자책했다.

아빠는 의지가 강한 분이다. 결국 수술은 잘 끝났고 큰 고비를 넘겼다. 후유증은 남았고, 아빠는 한동안 병원에서 치료를 받으셔야 했다. 간병인 구하기가 어려웠다. 아빠가 자주 움직이고 잠을 잘 못 주무신다는 게 그 이유였다. 간병인들은 누워만 있는 환자를 선호했기 때문이다. 결국 가족들이 돌아가면서 간병을 맡았다. 아빠는 당뇨, 고혈압 등 여러 지병을 가지고 있었고 이번 교통사고로 인해 건강상태는 더 악화되었다. 엄마도 무릎 연골수술 후 부작용과 허리 등 전체적으로 몸 상태가 좋지 않았고 응급실도 몇 번 다녀왔다. 부모님 건강은 늘 나와 가족들에게 큰 부담이었다.

'또 무슨 일이 생길지 모르겠어. 언제 응급 상황이 올지 알 수 없으니까.' 마음 한구석에는 늘 걱정과 불안감이 자리하고 있었다. 그런 상황 속에서 나는 중요한 결단을 내렸는데, 바로 시간제 근무를 신청한 것이다. 부모님과 더 많은 시간을 보내고 나 자신을 되돌아 볼 시간이 필요했다. 하지만 직장 내에서는 또다시 소문이 돌았다. "시간제 근무? 수급자격 업무 가라고 하니까 민원업무 하기 싫어서 그런 거 아니야?"

나는 언제나 내 일에 최선을 다해왔다. 2019년 초 발령받은 고용센터의 기피 부서는 '기업지원팀'이었다. 기업지원금 신청이 폭주하면서 처리할 일들이 누적되어 쌓이고 있던 상황이었다. 전임자는 많은 미처리 건을 두고 떠났고, 산적한 업무를 잘 마무리하면 희망 부서에 배치해 준다고 하였다. 이 당시 특히 신청이 많았던 지원금이 '청년 추가고용장려금'이었다. 2017년 추경 시범사업으로 추진되었던 청년 추가고용장려금은 2018년 두 차례 (1, 3월) 개편을 거쳤다. 물량과 신청대상 업종까지 확대되면서 지원금을 신청하는 기업들이 엄청 늘어났다. 지원금에 대한 문의와 방문 민원도 증가하였고, 이로 인해 담당자들은 몸이 두 개라도 모자랄 지경이었다. 지원금 검토 과정에서는 현장 확인과 보완자료 요구, 사업개편에 따라 달리 적용되던 지침내용 등 담당자가 검토해야 할 일들이 늘어나고 모든 게 복잡해지기 시작했다. 한쪽에서는 신청서가 들어오고, 다른 한쪽에서는 이미 쌓인 서류들을 검토해야 했다. 이러한 상황에서 처리 속도는 점점 더뎌졌고 지원금 신청서류는 계속해서 쌓여만 갔다. 몇 달 동안 쌓인 업무들을 처리하느라 6개월 가까이 밤낮 가리지 않고 정신없이 일했다. 그 와중에 병원도 자주 다녔다. 몸이 상할 정도로 업무에 치여 살았지만 묵묵히 견뎠다. 조금씩 기업지원 업무가 안정되자, 최근 민원이 계속 발생하고 있는 실업급여 수급자격으로 업무분장을 내겠다고 하였다. 특이 민원이 계속 발생하고 있고, 시간제 직원들이 많아 7급 베테랑 종일제 근무자를 보내겠다는 이유였다. 나는 너무 지쳐 있었다. 아빠 사고로 인한 수술과 간병이 그 시기였다. 주말마다 지방을 다녀오는 것도 힘들어 시간제를 써야겠다는 생각을 하고 있던 때였다.

그동안 한번도 내 힘듦을 티낸 적이 없었다. 묵묵히 주어진 일을 다 해냈다. 더는 참을 수 없다는 생각에 팀장과 대화를 나누었다.
"지금 부모님이 많이 아프세요. 주말마다 지방을 다녀오고 있습니다. 저도 너무 지쳐서 힘듭니다."
그제야 놀란 듯 나를 보며 말했다.
"왜 그런 얘기를 하지 않았어요? 그랬으면 팀 간 이동을 논의할 때 고려했을 텐데. 다른 직원들은 자기 사정을 얘기하더라고요."
나는 어이가 없었다. 정신없이 일하느라 그런 이야기를 할 여유도 없었고, 시시콜콜 개인 사정을 꺼내는 게 맞는지조차 의문이었다. '그런 세세한 이야기를 다 해야 하나? 나는 내가 해야 할 일에 집중했을 뿐인데.' 그것이 오히려 나에게 불이익을 주었다는 사실에 실망했다. 힘들게 일한 보답이 결국 더 힘든 곳으로 나를 보내려 한다니, 조직에 대한 실망이 컸지만, 동료들에 대한 실망은 그보다 더 컸다. 자신들은 비선호 부서를 피하기 위해 온갖 방법을 동원하며, 자기만 아니면 된다는 마음으로 행동했다. 그러면서도 남을 험담하고 근거 없는 소문을 퍼뜨리는 데 거리낌이 없었다.

"저도 병원에 다니고, 부모님 간병을 해야 해서 시간제를 쓸 계획이었어요. 수급자격에 저를 보내셔도 되는데, 제가 시간제를 사용할 거라는 것을 미리 그쪽 팀에 얘기를 해 주셨으면 합니다."

사람들은 이렇게 말했던 나를 오히려 의심하고 비난했다. 심지어 내가 교묘하게 시간제를 이용하고 있다는 말까지 들려왔다. 정말 기가 막혔다. 사람들은 자신이 그 상황에 놓이기 싫어서 전전긍긍할 뿐이었고, 남의 아픔에 대한 이해나 공감은 없었다. 그저 자기 방어만이 우선이고 중요할 뿐이었다. '사람들이 나를 왜 이렇게 함부로 평가할까? 나에 대해 아무것도 모르면서.' 질문에 대한 답은 찾을 수 없었지만 사람들에 대해, 나 자신에 대해 다시 생각해보게 되었다.

약 4개월 동안 20시간씩 시간제 근무를 했는데 첫 월급이 90만 원도 되지 않아 당황스러웠다. 그러나 나는 돈보다 더 중요한 것들을 하고 있다는 확신이 있었다. 아빠 건강 상태를 살피고, 엄마를 도와드리며, 내 건강도 챙겨가면서 나 자신에게 좀 더 집중할 수 있는 시간을 가졌다. 그동안 일에 몰입해 살아왔다. 성과를 내고, 더 나아가기 위해 늘 달려왔다. 하지만 이번 일을 계기로 나 자신을 돌아보는 중요한 터닝포인트가 되었다. 사람들 시선과 말로부터 자유로워지고, 그들 말이 내 가치를 결정하지 않는다는 것을 알았다. '정오야, 정말 잘 견뎠어. 힘들었지만 잘해왔어, 대견해.' 셀프 위로였다. 어려운 순간들을 통해 나는 더 강해졌다. 다음 해 나는 객지근무를 선택했는데, 이유는 이곳에서 받은 상처가 너무 컸기 때문이었다. 불평

없이 묵묵히 일한 끝에 돌아온 결과가 허탈했고 동료들에 대한 서운함이 쌓였으며, 상사의 업무분장 방식 역시 실망스러웠던 것이다. 하지만 그때 선택한 객지근무가 결국 행운이 되었다. 고양고용센터에서 소중한 동갑내기 친구인 김영주와 김지선을 만나게 된 것이다.

시간제를 하면서 아빠와 대화하는 시간을 많이 가졌다. 아빠를 위한 선물을 해 드리고 싶었다. 열 권이 넘는 아빠 사진첩을 한 권으로 정리해서 포토북을 만들었다. 사진마다 에피소드를 담아 아빠와 나눈 추억을 기록했다. 그렇게 완성된 포토북은 아빠 인생이 담긴 한 권의 책이자 작품이 되었다. 아빠는 내가 만든 포토북에 감동을 받으셨다.

"이거 우리 큰딸이 만들어 준 거야."

사람들에게 자랑하고 엄청 뿌듯해하셨다. 포토북에 빠진 내용이 있어 좀 아쉽다는 아빠 말씀에 버전을 업그레이드해서 또 만들었다. 이후 아빠 몸이 많이 회복되어 가족여행도 몇 차례 다녀왔다. 나이 들면 추억을 먹고 산다는 말이 있다. 함께한 여행, 즐거운 가족 식사, 서로가 나눈 대화들, 소소한 순간들이 하나하나 쌓여, 커다란 추억이 되어갔다.

아빠는 초등학교 아동안전지킴이로 12년째 근무하고 있다. 치열한 경쟁 속에서 꾸준히 할 수 있었던 건, 책임감과 성실함 덕분이다. 2013년에는 트럭에 치일 뻔한 초등학생을 구한 일로 신문에 실렸고, 경찰청장에게 감사장도 받았다. 또 몇 년 후에는 '아동안전지킴이' 활동에 대한 공을 인정받아 행정안전부장관 감사장도 받았다.

"학교주변 아동지킴이 있어 든든" 2013.5.22.

채남수, 아침 등교지도 도중 대형트럭 치일 아이 생명 구해

신문 자료

아빠는 내 인생 롤모델이다. 직장에서 인정받고 열심히 살아온 원동력은 아빠에게서 나온 것이 아닐까 싶다. 아빠처럼 도전하며 책임감을 가지고 긍정적으로 살아가기 위해 지금도 나는 노력하고 있다. 아빠에게 드리고 싶은 이 책은 나의 이야기를 담은 선물이다. 내가 얼마나 잘 살아왔는지, 직장에서 어떻게 나만의 길을 걸어왔는지 아빠에게 보여드리고 싶었다. '아빠, 저도 아빠를 닮아 열심히 살아왔어요. 아빠 존경하고 사랑합니다.' 아빠가 가르쳐 준 가르침과 사랑은 언제나 나를 지탱해주는 힘이 되었다.

chapter 3.
고마워

"인생에서 가장 위대한 건

누군가를 사랑하고 또 사랑받는 거야."

- 영화 <물랑루즈> 중 -

참 좋은 사람들, 덕분입니다

"채 주임님, 찾으시는 분이 계세요." 연세가 지긋하신 어르신께서 나를 찾았다. 내 이름이 적힌 꽃다발을 건네셨다.

"멘토님, 효진이에요.

서울로 와 주셔서 감사해요.

멘토님께서 가르쳐 주신 대로 따뜻한 마음을 지닌 어른으로 살게요!

늘 건강할게요. 존경합니다. 멘티 올림."

임효진이 보낸 꽃다발

배달 온 꽃다발을 사진 찍어 효진이에게 카톡을 보냈다.

"효진아, 서프라이즈 깜짝 놀랐네. 서울 다시 돌아온 걸 환영해 줘서 진심으로 고마워^^ 사무실에 꽃 향기가 은은하게 난다. 우리 따뜻한 어른으로 살자. :)"

서울북부고용센터에서 근무할 때 처음 효진이를 만났다. 우리센터 청년 인턴이었다. 그때 효진이 담당 멘토는 아니었지만 우연히 이야기를 나누며 조언을 주고 받는 과정에서 인연이 되었다. 자주 연락하지는 않았어도 취업 준비과정에서, 또 직장을 선택할 때나 직장생활을 하면서 고민이 생길 때면 효진이는 나를 찾곤 했다. 나의 조언이 효진이에게 조금이나마 도움이 될 때마다 보람을 느꼈다. 효진이는 종종 일상의 소소한 이야기를 카톡으로 보내왔다.

"멘토님, 날씨가 정말 좋아졌어요!", "오늘 아빠가 저희 집에 반찬을 가져다주셨거든요? 배부르게 먹고 마음도 따뜻해져서 그런지 존경하는 멘토님께 연락드려보고 싶어지더라고요!", "선생님, 너무 졸려서 카톡 드렸어요. 오늘 너무 졸려요."

이러한 메시지들은 무언가 특별한 답변을 기대하고 보낸 게 아니다. 그냥, 그 순간 떠오른 감정을 나에게 전하고 싶었던 것 같다. 나는 간단하게 이모티콘이나 짧은 답변을 보내곤 했다. 효진이는 그것조차도 늘 감사하게 생각했다. 나는 전에 친구하고 이것에 대해 얘기를 나눈 적이 있었다.

"멘토가 그저 존재만으로도 누군가에게 힘이 될 수 있는 걸까?"

"그럼, 자신의 마음을 나눌 수 있고, 그 이야기를 들어줄 수 있는 사람이 있다는 것만으로도 멘티는 안심하고 힘을 얻을 수 있지. 멘토링이 단순히 답을 주는 관계가 아니라, 멘토라는 존재 자체가 멘티에겐 큰 의미일 수 있어."

존재만으로도 누군가에게 위로와 힘이 될 수 있다는 것. 그 사실을 깨달게 되니, 멘토로서 내 역할에 대한 시각도 달라졌다. 꼭 완벽하지 않아도 괜찮다. 답을 줘야 한다는 부담을 가질 필요도 없다. 중요한 것은 멘티에게 언제나 곁에 있는 존재라는 것만으로도 큰 힘이 될 수 있다는 사실이다.

"사람들의 좋은 회상 속에 자주 남는 사람이 가장 위대하다."는 글귀를 떠올릴 때마다 최은영쌤이 생각난다.

고용센터에서 인연이 된 최은영쌤은 직업상담원으로 근무하며 뛰어난 성과와 탁월한 민원 응대 능력으로 지청장상을 받았다. 이후 특성화고 취업지원관으로 활동하며 다시 업무 파트너로 만나, 우리는 함께 여러 성과를 이루어냈다. 은영쌤은 학생들의 취업을 위해 헌신하며, 기업과의 네트워크를 통해 일자리를 발굴하고 매칭하는 데 두드러진 실력을 발휘했다. 함께 출장을 다니며 발로 뛰는 현장에서 쌓인 신뢰는 견고했다. 민간 기업에서 쌓은 경력 덕분인지, 도전적이고 혁신적인 은영쌤은 어떤 상황에서도 문제를 해결하고 변화를 이끄는 능력이 돋보였다. 강해 보이는 인상 뒤에는 깊은 배려심과 사람을 끌어당기는 친화력이 있었다. 일처리는 늘 정확했고, 목표를 분명히 알고 결과물로 증명해낸다. 활달하고 유쾌한 그녀 덕분에 함께 있을 때면 웃음이 끊이지 않았다. 은영쌤 같은 사람이 곁에 있다는 사실이 내 인생의 큰 행운이다.

우리는 직장에서뿐만 아니라 학업적으로도 공통점이 많았다. 은영쌤은 대학원에서 코칭을 전공했다. 서로의 관심사에 대해 깊은 대화도 나눴다. 업무에서 협력뿐만 아니라, 학문적 대화는 우리 관계를 더욱 견고하게 만들었다. 인간적인 관계도 깊게 이어졌다. 서로의 인생에 대해 이야기를 나누었고 때로는 개인적인 고민을 털어놓기도 했다. 은영쌤의 조언과 통찰력은 내게 큰 도움이 되었고 내가 많이 성장할 수 있도록 항상 큰 역할을 했다. 우리는 각자 길을 가면서도 서로를 응원하고 지지한다. 이런 소중한 인연은 내 인생을 더욱 풍요롭게 하고 내 삶의 큰 원동력이 된다. 은영쌤은 나에게 참 고맙고 소중한 인연이다.

『매디슨 카운티의 다리』처럼 짧았지만 오래도록 마음속에 남을 인연 '류삼님'

류삼님은 류영선 사무관님 애칭이다.

함께 일한 기간은 그리 길지 않았다. 행정고시 사무관 출신으로 언제나 겸손하고 따뜻했다. 모태신앙을 가져서인지, 내가 만난 사람들 중에 가장 선하고, 소박하며 다정한 사람이었다. 알고 있는 정보나 노하우를 숨기지 않고, 나눔에 주저함이 없었다. 내가 모르는 부분도 잘 설명해 주었고, 어떻게 하면 더 나은 결과를 낼지 함께 고민하던 모습은 진정한 리더십의 표본이었다. 평소 궂은 일도 솔선수범했고 모두가 바쁠 때면 식당 당번 같은 일도 기꺼이 맡았다. 직원들과 두루두루 잘 지냈다. 따뜻한 성품은 조직 내에서도 많은 사람들의 존경을 받았다. 타 부서와 회의를 하고 나면 빠르게 보고서 초안을 작성해서 나에게 공유하였다.

"주무관님 제가 작성한 내용인데, 혹시 놓친 부분이 있을까요?"

이처럼 우리는 매번 의견을 교환하고 서로가 이해한 부분을 확인하면서 함께 일해 나갔다. 나와의 업무에서 항상 소통을 중시했다. 이런 소통 덕분에 서로의 생각을 명확하게 공유할 수 있었다. 업무처리도 명료하고 확실했다. 가끔 책상이 어지럽혀져 있어 웃음이 나오기도 했다. 흐트러진 책상에서 창의력이 발휘되는 건가 싶어 미소를 지었지만 그 모습마저 인간적이고 따뜻했다.

류삼님은 단순한 상사를 넘어 나에게 많은 것을 가르쳐준 멘토였다. 업무적으로도 매우 훌륭했지만, 무엇보다 따뜻한 성품과 인간적인 매력은 언제나 나에게 좋은 기억으로 남아 있다. 언젠가 또 다시 만나 함께 일하고 싶다. 아마도 함께 일했던 모든 직원도 그렇게 생각할 것이다. 류삼님에 대한 글을 쓰면서 계속 미소가 지어진다. 갑자기 새로 산 차에 초보운전이라고 3개나 써서 붙이고, 터프하게 운전하던 모습도 생각난다. 여전히 왕초보 류삼님, 항상 운전 조심하세요!!!

당신 만년필로 글이 술술 써지다. 귀한 사람 '송현진 사무관'에게 스며들다.

내가 본부를 떠나올 때 직접 쓴 손 편지와 만년필을 선물 받았다. 송현진 사무관님의 편지는 감동 그 자체였다. 하나하나 꼭꼭 눌러 쓴 편지에서 사무관님의 마음이 고스란히 전해져 울컥했다.

이 편지의 첫 단락은 꼭 이 얘길 써야겠다고 다짐했습니다.

"주무관님과 함께 일하며 배울 수 있어서 영광이었고,

행복했습니다. 감사합니다"

(이 표현, 참 고급져 보이죠?ㅋㅋ)

제가 노동시장에 진입한 뒤로 '아, 이분은 배울점이 많은

분이구나, 어떤 분인지 더 알고 싶다.'하고 생각하는 분 중에

주무관님이 계셨습니다. 그래서 주무관님께서는 모르는 사이에

저 혼자서 영향도 받고, 배우고, 깨닫고, 닮아보려고 애쓰기도

했습니다. 도대체 어떤 거냐고요?! ㅎㅎ 좀 구체적으로 적어보니

칭찬에 보그럼 마시고 읽어주셔요.. ♥

송현진 사무관이 직접 쓴 손편지

송 사무관님은 빅데이터 분야 전문성을 가지고 있고 야무지고 다방면에 역량이 뛰어나다. 특히 밝은 에너지가 너무 좋다. 다양한 일들을 동시에 처리하면서도 책임감 있게 일하는 모습은 대단하게 느껴진다. 사무관님은 일뿐만 아니라 가정생활도 잘해냈다. 어린 두 아이 엄마로, 남편에 대한 사랑도 남달랐다.

"남편이 너무 좋아서 제가 결혼하자고 먼저 말했어요."

남편에 대해 이야기할 때마다 눈빛이 반짝였다. 일과 가정을 완벽하게 양립하면서도 늘 밝고 자신감 넘치는 모습이 멋졌다. 내가 개인적인 조언을 구한 적이 있었다. 계약서와 계약금 문제였다. 송 사무관님은 내 얘기를 귀담아 잘 듣고 나더니 자신이 생각하는 해결방안에 대해 제시했다.

"주무관님이 계약을 파기한다고 해도 문제가 되지는 않아 보이네요. 상대방 측에서 계약서에 고지의무를 위반한 상황이라. 상대가 아무리 사정한

다 해도 신뢰가 사라져, 저라면 그쪽 상황을 고려하지는 않을 것 같아요. (생략)"

사무관님의 명쾌한 조언 덕분에 나는 그 문제를 잘 해결할 수 있었다. 그 야말로 야무지고 명확한 사고방식을 가진 신세대였다.

송 사무관님은 이런 냉철함도 있지만 보통은 항상 함께 일하는 사람들을 배려했다. 고용서비스기반과에서 나이는 제일 어렸지만 사람들에 대한 애정과 성숙함은 어른스러웠다. 어느 날 유난히 안색이 좋지 않았다.

"송 사무관님 무슨 일 있으세요?"

"오늘 식사를 못하겠어요. 이석증 때문에…."

평소 누구보다 가장 밥을 맛있게 먹곤 했었기에 그 모습을 보니 너무 안타깝고 걱정도 많이 되었다. 나는 건강을 잘 챙겨가면서 일하라고 얘기했다. 직장 내 분위기도 사무관님 덕분에 훨씬 부드럽고 활기찼다. 송 사무관님이 있는 날과 없는 날은 확연하게 사무실 공기가 달랐고 함께 있으면 나도 마음이 편안하고 든든했다. 책임감과 배려, 사람을 위하는 따뜻한 마음은 정말로 배울 점이 많았다. 좋은 사람과 함께 지내면서 나도 좋은 사람이 되어 간다.

chapter 4.
충전 중

"피곤할 때 쉬세요.

당신 자신, 당신의 몸, 당신의 마음, 당신의 정신을

새롭게 하고 새롭게 하라.

그럼 다시 일하세요."

- 랄프 마스톤 -

때로는 쉼표도 필요해!

고용노동부에서 25년 동안 여정을 돌아보면 참 많은 일들이 있었다. 맡겨진 일에 늘 책임을 다했고, 열정적으로 일하면서 많은 성과를 냈다. 그 과정에서 성취감과 인정받은 순간들은 나에게 큰 기쁨과 자부심을 안겨주었다. 하지만, 에너지를 일에 쏟아 붓고 몰입하는 동안, 건강에 적신호가 켜졌다는 것을 뒤늦게 깨달았다. 수시로 병원에 다녔다. 안과, 정형외과, 피부과, 내과, 통증의학과 등은 일상적으로 드나드는 곳이 되었고, 직장과 병원을 오가며 건강을 지키려 애썼다.

어떻게 그 시간을 버텼을까? 돌아보면, 중간중간 나만의 쉼이 있었기 때문이다. 이 쉼이 없었다면 아마 무너지고 말았을지도 모른다. 나를 지탱해 준 것은 여행, 독서, 그리고 글쓰기다. 때로는 피아노와 기타를 연주하며 마음을 정리하고, 냥이들과 보내는 소소한 일상 속에서 위로와 평온함을 찾곤 했다. 가끔은 아무 생각 없이 멍 때리며 시간을 보내는 단순한 순간들이 나를 다시 회복시키기도 했다. 이렇게 나만의 시간을 보냄으로써 다시 '잘해보자'는 마음을 갖게 된다. 또한 가족들과 절친들의 따뜻한 응원과 지지는 내가 힘들 때에 언제든 일어설 수 있는 큰 힘이 되어 주었다.

해외여행을 처음 경험한 건, 2013년 고용노동부에서 올해의 고용서비스

상을 받고 포상으로 다녀온 해외연수였다. 그 이후로 코로나19가 있기 전까지, 나는 1년에 한 번씩 해외여행을 다녀왔는데 그곳은 '이탈리아, 스페인, 캐나다, 중국, 일본 등'이다. 여행은 1년 동안 나를 버티게 해주는 힘이었다. 방문하는 나라의 역사와 문화를 사전에 공부하고, 현장에서 그것을 직접 체험하는 시간이 얼마나 큰 행복이었는지 모른다. 여행은 내게 새로운 세상을 보여주었고, 그때마다 나는 삶에 대한 새로운 영감을 얻었다. 세계사를 좋아했던 나에게, 여행은 교과서 속의 역사와 실제로 만나는 시간이었다. 요즘은 국내 여행을 다닌다. 여행은 평소 일상에서 벗어나 새로운 공간에서 재충전의 시간을 가질 수 있다. 그간의 피로와 스트레스를 해소하고 몸과 마음 모두를 새롭게 만들고 나만의 시간을 갖는다. 아름다운 풍경을 보고, 현지 문화를 경험하며 삶의 에너지를 채울 수 있는 좋은 기회다. 돌아온 후에는 새로운 활력과 동기를 가지고 일상으로 복귀할 수 있다. 최근에는 여수와 목포를 다녀왔다. 뚜벅이 여행자에게도 좋은 곳이다. 그곳에서 잘 먹고 잘 쉬고 힐링하는 시간을 가졌다. 현지의 특별한 음식을 맛보다 보면 스트레스가 훨씬 줄어드는 것 같다.

세종에서 일할 때, 가장 행복했던 시간 중 하나는 국립 세종도서관에 다닐 때다. 책을 읽고, 근처 호수공원을 산책하던 그 시간은 내게 소중한 쉼이었다. 도서관에서 보내는 시간은 마음을 평화롭게 해 주었고, 몰입의 시간을 갖는 데 더없이 좋았다. 서울에 와서 구립도서관에 가 보니, 세종도서관 규모와 그곳에서 누렸던 시간이 그리워졌다. 독서가 내가 눈으로 읽고 감정을 느끼는 것이라면 글쓰기는 내 감정을 글로 표현하는 것이다. 매일 블로그에 글을 쓰면서 내 생각과 감정을 쏟아냈다. 긍정 확언을 하면서 나 자신을 다독이고, 때로는 스트레스를 글로 풀어내기도 했다. 블로그에서 나 자신을 되돌아보고 반성하며 미래를 그려보는 시간을 가졌다. 글쓰기는 마음속에 쌓인 것들을 하나씩 풀어내는 시간이 되어 주었다. 글쓰기가 축적되면서 책까지 낼 수 있는 용기가 생겼다.

　음악도 내게 큰 힘이 된다. 피아노와 클래식 기타를 연주하며 마음의 평온함을 찾곤 했다. 특히 클래식 기타는 대학 동아리 활동을 통해 시작했는데, 4년 동안 연주회에 빠짐없이 참여했다. 그 시간들은 내게 특별한 추억으로 남아 있다. 그 중에서도 듀엣곡으로 쳤던 소르의 '위안'이라는 곡은, 기타 연습에 몰두했던 그때를 떠올리게 하는 곡이다. 지금도 이 곡을 들으면 연습실에서 박 선배와 함께 듀엣곡을 맞춰보던 순간들이 생생하게 떠오른다. 항상 연주하고 싶었던 곡이 하나 있는데, 바로 〈알함브라 궁전의 추억〉이다. 트레몰로 주법을 배우다가 중간에 그만두게 되었지만, 이 곡은 나에게 남아 있는 도전곡이다. 2017년 스페인 여행 때 그라나다의 알함브라 궁전에서 실제로 이 곡을 들었는데 눈물이 날 정도로 서정적인 이 곡이 가슴을 울렸다. 그때의 그 감동은 아직도 잊을 수가 없다. 한참 동안 기타를 연주하지 않아서 예전처럼 실력은 나오지 않지만, 음악을 듣는 것만으로도 큰 위로가 된다. 피아노를 치며 노래를 부르는 시간도 참 좋다. 특히 10월이 되면 즐겨 듣는 〈10월의 어느 멋진 날에〉라는 곡은 피아노 연주와 함께 내가 자주 부르는 노래다. 김동규, 조수미 님이 이 곡을 멋지게 불러 준 덕에 더 특별하게 다가온다. 음악은 언제나 나를 위로해 주는 친구이자, 삶에 새로운 에너지를 불어넣어 주는 힘이다.

나의 힐링은 따꾸와 기용이다. 따꾸는 2016.11.23., 기용이는 2017.8.22. 태어났고, 두 아이 모두 태어난 지 한 달쯤 지나 우리 가족이 되었다. 고양이들과 함께하는 삶은 많은 포기와 감내를 요구하지만 그만큼의 행복도 가져다준다. 나는 고양이 알레르기가 심해 늘 알레르기약을 비상약처럼 가지고 다닌다. 하지만 냥이들이 주는 위로와 기쁨은 그 어떤 불편함도 감수할수 있게 만든다. 따꾸는 원래 주인이 욱하는 성격이 있었다는 얘기를 들었는데, 그래서인지 종종 잘 숨는다. 따꾸를 부르는 방법은 간식통을 흔들면된다. 그러면 어디선가 튀어나온다. 식탐이 많은 따꾸 덕분에 많이 웃는다. 기용이는 개냥이다. 살을 맞대고 자는 것을 좋아하고 항상 쓰담쓰담 해 달라고 애교를 부린다. 이 아이들 덕분에 늘 행복하게 웃는다. 아무리 화나는일이 있어도 냥이들만 있으면 위로가 된다. 그저 존재만으로도 행복을 주는 아이들 덕분에 오늘도 웃음 지으며 하루를 마무리한다.

나는 따꾸입니다

나는 기용이입니다

멍때리기. 이 단순한 행동이야말로 머리와 마음을 쉬게 하는 최고의 방법이라고 믿는다. 카페에 앉아 사람 구경을 하거나, 아무 생각 없이 시간을 보내면 생각도, 감정도 비워진다. 그러고 나면 머리가 맑아지고, 새로운 아이디어가 떠오르곤 한다. 멍때리기는 나에게 단순한 쉼이 아니라, 내 머리를 말랑말랑하게 만들어 주는 시간이다.

나는 바람이 통하는 선선한 관계를 좋아한다. 자주 보지 않더라도 언제든 만나면 좋은 사람들, 서로에게 감정을 쏟아내기보다는, 마음으로 연결되어 있으면서도 각자의 공간을 존중해주는 사이, 그게 나만의 건강한 관계다. 서로의 거리감을 지킬 때 비로소 온전한 쉼을 누릴 수 있다.

지금은 무엇보다 건강을 챙기고 있다. 매일 만 보 이상 걷기를 한다. 빵을 너무 좋아하는 빵순이였지만, 건강을 위해 탄수화물을 줄이려 애쓰고 있다. 몸과 마음이 모두 건강해야 앞으로도 내가 사랑하는 일들을 오래도록 할 수 있을 테니까.

돌아보면, 지금까지 내가 버텨올 수 있었던 것은 일에만 매달리지 않고 나 자신에게 쉼을 주었기 때문이었다. 쉼은 단순히 일을 쉬는 것이 아니다. 내 몸과 마음을 돌보고, 내가 진정으로 좋아하는 것들에 몰입할 시간을 주는 것이다. 음악, 책, 여행, 멍때리기… 이 모든 것이 내 삶을 채워주었다. 앞으로도 내가 좋아하는 일들을 오래도록 해 나가기 위해서는, 쉼은 꼭 필요하다. 쉼을 통해 우리는 더 나아갈 수 있다. 쉼 없이 달리기만 하면 결국 지쳐버린다. 일과 쉼의 조화가 있을 때, 우리는 더 멀리 갈 수 있다. 자신의 쉼을 찾고, 그 시간을 통해 자신을 더 잘 돌볼 수 있기를 바란다. 내가 그래왔듯, 여러분도 자신의 방식으로 쉼을 찾고, 건강한 삶을 이어가길 진심으로 응원한다.

에필로그
: 함께 걸어온 길, 그리고 새로운 시작

고용노동부에서 근무한 지 어느덧 25년이 되었다. 그동안 무엇을 해왔고, 어떤 마음으로 일해 왔는지, 그리고 나의 성과와 역량이 무엇인지 스스로 확인해 보고 싶다는 마음이 있었다. 처음엔 책을 쓰는 일이 어렵지 않을 거라고 생각했다. 그간 메모해 둔 내용과 블로그에 비공개로 기록해 둔 글들이 있으니 그것들을 잘 정리해서 책으로 엮으면 되겠다고 생각했다. 하지만 막상 책을 쓰기 시작하니 많은 것들이 달랐다. 책을 쓰기 위해 강의를 듣고, 글쓰기 책을 뒤적이며, 유튜브 영상까지 모두 섭렵했지만, 책 쓰는 과정은 쉽지 않았다. 무엇을 써야 할지 몰라 답답하고 막막했다. 그럴 때마다 나는 그동안의 길을 차분하게 돌아보며 스스로를 다잡았다. 머릿속에 복잡하게 쌓여 있던 생각들을 쏟아내어 매일 새벽마다 생각나는 대로 글을 써 내려갔다. 헤밍웨이도 "초고는 걸레다."라고 하지 않았던가. 나 역시 거침없이 과감하게 초고를 써 내려가며 완벽함보다는 솔직함에 우선했다.

책을 써 가면서, 이전에 책을 쓴 작가들이 얼마나 대단한지 새삼 느끼게 되었다. '그들도 아마 나처럼 이 힘들고 고뇌의 시간을 견뎌내며, 끊임없이 써 내려갔겠구나.'라는 생각이 들었다. 그들이 마주했을 고민과 도전이 얼마나 컸을지, 이제야 비로소 깊이 공감할 수 있게 되었다. 나는 힘들 때마다 먼저 책을 낸 임영미 선배님에게 연락하여 위안을 받고, 용기를 얻으며 계속 나아갈 수 있었다. 이런 그 고된 과정을 하나하나 밟아 가는 동안 책 쓰기는 나에게 기쁨이자 의미가 되었다. 머릿속에 흩어져 있던 생각들과 메모로 남겨둔 글들이 책을 쓰면서 하나로 정리되기 시작했다. 독자에게 쉽게 설명하기 위해 고민하는 과정에서, 오히려 나 자신에게 더 큰 도움이 되었다는 걸 깨달았다. 생각의 흐름이 명확해지고, 그동안 내가 해왔던 일들이 논리적으로 연결되며 확실한 그림을 그리게 된 것이다. 책을 쓰는 과정은 단순한 기록을 넘어 나 자신을 돌아보고 정리하는 시간이다.

고용노동부에 처음 발을 들여 놓았을 때의 설렘부터 성장을 거듭하며 마주한 도전, 기대와 좌절, 보람과 성취 과정이 오늘의 나를 만들었고 내가 이 책을 쓰는 이유다. 고용센터와 본부, 지방청과 인사교류 파견지인 서울특별시에서 쌓아온 경험을 통해 많은 것을 배웠다. 삶을 돌아보게 된 이 시간은 내게 새로운 깨달음을 주었고, 과거의 나를 위로하는 계기가 되었다. 무엇보다도 이 책을 통해 함께 일해 온 고마운 사람들을 다시 떠올렸다. 힘든 시기에 힘이 되어 주었던 동료들, 좋은 상사들, 지금의 나를 만들어 준 모든 분 덕분에 직장 생활이 즐겁고 값졌다. 돌아보면 나도 많이 지치고 힘들었던 순간들이 있었지만, 그 순간들을 긍정적으로 이겨내고 도전해 온 나 자신도 자랑스럽다. 그리고, 고용노동부가 나에게 성장할 수 있는 기회를 많이 준 것에 감사한다. 서운했던 기억들도 많지만, 그 또한 내 성장의 일부분이었다고 생각하며 고맙게 여긴다.

본부와 고용센터, 서울특별시에서 겪었던 일들을 솔직하게 담은 이 책이 서로의 역할과 입장에 대한 이해 폭을 넓히고, 고용서비스 현장에서 더 나은 방향으로 나아가는 작은 계기가 되기를 바란다. 각자 자리에서 최선을 다하는 모든 분께 이 글이 작은 힘이 되길 기대한다.

이 책을 쓰게 된 또 다른 이유는 부모님이었다. 아빠는 여러 번 생사를 오가는 위기의 순간을 겪었고, 엄마는 몇 차례 수술로 거동이 불편해졌으며 최근 알츠하이머 진단을 받았다. 부모님께서는 직장에서 인정받고 좋은 성과를 내는 나를 늘 자랑스러워하셨고, 부모님께 내가 잘하고 있다는 걸 보여드리고 싶다는 절박한 마음이 컸다. 그래서 빠른 시간 안에 책을 쓰기로 결심했고 올해 책을 완성해 부모님께 선물드리기로 마음먹었다. 그 다짐은 힘든 시간을 견뎌낼 수 있는 큰 힘이 되었다. 지금 이렇게 책을 마무리하며 그 약속을 지킬 수 있게 되어 정말 다행이라는 생각이 든다. 이 책은, 부모님께는 나의 깊은 사랑과 존경의 마음을, 권, 장원, 병길, 형순, 명희에게는 고마움을 담았다. 가까이에서 부모님을 세심히 돌보고 케어해 주고 있는 이들의 헌신에 깊은 감사를 담아, 이 글을 통해 전하고자 한다.

이 책을 쓰면서 지금껏 겪은 일들을 여과 없이 담고 싶었다. 그리하여 이 책이 고용서비스 분야에서 일하며 고민하는 이들에게 작은 길잡이가 되기를 바라는 마음을 담았다. 더 나아가, 직업상담직 공무원이나 직업상담사를 꿈꾸는 분들에게 먼저 이 길을 걸어간 사람으로서 생생한 정보와 현장 이야기들을 충실히 소개하고자 노력했다. 내 경험이 고용서비스 분야의 모든 답을 대변하는 건 아니지만, 그 안에 나름의 의미와 가치가 있다고 믿는다. 전문가로서의 제안이지만, 정답이기보다는 하나의 방향이다.

나의 경험을 토대로 전한 이야기들이 여러분 각자의 상황에 맞게 해석하고 적용할 수 있는 인사이트를 얻기를 바란다. 아직 전하지 못한 이야기들이 많기에, 언젠가 다시 만날 기회가 있기를 기대한다.

더 나은 내일을 위해, 우리는 계속 나아갈 것이다.

끝까지 함께 해 주어 감사합니다.

"고맙습니다. 덕분입니다. 그리고, 또 만나요."

출처 · 참고문헌

1) [김성희의 역사갈피] '100년 전'의 취업난 <이코노텔링> 2023.11.6.
2) 고용부 '고용노동직류 및 직업상담직렬' 첫 공채 선발 <아시아경제> 2017.12.31.
3) [SOS초시생-⑭직업상담]민원상담부터 실업급여, 취업·기업지원까지… "봉사·열린마음 필요" <서울신문> 2020. 6. 9.
4) 고용노동부 홈페이지 > 정보공개 > 예산· 법령정보 > 예산· 기금설명
5) 고용서비스 전문자격 신설에 대한 타당성 연구 보고서 <한국기술교육대학교> 2021.6.
6) 생애경력개발정보웹진 커리어 INFO 2024년 9월 뉴스레터
7) AI시대, 고용서비스분야의 활용과 대응 <한국고용노동교육원 블로그> 2024.7.2.
8) 커리어 Info KEIS 생애경력개발정보 웹진 2024년 9월 뉴스레터
9) 고용취업 정부 사이트 접속 장애 복구…"모든 시스템 정상운영 중" <아시아경제> (2024. 7.18.)
10) [소방수다Talk] 본캐 소방관, 부캐 유튜버?…수만 구독자 사로잡은 소방 유튜버 이야기 <소방 방재신문> (2024.3.4.)
11) 『대통령의 글쓰기』 강원국, "좋은 글은 '말 같은 글' 책 한 권으로 인생 달라졌죠." <서울경제> 2024.5.8.
12) 욕설·협박·성희롱 담긴 '악성 민원'은 담당자가 종결 처리 <연합뉴스> 2024.10.22.
13) '유착 비리' 신고된 근로감독관 스스로 목숨 끊어…알고 보니 '무고' <노컷뉴스> 2024. 5.31.
14) 이력서도 '전자문서'…일자리 찾아 헤매는 노인들 <아시아투데이> 2024. 7.30.
15) [시니어직업백과①직업상담사] 최근 중장년 취업자 늘며 수요 늘어 <브라보마이라이프> 2023.2.9.
16) "70세 넘으면 '폐물' 취급…그래도 80까지는 뛸 겁니다"[서영아의 100세 카페] <동아일보> 2024. 5.18.
17) "월급 반토막 났지만…노동현장 변화 뿌듯" <한겨레> 2017. 8. 6.
18) 공무원들도 이곳만 가면 긴장…"세종시 '갑 중의 갑' 모였다" <한국경제TV> 2023. 3. 1.
19) <아무튼출근!> 다시 작동 시작한 보고봇 이규빈 무한 수정의 굴레…ㅠㅠ <유튜브 MBC enter tainment> 2020.8.3.
20) 권석민, 『공무원이 전부는 아니라서요』(부크크, 2023)
21) 고용노동부 고용보험백서 2023년판 350~351p

22) 진로탐색에서 취업까지 전 과정을 함께 KDI 경제정보센터, 2010년 10월호

23) 고용노동부 고용보험백서 2023년판 352p, 고용노동부 고용보험백서 2023년판 641p

24) [결산분석시리즈Ⅵ] 2022회계연도 결산주요사업분석 <국회예산정책처> 2023. 7.27.

25) 따뜻한 리더십… 나에겐 왜 '슬의생' 채송화 같은 선배가 없을까 <한국일보> 2021.7.25.

26) 잘 가라, 코로나19! 4년 3개월 만에 완전한 일상 회복 <대한민국 정책브리핑> 2024. 5. 1.

27) 마스크 사회 3년…대란, 의무화 거쳐 해제까지. <경향신문> 2023. 1.20.

28) MB도 놀란 고졸 은행원 취업 성공스토리, 비결은? <머니투데이> 2012. 1. 2.

29) 공부하지 않으면 살아남지 못하는 서울시 <오세훈>, 서울 비하인드스토리, 2009.12. 7.

30) 송길영, 『시대예보:호명사회』(교보문고, 2024)

31) 고용복지+센터 www.workplus.go.kr/index.do 센터소개

32) 고용부, '반도체 취업지원허브 네크워크' 운영 <대한경제> 2023.11. 1.

33) 부울경, 전라권 등 광역 조선업취업지원체계 구축 <고용노동부 보도자료> 2023. 5.25.

34) 일자리+ 지역의 청년, 중장년 구직자들이 일자리와 만나는 날, 8월 「일자리 수요데이」 <고용노동부 보도자료> 2024. 8.21

35) MBC 스타PD의 성공비법! 돈 모으는 방법이요? 간단합니다. <유튜브 하와이 대저택> 2024. 8.10.

36) "고용노동부 약칭은 '고용부'입니다" <연합뉴스> 2010. 5.23.